임제어록

임제어록

김태완 역주

침묵의 향기

머리말

임제가 말한다.

"어떤 것이 불법(佛法)인가?
불법이란 마음이다.
마음은 모양이 없으면서
온 우주를 관통하고
눈앞에 드러나 작용한다.
사람들이 믿지 않으면,
곧장 이름을 분별하고
문자 속에서 구하여
불법을 생각으로 헤아리니,
하늘과 땅만큼이나
어긋나는 것이다."

마음은 모양이 없는데 어떻게 눈앞에 드러나 작용할까?
안목이 있는 사람이라면 임제의 허물을 보기도 하고,
임제의 자비심을 알기도 할 것이다.

2015년 2월
해운대 무심선원에서
김태완 씀

1. 원저자

임제의현(臨濟義玄; ?-867)

중국 당대(唐代) 남악회양(南嶽懷讓) 문하의 선사(禪師).

임제종(臨濟宗)의 개조(開祖).

법계보는 육조혜능(六祖慧能; 638-713)-남악회양(南嶽懷讓; 677-744)-마조도일(馬祖道一; 709-788)-백장회해(百丈懷海; 749-814)-황벽희운(黃蘗希運; ?-856)-임제의현(臨濟義玄; ?-867)이다.

하남성(河南省) 조주(曹州)의 남화(南華)가 고향이고, 성은 형(邢)씨.

어려서는 재주 있다는 말을 듣더니 커서는 효자(孝子)라고 칭찬받았다.

불교를 좋아해 출가하여 구족계를 받고서 여러 곳의 고승(高僧)들을 찾아가 배웠다. 경율론(經律論) 삼장(三藏)을 공부하였는데, 특히 율(律)과 화엄(華嚴)을 연구하였다.

나중에 불교의 진수를 찾고자 돌아다니다가 마침내 황벽희운

(黃檗希運)을 찾아가 그 문하에서 공부하였다. 황벽의 지시(指示)로 고안대우(高安大愚; 귀종지상(歸宗智常)의 제자)를 찾아뵙고 깨달음을 얻어서 황벽에게 돌아왔다. 희운은 증표로 백장(百丈)의 선판(禪板)과 안(案)을 주고 인가(印可)하였다.

그 뒤 여러 곳의 뛰어난 종사들을 찾아다니며 대담(對談)하다가, 대중(大中) 8년(854년) 하북성(河北省) 진주(鎭州) 동남쪽 강변 근처의 작은 절에 머물렀다. 그 뒤 태위(太尉) 묵군화(黙君和)는 자신의 거택(居宅)을 절로 만들어 임제를 모시고 임제원(臨濟院)이라 불렀다. 임제의 선풍(禪風)을 흠모하는 이가 사방에서 모여들어 끊이지 않으니 사숙(師叔)인 보화(普化)와 극부(克符)도 임제의 교화(敎化)를 도왔다.

그 뒤 전란을 피해 하남부(河南府)로 오니 부주(府主) 왕상시(王常侍)가 스승의 예로 영접하였다. 얼마 지나지 않아 다시 하북성 대명부(大名府)의 흥화사(興化寺)로 가서 동당(東堂)에 머물렀다.

임제는 아무런 병 없이 지내다가 어느 날 옷을 단정히 하고 앉아서 삼성(三聖)과 문답(問答)하고는 고요히 입적하니, 함통(咸通) 8년(867년) 정월 10일이었다. 제자들이 대명부(大名府) 서쪽에 탑을 세워 임제의 전신(全身)을 모시니, 시호는 혜조(慧照)선사, 탑호는 징령(澄靈)이라 하였다.

문하의 이름난 제자로 삼성혜연(三聖慧然), 흥화존장(興化存奬), 관계지한(灌谿志閑), 유주담공(幽州譚空), 보수소(寶壽沼), 위부대각(魏府大覺) 등 22인이 있다. 삼성은『진주임제혜조선사어록(鎭州

臨濟慧照禪師語錄)』을 편찬하였다.

임제의 선풍(禪風)은 활발하고 자유자재하기로 유명하다. 그의 법계(法系)는 송대(宋代)에 크게 흥하여 임제종(臨濟宗)이라는 일대 종파를 형성하였고, 송대(宋代) 이후 중국 선종의 주류를 형성하였다. 간화선(看話禪)을 창시한 대혜종고(大慧宗杲; 1089-1163)도 임제종의 선사였으니, 임제의 선풍은 오늘날까지도 동아시아에서 영향력을 행사하고 있다고 할 수 있다.

임제의 행적(行蹟)에 관한 기록은 다음의 문헌들에 남아 있다.

『전당문(全唐文)』제920권 탑기(塔記).

『조당집(祖堂集)』제19권.

『송고승전(宋高僧傳)』제12권.

『경덕전등록(景德傳燈錄)』제12권.

『전법정종기(傳法正宗記)』제7권.

『불조통기(佛祖統紀)』제42권.

『천성광등록(天聖廣燈錄)』제10권.

『건중정국속등록(建中靖國續燈錄)』제1권.

『연등회요(聯燈會要)』제9권.

『오등회원(五燈會元)』제11권.

2. 번역 판본 소개

여기 번역에 사용한 판본은 『만자속장경(卍字續藏經)』제135권에 실린 『천성광등록(天聖廣燈錄)』제10권 「진주임제원의현혜조선사(鎭州臨濟院義玄慧照禪師)」이다. 『천성광등록』은 1036년에 편찬된 것이지만, 『임제어록』은 본래 임제의 사후에 제자인 삼성혜연(三聖慧然)이 집록(集錄)한 것이니 애초에 성립된 연대는 9세기 후반이라고 할 수 있다.

번역하면서 원문을 비교 대조하여 교감한 다른 판본은 다음과 같다.

『鎭州臨濟惠照禪師語錄』(『四家語錄』권6)：日本慶安年間版. = 1066년경 편찬.

『鎭州臨濟慧照禪師語錄』(『大正新修大藏經』47)：日本宣和本. = 1120년 편찬.

『鎭州臨濟慧照禪師語錄』(『卍字續藏經』118)：『古尊宿語錄』권4. = 1403년 편찬.

3. 번역에 참고한 사전류

(1) 『당오대어언사전(唐五代語言詞典)』강람생(江藍生), 조광순(曹

廣順) 편저. 상해교육출판사(上海敎育出版社). 1997년.

　(2)『송어언사전(宋語言詞典)』원빈(袁賓) 등 4인 편저. 상해교육
출판사. 1997년.

　(3)『중한대사전(中韓大辭典)』고대민족문화연구소 중국어대사전
편찬실 편. 고려대학교민족문화연구소. 1995년.

　(4)『한한대사전(漢韓大辭典)』단국대학교 동양학연구소 편찬. 단
국대학교출판부. 2000-2008년.

　(5)『한어대사전(漢語大詞典)』한어대사전편집위원회 편찬. 상해
(上海) 한어대사전출판사. 1994-2001년.

　(6)『신판선학대사전(新版禪學大辭典)』구택대학(駒澤大學) 선학
대사전편찬소 편. 동경(東京) 대수관서점(大修館書店). 1985년.

　(7)『불교대사전(佛敎大辭典)』길상(吉祥) 편. 서울 홍법원(弘法
院). 1998년.

　(8)『가산불교대사림(伽山佛敎大辭林)』지관(智冠) 편저. 서울 가
산불교문화연구원. 1998년-2014년.

　(9)『선어사전(禪語辭典)』고하영언(古賀英彦) 편저. 경도(京都) 사
문각출판(思文閣出版). 1991년.

　(10)『선종사전(禪宗詞典)』원빈(袁賓) 편저. 호북인민출판사(湖北
人民出版社). 1994년.

　(11)『송원어록사전(宋元語錄辭典)』용잠암(龍潛庵) 편저. 1985
년.

　(12)『주해어록총람(註解語錄總覽)』이동술 편집. 서울 여강출판

사. 1992년.

(13)『중국고금지명대사전(中國古今地名大辭典)』 사수창(謝壽昌)
외 6인 편집. 대북(台北) 대만상무인서관(臺灣商務印書館). 1983년.

(14)『중국역대관칭사전(中國歷代官稱辭典)』 조덕의(趙德義), 왕
흥명(汪興明) 주편(主編). 북경(北京) 단결출판사(團結出版社). 2002
년.

(15)『송대관제사전(宋代官制辭典)』 공연명(龔延明) 편저. 북경(北
京) 중화서국출판(中華書局出版). 1997년.

(16)『중국불교인명대사전(中國佛敎人名大辭典)』 진화법사(震華法
師) 편. 상해(上海) 상해사서출판사(上海辭書出版社). 2002년.

(17)『중국역대인명대사전(中國歷代人名大辭典)』 장휘지(張撝之)
외 2인 주편(主編). 상해(上海) 상해고적출판사(上海古籍出版社).
1999년.

(18)『중국인명이칭대사전(中國人名異稱大辭典)』 상항원(尙恒元)
외 1인 주편. 태원(太原) 산서인민출판사(山西人民出版社). 2003년.

(19)『중국역사지도집(中國歷史地圖集)』 담기양(譚其驤) 주편. 북
경(北京) 중국지도출판사(中國地圖出版社). 1996년.

(20)『조정사원(祖庭事苑)』 목암선경(睦庵善卿) 편(編). 1108년.

4. 번역 소개

역자는 2002년도에 도서출판 장경각(藏經閣)에서 『임제100할』이란 이름으로 사가어록본(四家語錄本) 『임제록(臨濟錄)』을 부산대학교 이진오 교수님과 공역하여 출판한 적이 있다. 그 뒤에 십수 년의 세월이 지나면서 당시의 번역본을 다시 보니 여러 가지로 번역의 오류가 보여서 『임제록』을 다시 번역하기로 마음을 먹고 2013년도에 번역 판본을 천성광등록본(天聖廣燈錄本)으로 바꾸어서 다시 번역하여 이번에 완성하였다. 이전 번역본은 당송대(唐宋代) 언어사전을 참고하지 못하고 한 번역이었기 때문에 오류가 있었던 반면에, 이 새 번역본은 중국에서 나온 당송대 언어사전과 선어사전(禪語辭典) 및 선학사전(禪學辭典) 등 위에서 소개한 각종 사전들을 참고하여 가능한 한 정확한 번역이 되도록 하였다. 그렇더라도 번역상의 오류가 전혀 없을 수는 없으므로 눈 밝은 분들의 지적을 기다린다. 조두현 거사님과 김말진 보살님께서 번역 원고를 꼼꼼히 교정보아 주신 덕분에 더욱 오류를 줄이게 되었다. 두 분께 감사드린다.

제1부 : 행적(行蹟)

제2부 : 법어(法語)

제3부 : 행각(行脚)

부록

제1부 : 행적(行蹟)

1. 깨달은 인연

진주(鎭州) 임제원(臨濟院) 의현혜조(義玄惠照) 선사(禪師)는 조주(曹州)[1]의 남화(南華)[2] 사람이다. 속성은 형씨(邢氏)이고, 어려서부터 총명하고 남달랐다. 머리 깎고 구족계를 받을 즈음에는 선종(禪宗)[3]에 뜻을 두었다.

황벽(黃檗)[4]의 회중(會中)에서 3년을 있었는데, 행업(行業)이 순

---

1) 조주(曹州) : 산동성(山東省) 연주부(兗州府). 『독사방여기요(讀史方與紀要)』 권33에 상세하게 적혀 있다. 이 지방은 남북조(南北朝)의 후주(後周)시대와 수대(隋代)에 제음군(濟陰郡)으로 불렸고, 당대(唐代)에 이르러 다시 여러 번 개칭된 후, 건원(乾元: 758-759) 이후부터 조주라고 불리었다.

2) 남화(南華) : 연주부(兗州府) 단현(單縣) 이호성(離狐城) 부근으로, 수대(隋代)에는 조주(曹州)에 속했다고 한다.

3) 선종(禪宗) : 보리달마(菩提達摩)가 전한 선법(禪法)으로 언하(言下)에 오도(悟道)를 구하는 종(宗)이다. 불심종(佛心宗) 또는 달마종(達摩宗)이라고도 한다. 초기 중국불교에서는 좌선에 전념하는 사람들의 계통을 일반적으로 선종이라 했다. 그 중에는 달마종만이 아니라 천태종(天台宗)·삼론종(三論宗) 등도 있었지만, 당대(唐代) 중기 이래로 달마종이 가장 융성하였으므로, 후에는 달마종만을 선종이라 하였다. 일반적으로 선종의 종지(宗旨)를 나타내는 표어로서, 불립문자(不立文字)·교외별전(敎外別傳)·이심전심(以心傳心)·직지인심(直指人心)·견성성불(見性成佛)을 든다.

4) 황벽희운(黃檗希運: ?-856경) : 당대(唐代)의 스님이며, 남악(南嶽)의 문하이다. 황벽은 그가 주석한 산 이름이다. 복건성(福建省) 복주(福州)의 민현(閩縣) 출신이다. 복주의 황벽산에 출가한 후, 강서성(江西省) 백장산(百丈山)의 백장회해(百丈懷海)의 제자가 되어 그의 현지(玄旨)를 이어받았다. 대안사(大安寺)에 머물며 많

일(純一)하였다. 수좌(首座)⁵⁾가 감탄하며 말했다.

"비록 후배이긴 하지만, 보통 사람들과 다르구나!"

수좌가 임제에게 물었다.

"상좌(上座)는 여기에 얼마나 있었는가?"

임제가 말했다.

"3년 있었습니다."

수좌가 물었다.

"황벽 스님을 찾아뵙고 물어본⁶⁾ 적이 있는가?"⁷⁾

임제가 말했다.

은 제자를 가르치다가 상공 배휴(裵休)의 청에 응하여 강서성 종릉(鍾陵)에 가서 자신의 출가지(出家地)인 복주 황벽산의 이름을 따서 황벽이라 이름 짓고 개조(開祖)가 되었다. 이로부터 황벽의 문풍이 크게 일어났다. 회창(會昌) 2년(842)에 용흥사(龍興寺), 대중(大中) 2년(848)에는 안휘성(安徽省) 완릉(宛陵)의 개원사(開元寺)에 머물렀다. 제자로는 중국 임제종의 시조인 임제의현(臨濟義玄)이 있다. 배휴가 집록한 법어집으로 『전심법요(傳心法要)』가 있는데, 선가(禪家)의 심법(心法)에 관한 대의(大義)를 자세하게 서술한 책이다. 시호는 단제(斷際) 선사이다. 그의 전기는 『송고승전(宋高僧傳)』권20 · 『조당집(祖堂集)』권16 · 『경덕전등록(景德傳燈錄)』권9 · 『천성광등록(天聖廣燈錄)』권8 · 『속등록(續燈錄)』권1 · 『연등회요(聯燈會要)』권7 · 『오등회원(五燈會元)』권4 · 『불조역대통재(佛祖歷代通載)』권16 · 『석씨계고략(釋氏稽古略)』권3 등에 실려 있다.

5) 수좌(首座) : 선원에서 선승들을 지도하는 수석 승려이다. 선어록(禪語錄)에서는 제일좌(第一座), 좌원(座元), 선두(禪頭), 수중(首衆)이라고도 한다. 임제(臨濟)가 대오(大悟)할 당시의 수좌는 진존숙목주도종(陳尊宿睦州道蹤: 780-877) 선사이다.

6) 참문(參問) : 찾아뵙고 묻다. 제자가 스승에게 법을 묻는 것.

7) 야무(也無) : (문장의 끝에 붙어서 의문을 나타내는 어조사) -인가? =야미(也未), 야마(也麼), 이불(已不), 이불(以不).

"찾아뵙고 물어본 적은 없습니다. 무엇을 물어야 할지를 모르겠습니다."

수좌가 말했다.

"방장 스님[8]께 가서 불법의 뚜렷하고 큰 뜻이 무엇인지를 물어보게."

임제는 곧장 가서 그대로 물었는데, 묻는 말이 끝나기도 전에 황벽이 바로 몽둥이로 때렸다. 임제가 내려오자 수좌가 물었다.

"물어보니[9] 어떻던가?"[10]

임제가 말했다.

"저의 묻는 말이 끝나기도 전에 스님[11]께서 바로 저를 때렸습니다. 저는 알지 못하겠습니다."

수좌가 말했다.

"한 번 더 가서 물어보게."

임제가 다시 가서 물었으나, 황벽은 역시 때리기만 하였다. 이와 같이 하여 세 번을 물었으나, 세 번을 다 때렸다. 그러자 임제

---

8) 당두(堂頭) : 선원의 어른인 주지(住持)나 방장(方丈).

9) 문화(問話) : ①묻는 말. ②물어보다.

10) 작마생(作麼生) : ①어째서? 왜? ②어떻게? ③어떠하냐? ④무엇하러? =작마(作麼), 즉마(則麼), 자심마(子甚麼), 자마(子麼).

11) 화상(和尙) : (산) upādhyāya. (팔) upajjhāya. 오사(烏社)·화사(和社·和闍)·화상(和上)이라고도 함. 오파타야(鄔波馱耶)라 음역. 친교사(親敎師)·역생(力生)·의학(依學)·근송(近誦)이라 번역. 본래는 아사리(阿闍梨)와 함께 수계사(授戒師)인 스님을 말하는 것이나, 후세에는 남의 스승이 될 만한 덕 높은 스님을 가리키게 됨.

는 수좌를 찾아가 말했다.

"다행히 스님의 자비를 입어서 방장 스님께 법을 물었습니다. 세 번을 묻고서 세 번 다 두들겨 맞았으나, 한스럽게도 인연이 가로막혀서 그 깊은 뜻을 깨닫지 못했습니다. 저는 이제 떠나려고 합니다."

수좌가 말했다.

"그대가 떠나려 한다면, 방장 스님께 인사는 꼭 드리고 가게."

임제는 절하고 물러갔다. 수좌가 먼저 황벽에게 가서 말했다.

"질문했던 후배가 매우 여법(如法)[12]합니다. 작별 인사를 드리러 오거든 방편(方便)[13]으로 이끌어 주십시오. 뒷날 공부에 깊이 파고들어 한 그루 큰 나무가 되어 천하 사람들에게 시원한 그늘을 만들어 줄 것입니다."

임제가 곧 올라가서 작별 인사를 드리자, 황벽이 말했다.

---

12) 여법(如法) : 법과 같음. 법에 알맞음.

13) 방편(方便) : ①'방'은 방법, '편'은 편리니, 일체 중생의 기류근성(機類根性)에 알맞은 방법 수단을 편리하게 쓰는 것. 또 '방'은 방정한 이치, '편'은 교묘한 말. 여러 가지 기류에 대하여 방정한 이치와 교묘한 말을 하는 것. 또 '방'은 중생의 방역(方域), '편'은 교화하는 편법이니, 모든 기류의 방역에 순응하여 적당히 교화하는 편법을 쓰는 것. 곧 중생을 제도하기 위하여 여러 가지 수단 방법을 강구하는 것. 혹은 그 수단 방법을 말함. ②진실(眞實)의 반대. 근기가 아직 성숙하지 못하여 깊고 묘한 교법을 받을 수 없는 이를 위하여, 그를 깊고 묘한 진실도에 꾀어들이는 수단 방법으로서 권도로 시설한 낮고 보잘것없는 법문. 권가방편(權假方便) · 선교방편(善巧方便)이라 함.

"다른 곳으로 가지 말고, 고안(高安)[14] 탄두(灘頭)[15]의 대우(大愚)[16]에게로 가거라. 반드시 너에게 말해 줄 것이다."

임제가 대우 있는 곳에 이르자, 대우가 물었다.

"어디에서 오는가?"

임제가 말했다.

"황벽 스님 계신 곳에서 왔습니다."

대우가 말했다.

"황벽 스님은 무슨 말씀을 하셨는가?"

임제가 말했다.

"제가 세 번이나 불법의 뚜렷하고 큰 뜻을 물었는데, 세 번 다 두들겨 맞았습니다. 저에게 허물이 있는지 없는지 모르겠습니다."

대우가 말했다.

"황벽이 그와 같은[17] 노파심[18]으로 그대를 위하여 애를 썼는

---

14) 고안(高安) : 홍주(洪州) 서주부(瑞州府)에 있다.

15) 탄두(灘頭) : 격류(激流)가 흐르는 물가를 의미하는데, 아마도 강서(江西)의 서주부(瑞州府)에 있는 금강(錦江)의 북안(北岸)인 듯하다.

16) 고안대우(高安大愚: 생몰 연대 미상) : 당대(唐代) 스님으로 마조(馬祖) 문하이다. 고안은 그가 주석한 지명이다. 귀종지상(歸宗智常)의 법사(法嗣)로, 홍주(洪州) 고안(高安)에 은거하였다. 임제(臨濟)와의 문답으로 널리 알려졌지만, 그의 행적은 분명하지 않다. 임제를 깨달음으로 이끈 선승으로, 어찌 보면 그가 임제의 스승이라고 할 수도 있다. 그의 행적은 『임제록(臨濟錄)』의 행록(行錄), 『조당집』권19의 임제장(臨濟章), 『경덕전등록』권12의 임제장(臨濟章) 등에 나온다.

17) 임마(恁麼) : =임(恁), 임적(恁的), 임지(恁地). 그와 같은. 그렇게. 여차(如此).

18) 노파심(老婆心) : 할머니가 손자를 생각하듯이, 지나칠 정도로 남의 일을 걱정하

데,[19] 다시 여기에 와서 허물이 있느니 없느니 하고 묻느냐?"

임제는 이 말을 듣자[20] 크게 깨닫고는 말하였다.

"원래 황벽의 불법에 많은 것이 없구나!"[21]

이에 대우가 임제를 움켜쥐고[22] 말했다.

"이 오줌싸개 같은 놈![23] 아까는 허물이 있느니 없느니 하고 말
하더니, 이제는 도리어 황벽의 불법에 많은 것이 없다고 하는구
나. 네가 무슨 도리(道理)를 보았느냐? 얼른 말해라, 얼른!"

임제는 대우의 옆구리 아래를 주먹으로 세 번 쿡쿡 쥐어박았
다.[24] 대우는 임제를 밀쳐 내며[25] 말했다.

"그대의 스승은 황벽이니, 내가 상관할 일이 아니다."

임제는 대우와 작별하고 황벽에게 돌아갔다. 황벽은 임제가 오
는 것을 보고서 곧 말했다.

"이놈! 왔다 갔다만 하여서 언제 끝마칠 날이 있겠느냐?"

는 마음.

19) 철곤(徹悃) : 마음에 사무치도록 성실하게 애쓰는 것. =철곤(徹困).

20) 언하(言下) : ①말하는 사이에. ②바로 그 자리에서. 즉시. ③말을 들으며. 말을
   듣고서.

21) 무다자(無多子) : 얼마 없다. 많지 않다. 자(子)는 접미사. 당오대(唐五代)에 작은
   수량을 표시하는 단어의 뒤에 사용됨. 사자(些子; 약간의)와 같음.

22) 추주(搊住) : 붙들어 세우다. =추주(搊住).

23) 뇨상자(尿床子) : 침대에 오줌 싸는 아이. 오줌싸개.

24) 축(築) : ①부딪히다. ②단단히 다지다. ③쥐어박다.

25) 탁개(拓開) : =탁개(托開). 밀쳐 내다. 관계를 끊다.

임제가 말했다. [26]

"그저 노파심이 간절하기 때문입니다."

그러고는 곧 인사를 마치고 곁에 서 있으니, 황벽이 물었다.

"어디에 갔다 왔느냐?"

임제가 말했다.

"어제는 스님의 자비로운 뜻을 받들어 대우 스님께 다녀왔습니다."

황벽이 물었다.

"대우 스님이 무슨 말을 하더냐?"

임제가 말했다.

"대우 스님께서 저에게 묻기를 '황벽 스님은 무슨 말씀을 하시더냐?'라고 하였습니다. 제가 앞서 세 번 두들겨 맞은 이야기를 드리고서, 저에게 허물이 있는지 없는지를 물었습니다. 대우 스님은 '황벽이 그와 같은 노파심으로 그대를 위하여 애를 썼는데, 다시 여기에 와서 허물이 있느니 없느니 하고 묻느냐?'라고 말했습니다. 저는 그 말을 듣고서 크게 깨달았습니다."

황벽이 말했다.

"어떻게 해야 이 작자를 불러와서, 아프도록 한 방 먹일까?"

---

26) 거(擧) : 말하다.(『廣韻, 語韻』擧, 言也. 『正字通, 臼部』擧, 稱引也. 『禮記, 雜記
下』過而擧君之諱則起. 「鄭玄注」擧, 猶言也. 唐, 韓愈『原道』不惟擧之于其口, 而
又筆之于其書.) 말해 주다. 예를 들다. 일화를 말하다. 인용하여 말하다. 제시(提
示)하다. 기억해 내다.(=기득(記得))

임제는 "뭐 오기를 기다린다고 말하십니까? 지금 바로 맛보십시오!"라고 말하고는, 곧 손바닥으로 황벽을 때렸다. 그러자 황벽이 말했다.

"이 미친놈[27]이 여기 와서 호랑이의 수염을 만지는구나."

임제가 곧장 "악!" 하고 소리를 지르니,[28] 황벽이 말했다.

"시자(侍者)[29]야, 이 미친놈을 데리고 가서 선방(禪房)에 참여시켜라!"[30]

위산(潙山)[31]이 이 이야기를 들어 앙산(仰山)[32]에게 물었다.[33]

"임제가 당시에 대우의 힘을 얻었느냐? 황벽의 힘을 얻었느냐?"

---

27) 풍전한(風顚漢) : ①미치광이. ②상식에서 벗어난 행동을 하는 사람. 때로는 격식을 벗어난 선의 종장(宗匠)을 가리킨다.

28) 할(喝) : 본음은 갈(喝). "악!" 하고 큰 소리로 고함을 지르다. 선사(禪師)가 학인을 지도할 때나 질문에 반응할 때에 사용하는 수단. 임제의현(臨濟義玄)이 즐겨 사용했다고 하여 임제할(臨濟喝) 덕산방(德山棒)이라고 한다. 덕산방(德山棒)이란 덕산선감(德山宣鑒)이 몽둥이를 휘두르는 수단을 즐겨 사용했다는 말.

29) 시자(侍者) : 장로(長老)의 곁에 친히 모시면서 그 시중을 드는 소임. 아난(阿難)이 석가모니의 시자로 있었던 것이 그 시초임.

30) 참당(參堂) : 승당(僧堂; 선방)에 참여하여 함께 공부하다.

31) 위산영우(潙山靈祐: 771-853) : 속성은 조씨(趙氏)이고, 복건성(福建省) 복주(福州)의 장계(長溪) 출신이다. 위산에 머물렀기 때문에 위산영우라 일컬어졌다. 제자 앙산혜적(仰山慧寂)과 함께 선풍(禪風)을 크게 드날렸기 때문에 그 법계(法系)를 위앙종(潙仰宗)이라 하고, 위산을 종조(宗祖)라 한다. 15세에 출가하여 절강성(浙江省) 항주(杭州)의 용흥사(龍興寺)에서 경율을 배웠고, 강서성(江西省) 홍주(洪州)의 백장회해(百丈懷海)의 문하에 출입하여 그 법을 이었다. 같은 문하에 황벽이 동년배로 있었고, 함께 선계(禪界)에서 명성을 떨쳤다. 위산은 호남성

앙산이 말했다.

(湖南省) 담주(潭州)의 대위산(大潙山)에 주석하면서 종풍을 거양(擧揚)하였고,
수많은 용상(龍象)들을 배출하였다. 입실(入室) 제자만도 41명이나 된다고 하며,
그 가운데서도 앙산혜적은 특히 빼어났고, 이외에도 향엄지한(香嚴智閑) · 연경
법단(延慶法端) · 경산홍연(徑山洪諲) · 영운지근(靈雲志勤) · 왕경초상시(王敬初
常侍) 등의 빼어난 인물들이 있었다. 대중(大中) 7년 정월 9일에 입적하였다. 시
호는 대원(大圓)선사이다. 그의 가르침은『위산경책(潙山警策)』(1권)에 수록되어
있으며,『담주위산영우선사어록(潭州潙山靈祐禪師語錄)』(1권)도 있다. 그의 전
기는,『조당집』권16 ·『송고승전』권2 ·『연등회요』권7 ·『오등회원』권9 ·『불조역대
통재』권16 ·『석씨계고략』권3 등에 실려 있다.

32) 앙산혜적(仰山慧寂: 807~883) : 광동성(廣東省) 소주(韶州)의 회화현(懷化縣) 사
람으로 속성은 섭씨(葉氏)이다. 15세에 출가에 뜻을 두었으나 부모의 반대에 부
딪쳤다. 17세에 손가락 둘을 잘라서 정법(正法)을 구할 것을 맹세하고는 남화사
(南華寺)의 통(通)선사를 찾아가 사미(沙彌)가 되었다. 수계(受戒)한 후에는 율
장(律藏)을 배웠고, 후에 암두(巖頭)와 석실(石室)에게 참학하였다. 또 탐원응진
(耽源應眞)에게서 원상(圓相)의 의리를 배웠고, 나아가 위산을 섬긴 지 15년 만
에 그 법을 이었다. 왕망산(王莽山)에 주석하였고, 후에는 강서성(江西省)의 앙
산(仰山)에 머물면서 선풍을 고취하였다. 중화(中和) 3년—일설에는 정명(貞明)
2년(916) 또는 대순(大順) 2년(891)이라고도 한다—에 입적하였다. 시호는 지통
(智通)대사이다. 위앙종은 스승인 위산과 앙산의 머릿글자를 따서 종명(宗名)으
로 삼은 것이다. 그의 전기는,『조당집』권18 ·『송고승전』권12 ·『경덕전등록』권
2 ·『연등회요』권8 ·『오등회원』권9 ·『불조역대통재』권17 ·『석씨계고략』권3 등에
실려 있다.

33) 임제(臨濟: ?~867)의 언행을 평가하여 위산영우(潙山靈祐: 771~853)와 앙산혜
적(仰山慧寂: 807~883)이 이와 같이 문답하는 것은, 그 생몰연대로 보거나 당시
의 교통 통신의 형편으로 보아 허구라고 해야 할 것이다. 즉, 후대에『임제록』을
편집하던 자가 위산과 앙산의 이름을 빌어서 자신의 견해를 재미있게 덧붙인 것
이라고 여겨진다. 위산과 앙산은 위앙종(潙仰宗)의 개조(開祖)인데, 위앙부자(潙
仰父子)라고 불릴 만큼 사제 간의 관계가 친밀하였다고 한다. 임제록(臨濟錄)에

"호랑이의 수염을 어루만졌을 뿐만 아니라, 호랑이의 머리에 올라탈 줄도 알았습니다."

서 위산과 앙산의 대화를 빌어서 임제의 행위를 부연하여 말하는 것은, 임제록 편찬자가 당시에 이미 일가(一家)를 이룩하고 있던 위앙종의 권위를 빌어서 임제의 권위를 확립하려는 의도가 엿보인다.

天聖廣燈錄卷第十〔宋實〕

鎭州臨濟院義玄惠照禪師, 曹州南華人也. 俗姓邢, 幼而穎異. 及落髮受具, 志慕禪宗.[34] 師在黃檗會中三年,[35] 行業純一. 首座歎曰: "然[36]是後生, 與衆有異." 首座問:[37] "上座在此多少時也?" 師云: "三年也." 首座云: "曾參問也無?" 師云: "不曾參問. 不知問箇什麼." 首座云: "汝何不去問堂頭, 如何是佛法的的大意?"

師便去問, 問聲未絕, 黃檗便打. 師下來, 首座云: "問話作麼生?" 師云: "某甲問聲未絕, 和尙便打. 某甲不會." 首座云: "但更去問." 師又去問, 黃

---

34) 탑기(塔記)에는 이 부분이 다음과 같이 보다 상세히 되어 있다 : "선사의 휘는 의현이며, 조주 남화 사람이다. 성은 형씨다. 어려서부터 총명하고 남달랐으며, 장성해서는 효성스러움으로 널리 알려졌다. 머리를 깎고 구족계를 받자 강원에 머물면서 율장(律藏)을 정밀하게 탐구하고 경전과 논서(論書)들을 두루 깊게 공부하였다. 그러나 얼마가 지나자 이렇게 탄식하였다. '이러한 교학(敎學)이 세상을 구하는 치료책일 수는 있으나, 교외별전(敎外別傳)의 종지는 아니로구나!' 선사는 곧 옷을 갈아입고 곳곳을 돌아다니다가, 먼저 황벽을 찾아갔다."(師諱義玄, 曹州南華人也. 俗姓邢氏. 幼而穎異, 長以孝聞. 及落髮受具, 居於講肆, 精究毗尼, 博賾經論. 俄而歎曰: "此濟世之醫方也, 非敎外別傳之旨!" 卽更衣游方. 首參黃檗.)

35) 會中三年 : 〈사가어록임제록〉(이하 '〈사가어록본〉'이라 약칭한다)에는 '三年'으로 되어 있다.

36) 然 : 〈사가어록본〉에는 '雖'로 되어 있다.

37) 遂首座問 : 〈사가어록본〉에는 '遂問'으로 되어 있다.

檗又打. 如是三致問, 三打之.[38] 師來白首座云: "幸蒙慈悲, 令某甲問訊和尚, 三度發問,[39] 三度喫棒. 自恨障緣, 不領深旨. 今且辭去." 首座云: "汝若去, 須是辭和尚了去."[40] 師禮拜退.

首座先到和尚處云: "問話底後生, 甚是如法. 若來辭和尚時,[41] 方便接伊.[42] 已後穿鑿, 一株大樹,[43] 與天下人作陰涼去在." 師便上去辭, 黃檗云: "不得往別處去, 汝向高安灘頭大愚處去. 必爲汝說."

師到大愚, 大愚問: "從什麼處來?" 師云: "黃檗處來." 愚云: "黃檗有何言句?" 師云: "某甲三度問, 佛法的的大意, 三度喫棒. 不知某甲有過無過." 愚云: "黃檗恁麼[44]老婆, 爲汝得徹困, 更來者裡,[45] 問有過無過." 師於言下大悟云: "元來黃檗佛法無多子." 大愚搊[46]住云: "者尿床[47]子, 適來言道[48]有過無過, 如今卻道黃檗佛法無多子. 你見什麼道理? 速道速道."

---

38) 如是三致問, 三打之:〈사가어록본〉에는 '如是三度發問, 三度被打'로 되어 있다.

39) 三度喫棒:〈사가어록본〉에는 '三度被打'로 되어 있다.

40) 須是辭和尚了去 :〈사가어록본〉에는 '須辭和尚去'로 되어 있다.

41) 若來辭和尚時:〈사가어록본〉에는 '若來辭時'로 되어 있다.

42) 伊:〈사가어록본〉에는 '他'로 되어 있다.

43) 向後穿鑿, 一株大樹:〈사가어록본〉과〈선화본〉에서는 모두 '向後穿鑿, 成一株大樹'로 되어 있다.〈천성광등록본〉에는 '成'이 빠져 있으나, '成'이 들어가 있는 것이 번역상 자연스럽다.

44) 恁麼:〈사가어록본〉에는 '與麼'로 되어 있다.

45) 者裡:〈사가어록본〉에는 '這裏'로 되어 있다. 이하의 경우도 마찬가지다.

46) 搊:〈사가어록본〉에는 '搦'로 되어 있다.

47) 尿床:〈사가어록본〉에는 '尿床鬼'로 되어 있다.

48) 言道:〈사가어록본〉에는 '道'로 되어 있다.

師於大愚脅下築三築.[49] 大愚拓開[50]云: "你[51]師黃檗, 非干吾[52]事."

師辭大愚, 卻迴黃檗. 黃檗見來, 便問: "者[53]漢來去去, 有什麼了期?" 師云: "祇[54]爲老婆心切." 便人事了, 侍立, 檗問: "什麼處來?" 師云: "昨日奉和尙慈悲, 今參大愚去來."[55] 檗云: "大愚有何言句?" 師擧: "大愚問某甲: '黃檗有何言句?' 某甲遂擧前話, 問他有過無過. 大愚道: '黃檗恁麼老婆, 爲汝得徹困, 更道有過無過?' 某甲於言大悟."[56] 檗[57]云: "作麼生得者漢來, 痛與一頓." 師云: "說什麼待來? 卽今便喫." 隨後便掌. 檗云: "者風顚漢, 來者裡, 捋虎鬚." 師便喝, 檗云: "侍者, 引者風顚漢參堂去."

(潙山擧前因緣[58]問仰山: "臨濟當時, 得大愚力? 黃檗力?" 仰山云: "非但捋虎鬚, 亦解騎虎頭."[59])

---

49) 築三築 : 〈사가어록본〉에는 '築三拳'으로 되어 있다.

50) 拓開 : 〈사가어록본〉에는 '托開'로 되어 있다.

51) 你 : 〈사가어록본〉에는 '汝'로 되어 있다.

52) 吾 : 〈사가어록본〉에는 '我'로 되어 있다.

53) 者 : 〈사가어록본〉에는 '這'로 되어 있다. 이하 모두 동일하다.

54) 祇 : 〈사가어록본〉에는 '秖'로 되어 있는데, 형태의 유사함 때문에 통용되었다.

55) 昨日奉和尙慈悲, 今參大愚去來 : 〈사가어록본〉에는 '昨奉慈旨令, 參大愚去來'로 되어 있다.

56) 大愚問某甲, 黃檗有何言句. 某甲遂擧前話, 問他有過無過. 大愚道, 黃檗恁麼老婆, 爲汝得徹困, 更道有過無過. 某甲於言大悟 : 〈사가어록본〉에는 '前話'로 간단히 서술되어 있다.

57) 檗 : 〈사가어록본〉에는 '黃檗'으로 되어 있다.

58) 潙山擧前因緣 : 〈사가어록본〉에는 '後潙山擧此話'로 되어 있다.

59) 非但捋虎鬚, 亦解騎虎頭 : 〈사가어록본〉에는 '非但騎虎頭, 亦解把虎尾'로 되어 있다.

2. 소나무 심는 뜻

임제가 또 소나무를 심고 있을 때, 황벽이 물었다.

"깊은 산 속에 많은[60] 소나무를 심어서 무엇을 하겠느냐?"[61]

임제가 말했다.

"첫째는 사찰[62]에 경치를 조성하는 것이고, 둘째는 뒷사람에게 본보기를 만들어 주는 것입니다."

말을 마친 임제는 괭이로 땅을 한두 번 두드렸다. 황벽이 말했다.

"비록 그렇긴 하지만, 너는 이미 나한테 30방[63] 맞았느니라."

임제는 다시 괭이로 땅을 두 번 두드리고는, "후유!"[64] 하고 한숨을 내쉬며 탄식하였다. 황벽이 말했다.

"나의 종지(宗旨)가 너에 이르러 세상에 크게 일어나겠구나!"

위산(潙山)이 앞의 이야기[65]를 들어 앙산(仰山)에게 물었다.

---

60) 허다(許多) : ①대단히 많은. ②좋은. 상당한.

61) 작심마(作甚麼) : 무엇을 하겠는가? 무엇을 하느냐?

62) 산문(山門) : ①절의 누문(樓門), 곧 삼문(三門)을 말함. ②절의 총칭.

63) 삼십방(三十棒) : 많은 몽둥이질. 수행자를 경책하기에 충분할 만큼의 많은 몽둥이질.

64) 허허(噓噓) : 한숨을 쉬며 탄식하는 소리.

65) 황벽이 임제를 향하여, "나의 종지(宗旨)가 너에 이르러 세상에 크게 일어나겠구나!"라고 한 말을 가리킨다.

"황벽이 당시에 임제 한 사람에게만 부촉(付囑)[66]하였느냐, 또 다른 사람이 있느냐?"

앙산이 말했다.

"있습니다. 그러나[67] 연대가 너무 오래되어서 스님께 말씀드리고[68] 싶지 않습니다."

위산이 말했다.

"비록 그렇더라도, 나도 알고 싶으니 말해 보아라."

앙산이 말했다.

"한 사람에게 남쪽을 가리키며 오(吳)와 월(越)로 가도록 하였는데, 대풍(大風)을 만나면 멈추라고 하였습니다."[69] 〔풍혈(風穴)[70]에 대한 예언이

---

66) 부촉(付囑) : 부촉(付屬)이라고도 함. 다른 이에게 부탁함. 부처님은 설법한 뒤에 청중 가운데서 어떤 이를 가려내어 그 법의 유통(流通)을 촉탁하는 것이 상례(常例). 이것을 부촉·촉루(囑累)·누교(累敎) 등이라 함. 경문 가운데서 부촉하는 일을 말한 부분을 「촉루품(囑累品)」, 또는 부촉단(付囑段)이라 하니, 흔히 경의 맨 끝에 있음. 『법화경』과 같은 것은 예외(例外).

67) 지시(秪是) : =지시(只是). ①다만. 오직. 오로지. ②그런데. 그러나.

68) 거사(擧似) : 있었던 일을 그대로 이야기해 주다. 사(似)는 동사의 접미사로서 '-주다(與)'의 뜻을 부가해 주는 어조사. =설사(說似), 거향(擧向), 거념(擧拈).

69) 임제의 법을 이은 흥화존장(興化存奬; 830-888)에게서 법을 받은 남원혜옹(南院慧顒; 860-930)과 그에게서 법을 받은 풍혈연소(風穴延沼; 896-973)의 출현을 의미한다. 오월(吳越)은 강남(江南)의 절강(浙江) 지방을 가리킨다.

70) 풍혈연소(風穴延沼) : 896-973. 송대(宋) 스님. 임제종. 풍혈은 머물렀던 절 이름. 속성은 유(劉)씨. 항주(杭州) 출신. 진사(進士) 시험에 실패한 뒤 개원사(開元寺)에서 출가함. 지공(智恭)에게 삭발 수계하여 천태(天台)를 수학하다가 경청도부(鏡淸道怤)·남원혜옹(南院慧顒) 등에게 참학한 후 남원의 법을 이어받고 여주(汝州)에서 풍혈사(風穴寺)를 개당하자 학승들이 운집함으로써 임제의현(臨濟

다.)[71]

師又因栽松次,[72] 蘗問："深山裡[73]栽許多松作什麼?"師云："一與山門作景致,[74] 二與後人作標牓.[75] 道了, 將钁頭打地一兩下.[76] 蘗云："雖然如是, 子已喫吾三十棒了也." 師又以钁頭打地兩下.[77] "嘘! 嘘!"蘗云："吾宗到汝, 大興於世."

(潙山擧前因緣[78]問仰山："黃蘗當時祇囑臨濟一人, 更有人在?"仰云："有, 秪是年代深遠, 不欲擧似和尙."潙云："雖然如是, 吾且[79]要知, 汝但擧看."仰山云："一人指南, 吳越令行, 遇大風卽止.(讖風穴)")

義玄)의 종풍이 더욱 성해짐. 세수 78세로 입적.

71) 앙산혜적(仰山慧寂; 803-887)이 죽은 뒤에 나타나는 풍혈연소(風穴延沼; 896-973)의 출현을 예언한다는 이 이야기는, 임제의 일화(逸話)에 대한 위산과 앙산의 대화가 뒷날 위산과 앙산의 이름을 빌려 첨부한 부분이라는 사실을 잘 보여주고 있다.

72) 師又因栽松次 : 〈사가어록본〉에는 '師栽松次'로 되어 있다.

73) 裡 : 〈사가어록본〉에는 '裏'로 되어 있다. 이하 동일.

74) 景致 : 〈사가어록본〉에는 '境致'로 되어 있다.

75) 標牓 : 〈사가어록본〉에는 '標榜'으로 되어 있다.

76) 一兩下 : 〈사가어록본〉에는 '三下'로 되어 있다.

77) 兩下 : 〈사가어록본〉에는 '三下'로 되어 있다.

78) 前因緣 : 〈사가어록본〉에는 '此語'로 되어 있다.

79) 且 : 〈사가어록본〉에는 '亦'으로 되어 있다.

38 임제어록

3. 산 채로 파묻음

임제가 울력[80]하고 있을 때에 황벽이 오는 것을 보고는 괭이를 짚고 서 있었다. 황벽이 말했다.

"이 사람이 피곤한가?"[81]

임제가 말했다.

"괭이만 들었을 뿐인데, 무엇이 피곤하겠습니까?"

황벽이 곧장 때리자, 임제는 방망이를 붙잡아서 한 번 밀쳐 넘어뜨렸다.[82] 황벽이 유나를 불렀다.

"유나(維那)[83]! 나를 부축해 일으켜 다오."

유나가 다가와 말했다.

"스님, 어찌하여 이 미친놈의 무례(無禮)를 용납하십니까?"

황벽은 일어나자마자 바로 유나를 때렸다. 임제는 괭이로 땅을 파며 말했다.

"여러 곳에서는 화장(火葬)을 하지만, 나는 여기서 일시에 산 채

---

80) 보청(普請) : 공덕을 널리 청해 바란다는 뜻. 선림(禪林)에서 승중(僧衆)을 모이게 하여 노역에 종사(作務)시키는 것. 선원(禪院)의 수행자가 모여 노역에 종사하는 것. 대중 울력.

81) 나(那) : =마(麼). 의문어기사(疑問語氣詞). 반문하는 어구 속에 사용됨.

82) 송도(送倒) : 밀어서 넘어뜨리다.

83) 유나(維那) : 선원(禪院)의 기강(紀綱)을 맡은 직책. 범어 Karmadāna의 음역(音譯)이다. 의역(意譯)으로는 열중(悅衆)이라고 한다.

로 파묻는다."

위산이 앙산에게 물었다.

"황벽이 유나를 때린 뜻이 무엇이냐?"

앙산이 말했다.

"도적은 달아나 버렸고, 순라꾼이 방망이를 맞았습니다."

師因普請次,[84] 見黃蘗來, 拄钁而立. 蘗云: "者漢困也那?"[85] 師云: "钁
也來[86]擧, 困箇什麼?" 蘗便打, 師接棒, 一送送倒. 蘗喚維那: "維那! 扶我
起."[87] 維那近前云: "和尙爭容得者風顚漢無禮?" 蘗起, 便打維那. 師钁地
云: "諸方火葬, 我者裡一時活埋."

(潙山[88]問仰山: "黃蘗打維那, 意作麼生?" 仰山云: "正賊走卻, 邏蹤
人喫棒.")

---

84) 師因普請次 : 〈사가어록본〉에는 '師普請鋤地次'로 되어 있다.

85) 困也那 : 〈사가어록본〉에는 '困那'로 되어 있다.

86) 來 : 〈사가어록본〉에는 '末'로 되어 있다.

87) 我起 : 〈사가어록본〉에는 '起我'로 되어 있다.

88) 潙山 : 〈사가어록본〉에는 '後潙山'으로 되어 있다. 이하 동일.

4. 황벽의 증명

임제가 어느 날 승당(僧堂)[89] 앞에 앉아 있다가 황벽이 오는 걸 보고는 눈을 감아 버렸다. 황벽이 이 모습을 보고는 두려워하는 척하면서 곧장 방장(方丈)[90]으로 돌아갔다. 임제는 뒤따라[91] 방장으로 올라가서 절하고 사과하였다. 그때 수좌(首座)가 황벽을 모시고 서 있었는데, 황벽이 말했다.

"이 스님은 비록 젊은 사람[92]이지만, 도리어 이 일을 안다."[93]

수좌가 말했다.

---

89) 승당(僧堂) : 선승들이 기거하며 좌선하는 선방(禪房). 선당(禪堂) · 운당(雲堂) · 좌선당(坐禪堂) · 좌당(坐堂) · 선불당(選佛堂) · 성승당(聖僧堂) · 고목당(枯木堂) 등이라고도 하며, 칠당가람(七堂伽藍)의 하나. 선종에서 가장 중시하는 장소로, 좌석의 위계와 행동거지가 엄격하다. 온돌이 아닌 의자와 침상 생활을 하는 중국에서는 선방의 형태가 우리나라와는 다르다. 일반적인 형태를 보면, 앞뒷문을 제외한 집 안의 벽을 따라 설치된 ㄷ자 형태의 마루인 선상(禪床)에 좌구(坐具)를 깔고 앉아 좌선을 하고, 뒤에 있는 커튼 안쪽에 누워서 잠잘 수 있도록 되어 있다. 마루 앞의 집 안 중앙은 마루가 없는 벽돌 바닥이고, 그 한가운데에는 보통 성상(聖像)을 모셔 두었다.

90) 방장(方丈) : 절의 큰 어른인 조실(祖室) 혹은 주지(住持)가 거처하는 방. 유마거사(維摩居士)의 거처가 사방 일장(一丈)이었다고 하는 데서 유래한다. 일장(一丈)은 십척(十尺) 즉 열 자이다.

91) 수후(隨後) : 뒤이어. 뒤따라.

92) 후생(後生) : ①젊다. ②젊은이. 젊은 사람.

93) 지유(知有) : 알다. 깨닫다. =지(知), 지도(知道).

"노스님께서 도리어 젊은이를 증명하시는군요."

황벽이 스스로 자신의 입을 손바닥으로 찰싹 때리자[94] 수좌가
말했다.

"아셨으면 되었습니다. 아셨으면 되었습니다."

師一日在僧堂前坐, 見黃蘗來, 閉[95]却目. 蘗見,[96] 乃作怖勢, 便歸方丈.
師隨後上[97]方丈禮謝. 首座在蘗處侍立, 蘗云: "此僧雖是後生, 却知有此
事." 首座云: "老和尙却證據[98]箇後生." 蘗自於口上摑,[99] 首座云: "知卽
得. 知卽得."

---

94) 곽(摑) : 손바닥으로 때리다.

95) 閉 : 〈사가어록본〉에는 '便閉'로 되어 있다.

96) 蘗見 : 〈사가어록본〉에는 '黃蘗'으로 되어 있다.

97) 隨後上 : 〈사가어록본〉에는 '隨至'로 되어 있다.

98) 老和尙却證據 : 〈사가어록본〉에는 '老和尙脚跟不點地却証據'로 되어 있다.

99) 蘗自於口上摑 : 〈사가어록본〉에는 '黃蘗自於口上打一摑'으로 되어 있다.

5. 좌선과 망상

임제가 승당에서 졸고 있는데, 황벽이 내려와서 보고는 주장자(拄杖子)[100]로 선상(禪床)[101]의 모서리[102]를 한 번[103] 쳤다. 임제는 머리를 들어 황벽을 보고는 다시 잠이 들었다. 황벽은 선상(禪床)을 다시 한 번 치고는 위 칸[104]으로 돌아갔는데, 그곳에서 수좌(首座)가 좌선(坐禪)하고 있는 것을 보고서 말했다.

"아래 칸[105]의 후배는 도리어 좌선을 하고 있는데, 너는 여기서 망상(妄想)을 피우고 있으니 무엇을 하겠느냐?"

수좌가 말했다.

"이 미치광이 늙은이가 뭐하나?"

---

100) 주장자(拄杖子) : 선승이 행각(行脚)할 때에 몸을 의지하는 지팡이. 설법(說法)할 때에도 불자(拂子)와 함께 사용하는 법구(法具)이다.

101) 선상(禪床) : ①승당(僧堂) 안에서 좌선을 할 때 앉는 의자(椅子). ②법당(法堂)에서 상당설법(上堂說法)할 때에 앉는 의자.

102) 판두(板頭) : ①승당(僧堂) 내의 선상(禪床)의 가장자리. ②승당 안의 각판(各板)의 초위(初位; 頭)를 나타낸다. 수좌위(首座位) · 후당위(後堂位) 등이 해당함.

103) 일하(一下) : 한 번. 한 차례.

104) 상간(上間) : 위 칸. 승당(僧堂)에서 성승(聖僧)을 향하여 오른쪽이 상간(上間)이고 왼쪽이 하간(下間)임. 방위로는 북쪽이 상간이고 남쪽이 하간이다.

105) 하간(下間) : 아래 칸. 선종(禪宗) 사찰에서 당(堂)에 들어 우리 몸의 좌측을 말함. 또 법당(法堂)이나 방장(方丈)에서는 서쪽, 승당(僧堂)에서는 남쪽, 고리(庫理)에서는 북쪽이 하간이 된다.

황벽은 선판(禪板)[106]의 모서리를 한 번 두드리고는 바로 나가
버렸다.

위산이 앙산에게 물었다.
"황벽의 뜻이 어떠하냐?"
앙산이 말했다.
"하나의 주사위로 두 번 다 이겼습니다."[107]

師在堂內睡, 檗下來見, 以拄杖打板頭一下. 師擧頭, 見是黃檗, 卻睡.
檗又打床一下, 往上問[108]見首座坐禪, 檗云: "下間後生卻坐禪, 汝者裡妄
想作什麼?" 首座云: "者風顚漢[109]作什麼?" 檗打板頭一下, 便出去.
(潙山問仰山云: "黃檗意作麼生?"[110] 仰云: "兩彩一賽.")

---

106) 선판(禪版) : 좌선(坐禪)하다가 피로할 때 몸을 기대어 쉬는 도구.
107) 양채일새(兩彩一賽) : =일채양새(一彩兩賽). 두 번 주사위를 던졌는데, 이긴 눈
    금 하나가 연달아 나왔다. '두 사람의 승부가 나지 않았다.' '둘 다 이겼다.'라는
    뜻. 새(賽)는 주사위, 채(彩)는 이긴 눈금을 가리킨다.
108) 問 : '間'의 오자(誤字).
109) 者風顚漢 : 〈사가어록본〉에는 '這老漢'으로 되어 있다.
110) 黃檗意作麼生 : 〈사가어록본〉에는 '黃檗入僧堂意作麼生'으로 되어 있다.

44 임제어록

6. 울력하는 사람

임제가 어느 날 황벽과 함께 울력하러 갔다. 임제가 뒤에서 가는데, 황벽이 머리를 돌려 임제가 빈손인 것을 보고는 물었다.

"괭이는 어디에 있느냐?"

임제가 말했다.

"어떤 사람이 이미 가지고 갔습니다."

황벽이 말했다.

"가까이 오너라. 너와 함께 이 일을[111] 따져 보아야겠다."[112]

임제가 곧 가까이 가자, 황벽이 괭이를 세우며 말했다.

"이것만은 천하의 누구도 집어 갈 수 없다."

임제가 곧장[113] 괭이를 잡아당겨 세우면서 말했다.

"어찌하여[114] 제 손아귀 속에 있습니까?"

황벽은 "오늘은 울력하는 사람들이 많군." 하고는 곧 절로 되돌아갔다.

---

111) 개사(箇事) : 이 일. 그 일. 개(箇)는 저(這)나 나(那)와 같은 뜻.

112) 상량(商量) : 시장에서 물건을 사고팔 때에 저울로 달아 그 값을 따져 헤아리는 것을 말한다. 따지다. 상의하다. 의논하다. 상담하다. 이해하다. 값을 흥정하다. 값을 따지다. 값을 매기다. 헤아리다.

113) 취수(就手) : ①-하는 김에. ②-하고 곧. -에 때 맞추어.

114) 위십마(爲什麼) : 무엇 때문에? 왜? 어찌하여?

뒷날 위산이 이 이야기를 하고서 앙산에게 물었다.

"괭이는 황벽의 손에 있었는데, 왜 임제에게 빼앗겼을까?"

앙산이 말했다.

"도적이 소인(小人)이긴 하나, 지혜는 군자(君子)보다 낫습니다."

師一日與黃蘗同赴普請,[115] 師在後行, 蘗回頭見師空手, 蘗問:[116] "钁在什麼處?" 師云: "已有人將去也."[117] 蘗云: "近前來. 共汝商量箇事." 師便近前, 蘗豎[118]起钁頭云: "祇者箇,[119] 天下人拈掇不起." 師就手掣得, 豎起云: "爲什麼在某甲手裡?"[120] 蘗云: "今日自有人[121]普請." 便歸院.

(後潙山擧此話[122]問仰山: "钁在黃蘗手裡, 爲什麼却被臨濟奪却?" 仰山云: "賊是小人, 智過君子.")

---

115) 師一日與黃蘗同赴普請 : 〈사가어록본〉에는 '一日普請次'로 되어 있다.

116) 乃蘗問 : 〈사가어록본〉에는 '乃問'으로 되어 있다.

117) 已有人將去也 : 〈사가어록본〉에는 '有一人將去了也'로 되어 있다.

118) 豎 : 〈사가어록본〉에는 '竪'로 되어 있는데, '竪'는 '豎'의 속자(俗字)이다. 이하 동일.

119) 祇者箇 : 〈사가어록본〉에는 '祇這箇'로 되어 있다.

120) 裡 : 〈사가어록본〉에는 '裏'로 되어 있다. 이하 동일.

121) 自有人 : 〈사가어록본〉에는 '大有人'으로 되어 있다.

122) 後潙山擧此話 : 〈사가어록본〉에는 '潙山'으로 되어 있다.

7. 너무 많은 쌀

황벽이 부엌에 들어갔을 때에[123] 반두(飯頭)[124]를 보자 물었다.

"뭐 하느냐?"

"대중이 먹을 쌀을 가려내고 있습니다."

"하루에 얼마나 먹느냐?"

"두 섬 닷 말을 먹습니다."

"너무 많지 않은가?"[125]

"오히려 적을까 걱정입니다."

황벽이 곧장 반두를 때렸다. 반두가 이 일을 임제에게 그대로 말하니, 임제가 말했다.

"내가 그대를 위하여 이 노인네에게 따져 보겠다."[126]

황벽이 있는 곳에 이르자마자[127] 곁에 모시고 섰는데, 황벽이 반

---

123) 인(因) : −할 때에. −하자.

124) 반두(飯頭) : 선원(禪院)에서 전좌(典座)를 맡기 전에 식사를 담당하는 승려 중 가장 우두머리. 공양주. 원주(院主)의 지도를 받으면서 식사를 준비하는 소임을 맡은 승려.

125) 막(莫) : (의문부사)−가 아닌가? 마(麼), 마(摩), 부(否), 무(无)등이 문장 끝에 온다.

126) 감(勘) : ①서로 맞추어 보다. 잘못을 바로잡기 위하여 살펴보다. 옳고 그름을 따져서 가려내다. ②죄상을 캐어묻다. 심문하다. ③무찌르다. 진압하다. 평정하다.

127) 재(纔) : ①막. 방금. 비로소. 이제 막. ②−하기만 하면. −하자마자.

두를 때린 이야기를 했다. 이에 임제가 말했다.

"반두가 알아듣지 못했군요. 스님께서 대신 알맞은 한마디[128]를 해주십시오."

그러고는 곧 황벽에게 물었다.

"너무 많지 않습니까?"

황벽이 대답했다.

"내일 또 한 끼[129] 먹는다고 왜 말하지 못하느냐?"

임제가 말했다.

"무슨 내일을 말씀하십니까? 지금 바로 잡수시지요."

말을 마치자마자 곧장 손바닥으로 황벽을 때리니, 황벽이 말했다.

"이 미친놈[130]이 또 여기 와서 호랑이의 수염을 건드리는구나!"

임제는 곧 "악!" 하고 소리지르고는 나가 버렸다.

뒷날 위산(潙山)이 이 이야기를 들어서 앙산(仰山)에게 물었다.

"이 두 스님의 뜻이 어떠하냐?"

앙산이 말했다.

---

128) 일전어(一轉語) : 그때그때의 상황에 알맞은 말을 자유자재하게 사용하여 선지(禪旨)를 가리키는 것. 심기(心機)를 바꾸어서(一轉) 깨닫게 하는 힘이 있는 말이라는 뜻.

129) 일돈(一頓) : 한 번. 한 판. 한 차례.

130) 풍전한(風顚漢) : ①미치광이. ②상식에서 벗어난 행동을 하는 사람. 때로는 격식을 벗어난 선의 종장(宗匠)을 가리킨다.

"스님께선 어떻게 보십니까?"

"자식을 키워 봐야 비로소 부모의 사랑을 알게 되지."

"그렇지 않습니다."

"그러면 넌 어떻게 생각하느냐?"

앙산이 말했다.

"도적을 끌어들여 집을 부순 것과 꼭 같습니다."[131]

黃蘗因入廚見飯頭,[132] 問: "作什麽?" 飯頭云: "揀衆僧米." 蘗云: "日喫
多少?" 頭云: "兩石五." 蘗云: "莫太多?" 頭云: "猶恐少在." 蘗便打. 飯頭
卻擧似師, 師云: "我與汝勘者老漢去."[133] 纔到蘗處, 侍立次, 蘗便擧前因
緣.[134] 師云: "飯頭不會. 請和尙代一轉語." 師便問: "莫太多?"[135] 蘗云:
"何不道, 來日更喫一頓." 師云: "說什麽來日, 卽今便喫." 道了便掌, 蘗云:
"者風顚漢, 又來者裡, 將[136]虎鬚." 師便喝, 出去.

(後潙山擧問[137]仰山: "此二尊宿意作麽生?" 仰云: "和尙意作麽生?"[138]

---

131) 대사(大似) : 꼭 –와 같다. 꼭 –처럼.

132) 見飯頭問 : 〈사가어록본〉에는 '問飯頭'로 되어 있다.

133) 我與汝勘者老漢去 : 〈사가어록본〉에는 '我爲汝勘這老漢'으로 되어 있다.

134) 前因緣 : 〈사가어록본〉에는 '前話'로 되어 있다.

135) 莫太多 : 〈사가어록본〉에는 '莫太多麽'로 되어 있는데, 일반적으로 '막(莫)–마
   (麽)?' 형태로 의문문이 된다. 이 경우에는 '마(麽)'가 생략된 것이다.

136) 將 : 〈사가어록본〉에는 '捋'로 되어 있다. 장(將)은 '쥐다'는 뜻이고, '날(捋)'은 '쓰
   다듬다'는 뜻이다.

137) 擧問 : 〈사가어록본〉에는 '問'으로 되어 있다.

138) 意作麽生 : 〈사가어록본〉에는 '作麽生'으로 되어 있다.

潙山: "養子方知父慈." 仰云: "不然." 潙云: "子又作麼生?" 仰云: "大似勾賊破家.")

8. 임제와 앙산

임제가 황벽의 편지를 전하러[139] 위산(潙山)으로 갔는데, 앙산(仰山)이 지객(知客)[140]으로 있다가 편지를 받고서 곧 물었다.

"이것은 황벽의 것인데, 어느 것이 상좌(上座)의 것입니까?"

임제가 곧 손바닥으로 때리려 하자, 앙산이 저지하며[141] 말했다.

"노형(老兄)[142]은 이 한 가지[143] 일을 아시는군요."

그들은 곧 그만두고 함께 위산을 만나러 갔는데, 위산이 곧장 물었다.

"황벽 사형(師兄)에게는 대중(大衆)이 얼마나[144] 있소?"

임제가 말했다.

"칠백 명 있습니다."

위산이 물었다.

"어떤 사람이 앞장서는가?"[145]

---

139) 치서(馳書) : 빠르게 소식을 전하다. 빠르게 편지를 보내다.

140) 지객(知客) : 선원에서 손님 맞이를 담당하는 소임. 6두수(頭首)의 제4위.

141) 약주(約住) : 가로막다. 저지하다. 꼼짝 못하게 붙잡다.

142) 노형(老兄) : ①노형(동년배의 남자들이 서로 대접하여 부르는 말). ②나(형이 아우에게 대하여 자기를 지칭하는 말).

143) 일반(一般) : 한 가지. 한 부류. 어떤 부류.

144) 다소(多少) : ①(의문사) 얼마? ②(감탄사) 얼마나! ③(부정수량) 얼마간. 얼마쯤. 조금.

145) 도수(導首) : ①선도(先導)하다. 앞장서다. 이끌다. ②선구자.

임제가 말했다.

"방금[146] 편지를 전달했습니다."

임제가 도리어 위산에게 물었다.

"스님께는 여기에 대중이 얼마나 있습니까?"

위산이 말했다.

"천오백 대중이네."

임제가 말했다.

"대단히 많군요."

위산이 말했다.

"황벽 사형도 적은 것이 아니네."

임제가 위산에게 작별 인사를 하자, 앙산이 배웅하면서 말했다.

"북쪽으로 가면 머물 곳이 있을 것입니다."

임제가 말했다.

"어찌 그런 일이 있겠습니까?"

"가기만 하면 한 사람이 그대를 도울 것입니다. 이 사람은 시작만 하고 끝은 맺지 못할 것입니다."[147]

---

146) 적래(適來) : ①지금 막. 방금. 이제 금방. 조금 전에. ②요즈음. 근래. 얼마 전에. ③오고 감. 왕래.

147) 유시무종(有始無終) : =유두무미(有頭無尾). 시작은 있고 끝이 없다. 처음은 왕성하나 끝이 부진하다. 시작만 하고 끝을 맺지 못하다.

임제가 진주(鎭州)[148]에 이르니, 보화(普化)[149]가 그곳에 있었다. 임제가 주지(住持)한 뒤에 보화가 협력하여 임제를 도왔다. 임제의 교화가 바야흐로 왕성해지자 보화는 온몸을 벗어 버렸다.[150]

師爲黃檗, 馳書去潙山, 仰山作知客, 接得書便問:"者箇是黃檗底, 那箇是上坐底?"[151] 師便掌, 仰山約住云:"老兄知是一般事."[152] 便休, 同去參[153]潙山, 潙便問:"黃檗師兄多少衆?" 師云:"七百衆." 潙云:"什麼人爲導首?" 師云:"適來已達書了." 師卻問潙山:"和尙此間多少衆?" 潙云:"一千五百衆." 師云:"太多生." 潙云:"黃檗師兄亦不少." 解辭潙山, 仰山相送[154]云:"汝向北去, 有箇住處." 師云:"豈有恁麼[155]事?" 仰山云:"但

---

148) 진주(鎭州) : 현재의 하북성(河北省) 석가장(石家莊)의 북동쪽 가까이에 있는 성시(城市)로, 옛날에는 상산(常山), 항산(恒山), 항주(恒州) 등으로 불렸다. 당(唐) 원화(元和) 15년(820)에는 진주(鎭州)로, 오대(五代)와 후당(後唐) 때에는 진정부(眞定府)로 개칭되었고, 송(宋) 이후에는 이를 따랐다.

149) 보화(普化) : 마조(馬祖)에서 삼세(三世)에 해당하며, 반산보적(盤山寶積)의 제자이다. 기이한 행적으로 유명하였으며, 보화종(普化宗, 虛無僧)의 개조가 되었다. 상세한 전기는 알 수 없다. 『조당집』권17, 『송고승전』권20, 『경덕전등록』권10 등에 보이는 이야기는 대부분 이 『임제록』에 실린 것을 전재(轉載)한 것이다.

150) 전신탈거(全身脫去) : 온몸을 벗어 버리다. 뱀이나 매미가 허물을 벗듯이 온몸을 벗어 버리다. 선탈(蟬脫), 선태(蟬蛻)라고도 함.

151) 那箇是上坐底 : 〈사가어록본〉에는 '那箇是專使底'로 되어 있다.

152) 一般事 : 〈사가어록본〉에는 '般事'로 되어 있다.

153) 參 : 〈사가어록본〉에는 '見'으로 되어 있다.

154) 相送 : 〈사가어록본〉에는 '送出'로 되어 있다.

155) 恁麼 : 〈사가어록본〉에는 '與麼'로 되어 있다.

去, 有一人佐輔汝.[156] 此人[157]有頭無尾, 有始無終." 師到[158]鎭州, 普化在彼. 師住後贊佐於師. 師正化旺,[159] 普化全身脫去.

---

156) 有一人佐輔汝 : 〈사가어록본〉에는 '已後有一人佐輔老兄在'로 되어 있다.

157) 此人 : 〈사가어록본〉에는 '此人祇是'로 되어 있다.

158) 到 : 〈사가어록본〉에는 '後到'로 되어 있다.

159) 普化在彼. 師住後贊佐於師. 師正化旺 : 〈사가어록본〉에는 '普化已在彼中. 師出世, 普化佐贊於師. 師住未久'로 되어 있다.

9. 백장의 선판

임제가 황벽에게 작별 인사를 하니, 황벽이 물었다.

"어디로 가느냐?"

"하남(河南)이 아니면 하북(河北)이겠지요."

황벽이 바로 몽둥이로 때리자, 임제가 가로막고서 손바닥으로 황벽을 한 번 쳤다. 황벽은 크게 웃고는 시자를 불러서 백장(百丈) 선사(先師)의 선판(禪板)과 궤안(几案)[160]을 가지고 오라고 하였다.[161] 임제가 말했다.

"시자야, 불도 가지고 오너라."

황벽이 말했다.

"비록 그렇긴 하지만, 너는 그냥 가지고 가거라. 이후에는 천하 사람들의 입을 다물게 만들 것이다."[162]

뒷날 위산이 이 이야기를 하고서 앙산에게 물었다.

---

160) 궤안(几案) : =궤안(机案). 책상(册床).

161) 선판과 궤안은 인가증명(印可證明)의 표시이다. 『벽암록』 68칙에 의하면, 백장 회해(百丈懷海: 749-814)의 선판과 포단(蒲團)은 황벽에게 전해지고, 주장자와 불자(拂子)는 위산에게 전해졌다고 한다.

162) 좌각(坐卻) : 꺾어 버리다. 찢어 버리다. 부수어 버리다. =좌단(剉斷). 좌각천하인설두(坐却天下人舌頭)는 '천하 사람들의 혀를 꺾다.' '천하 사람들의 입을 다물게 만들다.'라는 뜻.

"임제 스님이 저 황벽 스님을 저버린 것이 아니냐?"

앙산이 말했다.

"그렇지 않습니다."

위산이 말했다.

"너는 어떻게 생각하느냐?"

앙산이 말했다.

"은혜를 알아야 비로소 은혜를 갚을 줄 압니다."

위산이 물었다.

"옛날[163] 사람에게도 비슷한[164] 일이 있었느냐?"[165]

앙산이 말했다.

"있었습니다. 그러나 연대가 너무 오래되어서 스님께 말씀드리고 싶지 않습니다."

위산이 말했다.

"비록 그렇지만, 내가 전혀 알지 못하니[166] 너는 말해 보거라."

앙산이 말했다.

"예컨대[167] 능엄(楞嚴)의 법회(法會)에서 아난(阿難)이 부처님을 찬탄

---

163) 종상(從上) : 종전. 이전.

164) 상사(相似) : 닮다. 비슷하다.

165) 환(還) -야무(也無) : -인가? -이냐?

166) 차불(且不) : 오랫동안 - 하지 않다. 좀처럼 -하지 않다. 전혀 -하지 않다.

167) 지여(祇如) : =지우(至于), 약부(若夫), 지여(只如). ①-에 대하여는. -과 같은 것은. ②예컨대. ③그런데.

하여 말하기를, '이 깊은 마음을 가지고 무수한 세계[168]를 받드니, 이것이 곧 부처님의 은혜에 보답한다는 것입니다.'[169]라고 하였으니, 이 어찌 은혜에 보답한 일이 아니겠습니까?"

위산이 말했다.

"그렇다. 그렇다. 견해가 스승과 같으면 스승의 덕을 반감하니, 견해가 스승보다 뛰어나야 바야흐로 스승의 가르침을 전해 줄 만하다."

師辭黃檗, 檗問: "什麼處去?" 師云: "不是河南, 便是河北." 檗便打, 師約住, 與師[170]一掌. 檗大笑, 喚侍者, 將百丈先師禪板几案[171]來. 師云: "侍者, 將火來." 黃檗云: "雖然如是, 汝但將去. 已後坐卻天下人舌頭去在."

(後潙山擧此話問仰山:[172] "臨濟莫辜負他黃檗也無?" 仰山云: "不然." 潙山云: "子又作麼生?" 仰山云: "知恩方解報恩." 潙山云: "從上古人, 還用[173]相似底也無?" 仰山云: "有, 秖是年代深遠, 不欲擧似和尙." 潙山云: "雖然如是, 吾且不知, 子但擧看." 仰山云: "秖如楞嚴會上, 阿難讚佛云: '將此深心奉塵刹, 是則名爲報佛恩.' 豈不是報恩之事?" 潙山云: "如是, 如是. 見與師齊, 減師半德, 見過於師, 方堪傳授.")

---

168) 진찰(塵刹) : 티끌 같은 세계. 무수한 세계.

169) 『능엄경(楞嚴經)』 권3에 나오는 아난의 찬불게(讚佛偈)이다.

170) 與師 : 〈사가어록본〉에는 '與'로 되어 있다.

171) 几案 : 〈사가어록본〉에는 '机案'으로 되어 있다.

172) 潙山擧此話問仰山 : 〈사가어록본〉에는 '潙山問仰山'으로 되어 있다.

173) 用 : 〈사가어록본〉에는 '有'로 되어 있음. '有'가 해석하기에 더 적당함.

10. 자리 없는 참사람

임제가 상당(上堂)[174]하여 말하였다.

"붉은 고깃덩이[175] 위에 지위가 없는 하나의 참사람[176]이 있어

---

174) 상당(上堂) : 선종(禪宗)의 장로(長老)가 법당(法堂)에 올라가 선(禪)의 종지(宗旨)를 드날리는 일. 대중(大衆)은 서서 듣다가 질문을 한다. 백장(百丈)의 『선문규식(禪門規式)』에 보인다. 매월 5일 한 번 상당(上堂)하는 정기법회(定期法會)가 있고, 매일 저녁 행하는 소참법회(小參法會)와 시중설법(示衆說法)이 있다.

175) 적육단(赤肉團) : 붉은 고깃덩이, 곧 육체. 이것을 『조당집(祖堂集)』 19권에서는 '五陰身田'이라 하고, 송판(宋板) 『전등록(傳燈錄)』에서는 '肉團心'이라 하고 있다.

176) 무위진인(無位眞人) : 무위(無位)는 정해진 위치나 일정한 지위가 없다는 뜻. 정해진 지위가 없는 참사람. 즉, 도를 터득하여 어디에도 머물거나 구속받지 않고 자유자재한 사람이라는 말이지만, 사실은 모든 사람에게 본래 갖추어져 있는 본심(本心) 즉 본래면목(本來面目)을 가리킨다. 여기서 무위(無位)는 무주(無住)·무의(無依)·무위(無爲)의 뜻이다. 임제는 다른 곳에서 무의도인(無依道人)이라고도 말한다. 진인(眞人)이란 『장자(莊子)』에 나오는, 진리를 깨달아 실천하는 사람이다. 『장자(莊子)』 「대종사(大宗師)」에는 "진인(眞人, 참사람)이 있은 뒤에야 진지(眞知, 참된 앎)가 있다. 그렇다면 진인이란 어떤 사람인가? 옛날의 진인은 역경을 꺼리지 않았고, 이룬 것을 뽐내지 않았고, 일을 꾀하려 하지도 않았다. …… 옛날의 진인은 잠자도 꿈을 꾸지 않았고, 깨어서도 근심이 없었다. …… 옛날 진인은 삶을 즐거워할 줄 몰랐고 죽음을 싫어할 줄도 몰랐다. 태어남을 기뻐하지도 않았고, 죽음을 거역하지도 않았다. 무심히 갔다가 의연히 돌아올 뿐이었다."라고 되어 있다. 이 진인이라는 용어는 도교에서 이상적인 인간상을 가리키는 데 널리 쓰였으며, 임제 당시의 하북에는 도교(道教)가 성행하였으므로 임제가 이를 적극 끌어 쓴 것으로 볼 수 있다. 이미 불가(佛家)에서도 붓다(Budda, 佛陀), 해탈자(解脫者)의 역어(譯語)로 진인(眞人)을 쓰고 있었으니, 한역(漢譯) 『증일아함경(增一阿含經)』 권47에는, "이제 업의 쌓임

서, 늘 그대들의 얼굴[177]에서 출입한다. 아직 밝히지 못한 자는 잘 살펴보아라!"

그때 어떤 스님이 나와서 물었다.

"어떤 것이 지위 없는 참사람입니까?"

임제가 선상(禪床)에서 내려와 그를 꼼짝 못하게 움켜잡고서[178] 말하였다.

"말해라! 말해라!"

그 중이 무언가 말하려는 듯 머뭇거리자, 임제가 그를 밀쳐 버리고는 말했다.

"지위 없는 참사람이라니 무슨 똥 닦는 막대기 같은 소리냐?"

그리고 곧 방장(方丈)으로 돌아갔다.

上堂云: "赤肉團上有一無位眞人, 常從汝等諸人面門出入. 未證據者看看." 時有僧出問: "如何是無位眞人?" 師下禪床把住云: "道. 道." 僧擬議, 師拓開[179]云: "無位眞人, 是什麽乾屎橛?" 便歸方丈.

은 모두 밝혀졌나니, 다시 수태(受胎)함은 없으리라. 여실히 진인(眞人)의 자취를 따라서 아라한은 마침내 무여열반(無餘涅槃)에 들어간다."라고 되어 있다.

177) 면문(面門) : ①얼굴. ②표정. ③입.

178) 파주(把住) : 단단히 붙잡아 꼼짝 못하게 함.

179) 拓開 : 〈사가어록본〉에는 '托開'로 되어 있다.

11. 어디서 오는가

임제가 어떤 승려에게 물었다.

"어디에서 옵니까?"

그 승려는 곧장 "악!" 하고 소리를 질렀는데, 임제는 즉시 두 손을 모아 공손히 절하며 자리를 권했다.[180] 그 승려가 망설이고 있자,[181] 임제는 바로 때렸다.

師問僧: "什麼處來?" 僧便喝, 師便揖坐. 僧擬議, 師便打.

---

180) 읍좌(揖坐) : 읍(揖; 오른손은 주먹 쥐고 왼손을 그 위에 감싸 쥐고 얼굴 앞으로 들고 허리를 공손히 앞으로 구부렸다가 펴면서 손을 내리는 인사)을 하면서 자리를 권하다.
181) 의의(擬議) : 머뭇거리다. 망설이다.

12. 곧장 때리다

임제는 어떤 승려가 오는 것을 보자 곧 불자(拂子)[182]를 세웠다. 그 승려가 절을 하였는데, 임제는 곧장 때렸다. 다시 어떤 승려가 오는 것을 보고서 임제는 역시 불자를 세웠다. 그 승려는 돌아보지 않았는데, 임제는 역시 때렸다.

師見僧來, 便豎[183]起拂子. 僧禮拜, 師便打. 又見僧來, 亦豎起拂子. 僧不顧, 師亦打.

---

182) 불자(拂子) : 불자는 수행자가 마음의 티끌·번뇌를 털어 내는 상징적 의미의 법구로 불(拂) 또는 불진(拂塵)이라고도 하며 범어로는 vijana라고 한다. 짐승의 털이나 삼(麻) 등을 묶어서 자루 끝에 맨 것으로 원래는 벌레를 쫓는 데 쓰는 생활용구였다. 생김새는 우리나라의 총채와 비슷하며 인도에서는 일반적으로 다 사용한다. 『마하승기율』 제6에 관음보살은 왼손에, 보현보살은 오른손에 백불을 잡은 모습으로 그리는 것이 원칙이라고 하였다. 관음보살 40수 중의 하나로서 불자를 지물(持物)로 하는 뜻은 신상의 악한 장애나 환란을 없애기 위함이라고 한다. 우리나라에서는 조사(祖師)의 영정에 흰 불자를 지물로 그리는 경우가 많다. 불자의 자루에는 장식으로 흔히 용의 문양을 새긴다. 중국에서는 특히 선종의 장엄구로서 주지 또는 수좌가 불자를 잡고 법좌에 올라 대중에게 설법을 했다. 이를 병불(秉拂)이라고 한다. 병불의 자격이 있는 사람은 전당수좌(前堂首座)·후당수좌·동장주(東藏主)·서장주·서기(書記)로서 5두수(五頭首)라고 한다. 또 불자는 전법의 증표로 사용되기도 했다.

183) 豎 : 〈사가어록본〉에는 '竪'로 되어 있다.

13. 임제할(臨濟喝)

임제가 상당(上堂)하니 어떤 승려가 나와서 절을 하였다. 임제가 곧장 "악!" 하고 고함을 지르자, 그 승려가 말하였다.

"노스님께선 함부로 엿보지[184] 마세요."[185]

임제가 말했다.

"그대는 말해 보라. 어디에 떨어져 있는가?"

그 승려가 곧장 "악!" 하고 고함을 질렀다.

다시 어떤 승려가 물었다.

"어떤 것이 불법(佛法)의 큰 뜻입니까?"

임제가 바로 "악!" 하고 고함을 지르니, 그 승려가 절을 하였다.

임제가 말했다.

"그대는 말해 보라. 좋은 고함 소리냐?"

그 승려가 말했다.

"도둑질이 확실히 실패하였습니다."[186]

임제가 물었다.

---

184) 탐두(探頭) : 머리를 내밀다. 머리를 내밀고 엿보다. 머리를 내밀고 살펴보다.

185) 호(好) : (어기조사) 구절의 끝에 붙어서 타이르고 깨우침을 나타냄.

186) 초적대패(草賊大敗) : 도둑질하러 들어왔다가, 들켜서 도둑질에 실패하다. 수작을 걸었다가, 속내가 탄로나 실패하다. 낚시를 드리웠으나, 물고기가 알아차리는 바람에 실패하다. 종사가 학인을 시험해 보려 하나, 학인은 속지 않는다는 말.

"허물이 어디에 있느냐?"

승려가 말했다.

"재범(再犯)은 용납하지 않습니다."[187]

임제가 말했다.

"대중들아! 나의 빈주구(賓主句)[188]를 알고자 한다면, 승당(僧堂) 안의 두 선객(禪客)에게 물어보아라."

그러고는 바로 법좌(法座)[189]에서 내려왔다.

上堂, 有僧出禮拜. 師便喝, 僧云: "老和尙, 莫探頭好." 師云: "你道. 落在什麼處?" 僧便喝. 又僧問: "如何是佛法大意?"師便喝, 僧禮拜. 師

---

187) 〈천성광등록본〉『임제록』과 〈사가어록본〉『임제록』과는 달리 〈선화본(宣和本)〉 『임제록』에는 이 뒷부분이 다음과 같다: 임제가 곧 "악!" 하고 할을 하였다. 이 날 동당(東堂)과 서당(西堂)의 수좌(首座)가 서로 만나자 동시에 "악!" 하고 할 (喝)을 내뱉었다. 한 승려가 임제에게 물었다. "손님과 주인(의 구별)이 있습니 까?" 임제가 말했다. "손님과 주인(의 구별)이 분명하다. 대중들아, 나의 빈주구 (賓主句)를 알고자 한다면, 당중(堂中)의 두 수좌에게 물어보도록 하라!" 그러고 는 바로 법좌에서 내려왔다.(師便喝. 是日兩堂首座相見, 同時下喝. 僧問師: "還 有賓主也無?"師云: "賓主歷然." 師云: "大衆, 要會臨濟賓主句, 問取堂中二首 座." 便下座.)

188) 빈주구(賓主句): 선문답(禪問答)에서 주인의 자리에 서느냐 손님의 자리에 서 느냐 하는 것을 판별하는 말. 자신의 본심에서 벗어나지 않고 문답하는 것을 주 인의 자리에 선다 하고, 상대방의 말을 따라가서 자신의 본래자리에서 어긋나 는 것을 손님의 자리에 선다고 한다. 이 책 제2부 법어 가운데 '30. 선문답의 유 형 1'과 '38. 선문답의 유형 2'를 참조하라.

189) 법좌(法座): 선승(禪僧)이나 법사(法師)가 올라앉아 설법(說法)하는 좌석. 설법 을 행하는 법당(法堂)에 설치되어 있다.

云:“汝道. 好喝也無?”僧云:“草賊大敗.”師云:“過在什麼處?”僧云:“再犯不容.”師云:“大衆! 要會臨濟賓主句, 問取堂中二禪客.”便下座.

14. 거칠고 미세함

임제가 어느 날 보화(普化)와 더불어 시주(施主)[190]의 집에 식사하러 갔을 때였다. 임제가 보화에게 물었다.

"털 하나가 큰 바다를 머금고 겨자씨 속에 수미산이 들어간다.[191] 이것은 신령스럽게 통하고 묘하게 작용하는[192] 것인가?[193] 아니면 본래 자체(自體)가 이러한가?"[194]

보화가 발로 밥상을 차서 넘어뜨렸다. 이에 임제가 말했다.

"대단히 거칠구나!"[195]

보화가 응대하여 말했다.

"여기에 무엇이 있기에 거칠다느니 미세하다느니 하는가?"

---

190) 시주(施主) : 범어 단월(檀越; dana-pati)의 번역. 승가(僧家)에 보시(布施)하는 사람.

191) 모탄거해개납수미(毛吞巨海芥納須彌) : 털 하나가 거대한 바다를 머금고, 겨자씨 속에 수미산을 넣는다. 매우 작은 것 속에 매우 큰 것이 들어간다는 뜻으로, 크고 작음의 분별을 벗어난 무분별(無分別)의 불가사의(不可思議)한 법계(法界)를 가리키는 말.

192) 신통묘용(神通妙用) : 신령스러이 통하고 묘하게 작용한다. 걸림없이 자재한 깨달음의 경지를 표현한 말.

193) 위시(爲是) : (선택을 나타내는 연사(連詞)) ―인가 ―인가? =위당(爲當).

194) 여연(如然) : 이와 같다. 이렇다. =여차(如此).

195) 태추생(太麤生) : 매우 엉성하다. 매우 조잡하다. 매우 경솔하다. 매우 촌스럽다. 매우 거칠다.

다음 날 다시 임제는 보화와 함께 식사하러 갔다. 임제가 보화에게 물었다.

"오늘 공양(供養)[196]은 어제와 비교해서 어떤가?"[197]

보화는 전날처럼 발로 밥상을 걷어차 넘어뜨려 버렸다. 임제가 말했다.

"맞기는 맞다만, 너무 거칠다."

보화가 말했다.

"이 눈먼 작자야! 불법(佛法)에 무슨 거칠고 미세함을 말하느냐?"

임제는 이에 혀를 내둘렀다.[198]

師一日, 同普化, 赴施主家齋次. 師問普化: "毛吞巨海, 芥納須彌. 爲是神通妙用, 本體如然?" 普化踏倒飯床. 師云: "太麤生." 普化云: "者裡是什麼所在, 說麤說細?" 師來日, 又同普化赴齋. 師云: "今日供養, 何似昨日?" 普化依前踏倒飯床. 師云: "得卽得, 太麤生." 普化云: "瞎漢! 佛法說什麼麤細?" 師乃吐舌.

---

196) 공양(供養) : pūjanā. 공시(供施)·공급(供給)·공(供)이라고도 함. 공급하여 자양(資養)한다는 뜻. 깨끗한 마음으로 음식, 꽃, 향(香), 촛불, 등(燈), 음악 등을 삼보(三寶; 佛, 法, 僧) 혹은 부모나 스승에게 받들어 올리거나, 이웃의 모든 사람들에게 필요한 어떤 물건이나 참다운 진리의 가르침을 베풀어 주는 것을 말한다.

197) 하사(何似) : 어찌하여? 어떤가? 어떻게? 어떻게 하겠는가? 왜 −하지 않는가? =여하(如何), 하사생(何似生).

198) 토설(吐舌) : 혀를 내두르다(놀라움, 감탄의 표시).

15. 범부인가 성인인가

임제가 하루는 하양(河陽) 장로, 목탑(木塔) 장로와 함께 승당(僧堂) 안의 화롯가[199]에 앉아 있을 때 말했다.

"보화(普化)가 매일 거리에서 미치광이 짓을 하니,[200] 그가 범부(凡夫)인지 성인(聖人)인지 아십니까?"

말이 채 끝나기도 전에 보화가 들어왔다. 임제가 바로 물었다.

"그대는 범부냐 성인이냐?"

보화가 말했다.

"그대가 먼저 말해 보라. 내가 범부냐 성인이냐?"

임제가 곧장 "악!" 하고 고함을 지르니, 보화가 손가락으로 가리키며 말했다.

"하양은 새색시 선(禪)[201]이요, 목탑은 노파선(老婆禪)[202]인데, 임

---

199) 지로(地爐) : 난방을 위하여 승당(僧堂) 바닥의 흙을 파내어 만든 화로.

200) 체풍체전(掣風掣顚) : (행동이 정상이 아님을 나타내는 말) 정신이 나가다. 실성하다. 미친 짓을 하다. 정상이 아니다. =철풍전(掣風顚), 철전철광(掣顚掣狂).

201) 신부자선(新婦子禪) : 새색시 선. 노파선(老婆禪)의 상대어로 지나치게 소심하고 조심하는 태도를 보이는 선(禪). 『임제록』에 "만약 새색시 같은 선사(禪師)라면, 절에서 쫓겨나 밥도 얻어먹지 못할까 봐 두려워서 불안하고 즐겁지도 않을 것이다."(若似新婦子禪師, 便卽怕趁出院, 不與飯喫, 不安不樂.)라는 임제의 말이 있다.

202) 노파선(老婆禪) : 할머니가 손자를 돌보는 듯한 노파심(老婆心)으로 지나치게 친절하고 자세하게 가르쳐 주는 선(禪).

제 어린애[203]가 도리어 한 개의 눈[204]을 갖추었구나."

임제가 말했다.

"이 도둑놈아!"

보화는 "도둑놈! 도둑놈!" 하고 말하고는, 곧 나가 버렸다.

師一日, 與河陽木塔長老, 同在僧堂地爐內[205]坐, 因說: "普化每日, 在街市, 掣風掣顛, 知他是凡是聖?" 言猶未了, 普化入來. 師便問: "汝是凡是聖?" 普化云: "汝且道. 我是凡是聖?" 師便喝, 普化以手指云: "河陽新婦子, 木塔老婆禪, 臨濟小廝兒, 卻具一隻眼." 師云: "者賊!" 普化云: "賊! 賊!" 便出去.

---

203) 소시아(小廝兒) : ①어린아이. ②머슴애. 시부름꾼 아이. 사동(使童). (옛날 집안에서 잡일을 하던 어린 남자 하인 아이를 가리킴.) ③남에게 자신의 하인을 낮추어 일컫는 말.

204) 일척안(一隻眼) : 한 개의 눈. 둘로 보는 육안(肉眼)이 아닌, 둘 아닌 불법(佛法)을 보는 유일한 눈. 법을 보는 바른 안목(眼目) 또는 그것을 갖춘 사람을 뜻한다. 정문안(頂門眼), 정안(正眼), 활안(活眼), 명안(明眼) 등과 같은 말.

205) 地爐內 : 〈사가어록본〉에는 '地爐內邊'이라고 되어 있다.

16. 한 마리 당나귀

하루는 보화가 승당 앞에서 생나물을 먹고 있는데, 임제가 보고 말했다.

"꼭 한 마리 당나귀 같구나!"

보화가 바로 당나귀 울음소리를 내니, 임제가 말했다.

"이 도둑놈아!"

보화가 말했다.

"도둑놈! 도둑놈!"

一日, 普化在僧堂前喫生菜, 師見云: "大似一頭驢!" 普化便作驢鳴, 師云: "者賊!" 普化云: "賊! 賊!"[206)]

---

206) 〈사가어록본〉에는 이 뒤에 '便出去'라는 구절이 붙어 있다.

17. 보화의 기행

보화가 늘 거리[207]에서 방울을 흔들며 말하기를, "밝음[208]이 오면 밝음을 때리고, 어둠이 오면 어둠을 때린다. 사방팔방[209]에서 오면 회오리바람처럼 때리고, 허공에서 오면 도리깨[210]처럼 때린다."라고 한다는 소식을 듣고, 임제는 시자에게 다음과 같이 하라고 시켰다.

"보화가 이렇게 말하는 것을 보거든 곧장 꼼짝 못하게 붙잡고서 '전혀 이와 같지 않게 올 때에는 어떻게 합니까?'라고 물어보아라."

시자가 시킨 대로 하였더니 보화는 시자를 밀쳐 내며 말하였다.

"내일 대비원(大悲院)에서 재(齋)[211]가 있다."

시자가 돌아와서 임제에게 그대로 말하니, 임제가 말했다.

"내가 진작부터 이 작자를 알아보고 있었지."[212]

---

207) 가시(街市) : 상가(商街)가 즐비한 거리.

208) 명두(明頭) : 밝음. 두(頭)는 형용사의 뒤에 붙어 추상명사를 만드는 접미사.

209) 사방팔면(四方八面) : 사방팔방(四方八方). =사면팔방(四面八方).

210) 연가(連架) : 도리깨. =연가(連枷), 연가(連耞), 연가(槤耞).

211) 재(齋) : 포살(布薩). 범어 posatha의 역어(譯語). 일정한 날에 계율을 살펴서 지은 죄를 회개하는 행위.

212) 의착(疑着) : 의심해 왔다. 의심하고 있었다. 추측하고 있었다. −이 아닌가 하고 생각하고 있었다. 착(着)은 동사 뒤에 붙어서 지속을 나타내는 조사.

因普化常於街市中搖鈴云:"明頭來, 明頭打, 暗頭來, 暗頭打. 四方八面來, 旋風打. 虛空來, 連架打." 師令侍者去:"纔見如是道, 便把住云:'總不與麼來時, 如何?'"侍者如敎,[213] 普化拓開云:"來日大悲院裡有齋."侍者迴, 舉似師, 師云:"我從來疑着者漢."

---

213) 侍者如敎 : 〈사가어록본〉에는 이 구절이 없다.

18. 보화의 옷

보화(普化)가 하루는 상점이 즐비한 거리에서 사람들에게 승복(僧服)[214]을 시주하라고 말하고 있었다. 사람들이 모두 그에게 옷감을 주었으나, 보화는 하나도 받지 않았다. 이때 임제는 원주(院主)에게 관(棺)을 하나 사 오라고 시켰다. 보화가 돌아오자 임제가 말했다.

"내가 당신에게 줄 옷을 만들어 놓았다."

보화는 곧 관을 메고 나가 거리를 돌아다니며 외쳤다.

"임제가 나에게 옷을 만들어 주었다. 나는 동문(東門)으로 가서 죽을[215] 것이다."

거리에 있던 사람들이 다투어서 그를 따라가 살펴보자, 보화가 말했다.

"나는 오늘은 죽지 않을 것이다. 내일 남문으로 가서 죽을 것이다."

이렇게 사흘 동안 되풀이하자, 이제 사람들이 믿지 않았다. 나흘째가 되자 그를 따라가서 보려는 사람이 아무도 없었다. 보화는

---

214) 직철(直裰) : 출가자가 입는 옷 이름. 윗옷과 아래옷을 바로 이어서 만든 승복(僧服). 옛날의 편삼(偏衫)과 군자(裙子)를 합하여 꿰맨 것. 아래는 많은 주름을 잡아 허리에서 모아 붙인다. 우리나라의 장삼과 같음.

215) 천화(遷化) : 천이화멸(遷移化滅). 이 사바세계의 중생들을 교화할 인연이 끝나서 다른 국토의 중생들을 교화하러 가는 일, 곧 승려의 죽음을 가리키는 말. 귀적(歸寂)·입적(入寂)과 같음.

혼자 성 밖으로 나가 스스로 관 속에 들어가서는, 길 가는 사람에게 못을 박아 달라고 부탁하였다. 즉시 이 소식이 거리에 알려지자 사람들이 다투어 달려왔다. 관을 열어 보니 보화의 시신만 남아 있었다.[216]

普化一日於街市中就人乞直裰. 人皆與之, 普化俱不要. 師令院主買棺一具. 普化歸來, 師云: "我與汝做得箇直裰了也." 普化便擔出繞街市, 叫云: "臨濟與我做直裰了也. 我往東門遷化去." 市人競隨看之, 普化云: "我今日未.[217] 來日往南門遷化去." 如是三日, 人已不信. 至第四日, 無人隨看. 獨出城外, 自入棺內, 倩路行人釘之. 卽時傳布, 市人競往. 開棺, 乃見全身脫去也.[218]

---

216) 전신탈거(全身脫去) : 온몸을 벗어 버리다. 뱀이나 매미가 허물을 벗듯이 온몸을 벗어 버리다. 선탈(蟬脫), 선태(蟬蛻)라고도 함. 육체만 남기고 영혼은 사라졌다는 말.

217) 我今日未 : 『전등록』에는 "오늘은 장사(葬事)에는 좋지 못한 날(今日葬不合靑鳥)."이라고 되어 있다.

218) 乃見全身脫去也 : 〈사가어록본〉에는 '乃見全身脫去, 祇聞空中鈴響隱隱而去.' (관을 열어 보니 영혼이 몸을 떠나고, 공중에서 요령 소리만 은은하게 울릴 뿐이었다.)라고 되어 있다.

19. 무사하지 못한 일

한 늙은 승려[219]가 임제를 찾아와서 아직 인사도 나누기[220] 전에 다짜고짜 물었다.

"절을 하는 것이 옳습니까? 절을 하지 않는 것이 옳습니까?"

임제가 곧 "악!" 하고 고함을 지르니, 그 늙은 승려가 바로 절을 했다. 임제가 말했다.

"훌륭한[221] 도둑[222]이로군."

그 늙은 승려는 "도둑! 도둑!" 하고 말하더니, 곧 나가 버렸다. 임제가 말했다.

"무사(無事)하다고 말하지 마라."[223]

마침 수좌(首座)가 곁에 있었으므로 임제가 물었다.

"허물이 있느냐?"

수좌가 대답했다.

"있습니다."

---

219) 노숙(老宿) : 노년숙덕(老年宿德)의 약어로 덕을 쌓은 노인이라는 뜻이다. 덕망 있는 노스님에 대한 경칭으로 사용된다.

220) 인사(人事) : 절하다. 인사하다.

221) 호개(好箇) : 대단한. 훌륭한. (감탄을 나타내는 형용사. 개(箇)는 접미사.)

222) 초적(草賊) : 도둑. 도적. 초야(草野)의 도적이라는 뜻으로 도적질하며 몰려다니는 난민(亂民)을 일컫는 말이다.

223) 호(好) : (어기조사) 구절의 끝에 붙어서 타이르고 깨우침을 나타냄.

임제가 물었다.

"손님에게 허물이 있느냐? 주인에게 허물이 있느냐?"

수좌가 말했다.

"두 분 모두에게 있습니다."

임제가 물었다.

"허물이 어디에 있느냐?"

수좌가 곧장 나가 버리자, 임제가 말했다.

"무사하다고 말하지 마라."

뒷날 어떤 승려가 남전(南泉)[224]에게 이 이야기를 하니, 남전이 말

---

224) 남전보원(南泉普願) : 748-834. 마조도일(馬祖道一)의 법제자. 속성이 왕(王)
    씨여서 흔히 '왕노사(王老師)'라고도 한다. 천보(天寶) 7년에 태어났다. 정주(鄭
    州, 하남성) 신정인(新鄭人). 속성은 왕(王)씨. 지덕(至德) 2년(757) 부모에게 원
    하여 밀현(密縣, 하남성) 대외산(大隈山)의 대혜(大慧)에게 수업을 받았다. 대력
    (大曆) 12년(777) 30세 때에 숭악(嵩嶽, 하남성) 회선사(會善寺)의 호율사(暠律
    師)에게서 구족계를 받았다. 처음에는 성상(性相)의 학을 닦고 뒤이어 삼론(三
    論) 등을 배웠지만, 현기(玄機)는 경론(經論)의 밖에 있다는 뜻을 깨닫고, 뒤이
    어 마조도일에게 참학하여 그의 법을 이었다. 정원(貞元) 11년(795) 지양(池陽,
    안휘성) 남전산(南泉山)에 머물렀고, 선원(禪院)을 짓고, 사립(簑笠; 도롱이와
    삿갓)을 씌운 소를 기르고 산에 들어가서 나무를 자르고 밭을 경작하면서도 선
    도(禪道)를 고취하고 스스로 왕노사(王老師)라 칭하면서 30년 동안 산을 내려
    오는 일이 없었다. 태화(太和; 827-835) 초에 지양의 전 태수인 육긍(陸亘)은
    남전을 참례하고 스승의 예를 취하였다. 조주종심(趙州從諗), 장사경잠(長沙景
    岑), 자호이종(子湖利蹤) 등 많은 제자를 제접하여 교화하였다. 태화 8년 10월
    21일 병이 들어 동년 12월 25일 시적(示寂)하였다. 세수 87세이고 법랍(法臘)
    은 58세였다. 태화 9년 전신(全身)을 탑에 넣었다.

했다.

"좋은 말들이 서로를 차는구나."[225]

有一老宿參師, 未曾人事, 便問: "禮[226]卽是? 不禮[227]卽是?" 師便喝,
老宿便禮拜. 師云: "好箇草賊." 老宿云: "賊! 賊!" 便出去. 師云: "莫道
無事好." 首座侍立次, 師云: "還有過也無?" 首座云: "有." 師云: "賓家有
過? 主家有過?" 首座云: "二俱有過." 師云: "過在什麼處?" 首座便出去,
師云: "莫道無事好."

(後有僧擧似南泉, 南泉云: "官馬相踏.")

225) 관마상답(官馬相踏) : 관청에서 사용하는 좋은 말들이 서로를 밟다. 뛰어난 사
    람들이 서로 겨루어 실력을 드러내다.
226) 禮 : 〈사가어록본〉에는 '禮拜'로 되어 있다.
227) 禮 : 〈사가어록본〉에는 '禮拜'로 되어 있다.

20. 사료간(四料揀)

임제가 저녁법회[228]에서 대중에게 말했다.[229]

"어떤 때에는 사람은 빼앗으나 경계는 빼앗지 않고,[230] 어떤 때에는 경계는 빼앗으나 사람은 빼앗지 않으며, 어떤 때에는 사람과 경계를 모두 빼앗고, 어떤 때에는 사람과 경계를 모두 빼앗지 않는다."

그때 어떤 승려[231]가 물었다.[232]

"어떤 것이 사람은 빼앗고 경계는 빼앗지 않는 것입니까?"

임제가 말했다.

---

228) 만참(晩參) : 저녁에 조실이 대중에게 설법(說法)하는 것. 약식 설법으로서 소참(小參)이라고 함.

229) 시중(示衆) : 여러 사람들에게 드러내 보이다. 대중에게 법을 알려 주다. 주지(住持) 혹은 종사(宗師)가 대중에게 법을 말하는 대중설법(大衆說法)을 가리킨다. 법당에 올라 법을 말했다는 상당설법(上堂說法)과 같은 말. 수시(垂示), 교시(敎示)라고도 함.

230) 사람은 주관(主觀)이고 경계(境界)는 객관이라고 할 수 있다. 또, 사람은 이(理)이고 경계는 사(事), 사람은 마음이고 경계는 세계, 사람은 본질이고 경계는 현상, 사람은 공(空)이고 경계는 색(色) 등으로 대응시켜서 볼 수 있을 것이다.

231) 이 문답이 『전등록』제12권 지의도자(紙衣道者) 극부(尅符)의 장(章)에 보이는 것으로 보아서, 여기에서 묻는 승려는 임제의 제자인 극부일 것이다.

232) 이 대화는 예부터 임제의 사료간(四料揀) 혹은 사구(四句)라고 불리는 유명한 것이다. 요간(料揀)은 요간(料簡)이라고도 쓰는데, '나누어 구분함, 분류의 표준'이라는 뜻이다.

"따뜻한 봄볕[233]이 왕성하니[234] 땅을 뒤덮은 비단 같은데, 아이의 땋아 늘어뜨린 머리카락[235]은 희기가 실타래 같다."[236]

그 승려가 물었다.

"어떤 것이 경계는 빼앗고 사람은 빼앗지 않는 것입니까?"

임제가 말했다.

"왕의 명령은 이미 천하에 두루 시행되었고, 장군은 국경 밖[237]에서 전쟁[238]을 멈추었다."[239]

그 승려가 물었다.

"어떤 것이 사람과 경계를 모두 빼앗는 것입니까?"

임제가 말했다.

---

233) 후일(煦日) : 따뜻한 햇볕. 따뜻한 햇살. 봄볕.

234) 발생(發生) : ①생기다. 발생하다. 나타나다. ②왕성해지다. ③봄, 봄철의 다른 이름.

235) 수발(垂髮) : 아이의 땋아 늘어뜨린 머리카락.

236) 주관은 객관에 매몰되어 사라지고, 객관만 나타나는 경우. 마음이 세계에 오염되어 마음은 존재가 나타나지 않고 세계만 나타나는 경우. 색(色)에 치우친 경우로서, 나타나는 모든 것들이 환상과 같다.

237) 새외(塞外) : 만리장성 밖의 변방 지역. 국경 관문 밖. 오랑캐와 접하여 전쟁을 하는 곳.

238) 연진(煙塵) : 연기와 먼지. 봉화 연기와 전쟁의 먼지. 곧 전란을 가리킴.

239) 주관이 객관을 삼켜서 주관만이 드러나는 경우. 안으로 마음이 안정되고 밖으로 상대할 경계가 사라져서 갈등이 없다. 공(空)에 치우친 경우이다.

"병주(幷州)[240]와 분주(汾州)[241]가 소식이 끊어져서 각기 한쪽에 홀로 머물러 있다."[242]

그 승려가 물었다.

"무엇이 사람과 경계를 모두 빼앗지 않는 것입니까?"

임제가 말했다.

"제왕은 보배로 장식한 궁전[243]에 오르고, 시골 노인[244]은 즐겁

---

240) 병주(幷州) : ①우(禹)가 황하의 홍수를 다스리고 전국을 아홉으로 나눈 구주(九州) 가운데 하나. 지금의 하북성(河北省) 보정(保定)과 산서성(山西省) 태원(太原)·대동(大同) 일대 지역. ②산서성(山西省) 태원(太原)의 다른 이름.

241) 분양(汾陽) : 당대(唐代)의 지명. 분주(汾州). 산서성(山西省) 태원(太原) 서남쪽, 분수(汾水)의 서쪽에 위치한 분양현(汾陽縣) 지역. 북쪽의 병주(幷州)와 남쪽의 분주(汾州)는 분수(汾水)의 곁에 위치한 지역으로서 서로 인접해 있었다.

242) 병주(幷州)와 분주(汾州)는 산서성(山西省) 태원(太原) 지역에서 서로 붙어 있는 지방이지만 소식을 끊고 제각각 한쪽에 홀로 있다는 것은, 사람과 경계가 따로 떨어져 있다는 뜻. 주관과 객관이 서로 연기(緣起)하지 않고 각각 따로 있다는 뜻이다. 주관은 객관으로 말미암아 주관이고 객관은 주관으로 말미암아 객관이어서 서로 연기하는 관계인데, 주관과 객관이 서로 연기하지 않고 따로따로 있다면, 주관은 주관이 될 수 없고 객관은 객관이 될 수 없어서 주관도 객관도 존재할 수 없다. 병주와 분주는 같은 지역이니 서로 분리되어 제각각 다른 지역이 될 수 없듯이, 주관과 객관, 마음과 세계, 공과 색은 서로 연기하여 존재하므로 따로따로는 존재할 수 없다. 이것은 외도(外道)가 말하는 이법(二法)의 세계를 가리키니, 망상(妄相)을 나타내고 있다.

243) 보전(寶殿) : ①금옥(金玉) 등 보배로 장식한 궁전(宮殿). 제왕의 궁전. ②사찰의 본당(本堂)인 대웅보전(大雄寶殿)의 준말.

244) 야로(野老) : ①시골에 사는 늙은이. 백성(百姓)을 가리킴. ②거칠고 촌스러우며 예의를 모르는 늙은이. ③노인이 자기를 가리키는 겸칭.

게 노래를 부른다."[245]

晩參示衆云: "有時奪人不奪境, 有時奪境不奪人, 有時人境俱奪, 有時
人境俱不奪." 時有僧問: "如何是奪人不奪境?" 師云: "煦日發生鋪地錦,
嬰孩垂髮白[246]如絲." 云: "如何是奪境不奪人?" 師云: "王令已行天下遍,
將軍塞外絶煙塵." 云: "如何是人境兩俱奪?" 師云: "并汾絶信, 獨處一方."
云: "如何是人境俱不奪?" 師云: "王登寶殿, 野老謳歌."

---

245) 왕과 백성이 제각각 자기 자리에서 자기 역할을 하면서 누릴 것을 누리며 즐겁
   게 산다는 뜻이니, 주관과 객관이 제각각 자기의 위치에서 제 역할을 하여 두루
   조화를 이루어 장애가 없다는 말. 주관과 객관, 마음과 세계, 공과 색이 불이(不
   二)의 연기(緣起)로 이루어져 중도(中道)를 실현하는 경우를 가리킴. 세계의 실
   상(實相)을 나타냄.
246) 髮白: 〈사가어록본〉에는 '白髮'로 되어 있다.

21. 범상한가 성스러운가

임제가 군영(軍營)에 점심 식사를 하러 갔다가,[247] 문 앞에서 어떤 관원(官員)[248]을 만났다. 임제가 기둥을 가리키며 물었다.

"범상한 것입니까? 성스러운 것입니까?"

관원이 말이 없자, 임제는 기둥을 두드리며 말했다.

"설사[249] 말할 수 있다고 하더라도, 역시[250] 단지 나무 기둥일 뿐이지."

그러고는 곧장 들어가 버렸다.

師因入軍營赴齋, 門首見員僚. 師指露柱問: "是凡? 是聖?" 員僚無語, 師打露柱云: "直饒道得, 也祇是箇木橛." 便入去.

---

247) 부재(赴齋) : 재가(在家)의 신도가 공양하는 오재(午齋; 점심 식사)를 받기 위하여 가는 것.

248) 원료(員僚) : 관원(官員). 관리(官吏).

249) 직요(直饒) : 비록 —라고 하여도. 설사 —라고 하여도.

250) 야(也) : 역시. 역(亦)과 같음.

22. 팔 수 있는 것

임제가 원주(院主)[251]에게 물었다.

"어디에서 오느냐?"

원주가 말했다.

"진주(鎭州)[252]에 가서 기장쌀[253]을 내다 팔고 왔습니다."

임제가 물었다.

"다 팔았느냐?"

원주가 말했다.

"다 팔았습니다."

임제는 주장자(拄杖子)를 가지고 원주의 앞에다 한 획을 긋고는 물었다.

"이것도 팔 수 있겠느냐?"

원주가 곧 "악!" 하고 고함을 지르자, 임제는 바로 때렸다. 뒤에 전좌(典座)[254]가 도착하자 임제는 앞의 일을 이야기하였다. 전좌가

---

251) 원주(院主) : 사찰의 사무 일체를 주관하는 소임을 맡은 승려를 가리키는 말이다. 감사(監寺) · 감사(監事) · 감원(監院)이라고도 한다.

252) 주(州) : 주(州)는 행정구역, 혹은 주(州)의 관청이 있는 마을. 여기에선 임제가 살았던 진주(鎭州)의 수도(首都)를 가리킴.

253) 황미(黃米) : 기장쌀. 찧어서 껍질을 벗긴 기장 열매.

254) 전좌(典座) : 6지사(知事)의 하나. 선원에서 대중 승려들의 방실(房室) · 이부자리 · 음식 등을 담당하는 소임.

말했다.

"원주는 스님의 뜻을 알지 못했습니다."

임제가 말했다.

"그대는 어떠하냐?"

전좌는 곧 절을 하였는데, 임제는 역시 때렸다.

師問院主:"什麽處來?"主云:"州中糶黃米去來."師云:"糶得盡麽?"
主云:"糶得盡."師以拄杖面前畫一畫云:"還糶得者箇麽?"主便喝, 師便
打. 典座至, 師擧前話. 典座云:"院主不會和尙意."師云:"汝作麽生?"典
座便禮拜, 師亦打.

23. 좌주와의 대화

어느 좌주(座主)[255]가 방문하자[256] 임제가 물었다.

"좌주는 어떤 경론(經論)[257]을 강의합니까?"

좌주가 말했다.

"저[258]는 그저[259] 『백법론(百法論)』[260]을 대강 익혔을 뿐입니다."

---

255) 좌주(座主) : 선가(禪家)에서 교학(敎學)을 강의하는 강사(講師)를 일컫는 말.

256) 상간(相看) : ①방문하다. 찾아가서 보다. ②선을 보다. =상견(相見). ③서로
살피다. 서로 보다. ④대우하다. 접대하다.

257) 경론(經論) : 불교 대장경(大藏經)의 경(經) · 율(律) · 론(論) 삼장(三藏) 가운데
경장(經藏)인 경전(經典)과 논장(論藏)인 논서(論書)를 가리키는 말.

258) 모갑(某甲) : ①아무개. 어떤 사람. (이름을 밝히기 어렵거나 불확실한 경우에
사용.) ②아무개. (자신의 이름 대신 사용해 자신을 존대하는 어기(語氣)를 나
타냄.)

259) 황허(荒虛) : =황허(荒墟), 황무(荒蕪). ①논밭이 황폐함. 논밭을 관리하지 않아 잡
초가 무성함. ②소홀히 함. 등한시 함. ③학식이 비루하고 졸렬함을 나타내는 말.

260) 백법론(百法論) : 대승백법명문론본사분중약록명수(大乘百法明門論本事分中略
錄名數)의 약칭. 1권. 당(唐)나라 때 현장(玄奘)이 648년 12월에 북궐(北闕)의
홍법원(弘法院)에서 번역하였다. 줄여서 『대승백법명문론약록』 · 『백법론』 · 『백
법명문론』이라고 한다. 『유가사지론』 본지분(本地分)에서 말하는 온갖 법의 이
름과 수(數) 가운데 100법을 간추려 모은 것으로, 세친(世親)이 저술하였다. 그
내용은 『대승오온론』과 유사하며, 일체의 모든 법을 크게 심법(心法) · 심소유법
(心所有法) · 색법(色法) · 심불상응행법(心不相應行法) · 무위법(無爲法)의 5종
으로 나누고 이것을 다시 100법으로 나누어 설명한다. 이 책은 유식계통의 문
헌 중 5위 100법을 한곳에 모아 놓은 유일한 논서(論書)이며, 중국에서는 유식
학(唯識學)의 입문서로서 중시되었다.

임제가 말했다.

"한 사람은 삼승십이분교(三乘十二分敎)[261]에 밝고, 한 사람은 삼승십이분교에 밝지 못하다면, 이 두 사람이 서로 같습니까? 다릅니까?"

좌주가 말했다.

"밝으면 같겠지만, 밝지 못하면 다릅니다."

그때 낙보(樂普)[262]가 시자(侍者)로 있었는데, 임제 뒤에 서 있다가 말했다.

"좌주여! 여기에 무엇이 있다고 같으니 다르니 하고 말합니까?"

이에 임제가 머리를 돌려 시자에게 물었다.

---

261) 삼승십이분교(三乘十二分敎) : 삼승(三乘)은 세 가지 탈것[乘]을 뜻하는데, 탈것이란 중생을 깨달음으로 이끄는 가르침을 비유한 말이다. 성문승(聲聞乘)·연각승(緣覺乘)·보살승(菩薩乘) 세 가지가 그것인데, 부처는 중생의 근기에 따라 이 세 가지 가르침을 말씀하셨다. 십이분교(十二分敎)는 경·율·론 삼장이 확립되기 전에, 경전을 내용과 형식에 따라 열두 갈래로 정리한 것을 말한다. 3승 12분교는 소승·대승불교의 모든 경론에 담긴 교학(敎學)을 의미한다.

262) 낙보원안(樂普元安, 834~898) : 낙포원안(洛浦元安)이라고도 쓴다. 속성은 담(淡)씨. 섬서성(陝西省) 봉상현(鳳翔縣) 인유(麟遊)의 사람. 20세에 출가하여 생국(生國)의 회은사(懷恩寺)의 우율사(祐律師)에게 구족계를 받고 머리를 깎았다. 뒤에 취미(翠微)·임제(臨濟)에게 도를 구하고 뒤이어 협산선회(夾山善會)의 회하(會下)에서 심요(心要)를 얻었다. 뒤에 풍주(灃州; 호남성)의 낙포(洛浦; 樂普)에 거주하였다. 뒤이어 호남성 낭주(朗州)의 소계(蘇谿)에 머무르면서 사방에서 운집하는 승려들을 제접하여 교화하였다. 임종하면서 언종(彦從) 상좌에게 "고! 고!(苦苦; 쓰다, 쓰다)."라고 말했던 공안(公案)은 예부터 총림에 명성이 높다. 당의 광화(光化) 원년 12월 2일에 시적(示寂)하였다. 세수(世壽)는 65세. 법랍(法臘)은 46세.

"너라면 어떻게 하겠느냐?"

시자는 곧 "악!" 하고 고함을 질렀다. 임제가 좌주를 떠나보내고 돌아와 시자에게 물었다.

"아까는 네가 나[263]에게 고함을 질렀느냐?"

시자가 말했다.

"그렇습니다."

임제는 곧장 때렸다.

有座主來相看,[264] 師問座主: "講何經論?" 主云: "某甲荒虛, 粗習百法論." 師云: "有一人於三乘十二分敎明得, 有一人於三乘十二分敎明不得, 此二人[265]是同是別?" 主云: "明得卽同, 明不得卽別." 樂普爲侍者, 在師後立云: "座主! 者裡是什麼所在, 說同說別?" 師迴首問侍者: "汝又作麼生?" 侍者便喝. 師送座主迴來, 遂問侍者: "適來是汝喝老僧?" 侍者云: "是!" 師便打.

---

263) 노승(老僧): 선승(禪僧)이 자신을 가리킬 때에 사용하는 말.

264) 相看: 〈사가어록본〉에는 '相看次'로 되어 있다.

265) 此二人: 〈사가어록본〉에는 이 구절이 없다.

24. 덕산의 방망이

제이대덕산(第二代德山)[266] 스님이 대중에게 "말할 수 있어도 30
방을 때리고, 말하지 못해도 30방을 때린다."고 말한다는 것을 듣

---

266) 제이대덕산(第二代德山) : 낭주(朗州) 덕산(德山) 고덕선원(古德禪院)에 주석
한 선감(宣鑑; 780〈782〉-865)을 가리킨다. 제일대덕산(第一代德山)은 나중에
담주(潭州) 삼각산(三角山)에 주석하게 되는 총인(總印; 마조의 제자)이다. 선
감(宣鑑)은 청원(靑原)의 문하(門下) 제5세인 용담숭신(龍潭崇信)의 법을 이었
다. 선감이 『금강경』을 공부하다가 숭신(崇信)을 찾아가는 길에 떡을 파는 노파
와 문답한 점심(點心)의 고사는 유명하다. 선감의 설법은 임제와 극히 유사하
여 『송고승전』 제12권 임제의 장에서는 '임제의 설법은 덕산의 설법과 비슷하
다.'고 적혀 있다. 『조당집』 5, 『송고승전』 12, 『전등록』 15에 전기(傳記)가 실려
있다. 선감은 사천(四川)의 성도(成都) 출신으로서 속성은 주(周)씨이다. 일찍
이 출가하여 『율장(律藏)』과 『금강경(金剛經)』에 정통하였다. 『금강경』을 잘 강설
하여서 당시 사람들이 그를 일컬어 주금강(周金剛)이라고 불렀다고 한다. 용담
숭신(龍潭崇信)에 의지하여 선(禪)의 종지(宗旨)를 깨친 뒤에는 전통적 교학불
교(敎學佛敎)에 대하여 격렬한 비판을 서슴지 않았다. 다음은 덕산선감의 말이
다. "나의 선조(先祖)의 견처(見處)는 그렇지 않다. 여기에는 조사도 없고 부처
도 없으며, 달마는 늙고 노린내 나는 오랑캐이며, 석가 노인은 똥 닦는 막대기
이며, 문수와 보현은 똥 푸는 사내이며, 등각(等覺)과 묘각(妙覺)은 보잘것없는
것에 집착하는 범부(凡夫)이며, 보리(菩提)와 열반(涅槃)은 나귀 매는 말뚝이며,
십이분교(十二分敎)는 귀신의 명부(名簿)이자 상처의 고름을 닦는 종이이며, 사
과(四果)와 삼현(三賢)과 초심(初心)과 십지(十地)는 옛 무덤을 지키는 귀신이므
로, 스스로도 구제하지 못한다."(上堂: "我先祖見處卽不然. 這裡無祖無佛, 達磨
是老臊胡, 釋迦老子是乾屎橛, 文殊普賢是擔屎漢, 等覺妙覺是破執凡夫, 菩提涅
槃是繫驢橛, 十二分敎是鬼神簿拭瘡疣紙, 四果三賢初心十地是守古塚鬼, 自救不
了.")(『오등회원』 제7권. 덕산선감선사)

고, 임제는 낙보(樂普)를 시켜 가서 이렇게 묻게 하였다.

"'말할 수 있는데 왜 30방을 때립니까?'라고 물은 뒤, 그가 너를 때리기를 기다렸다가 방망이를 받아 쥐고[267] 한 번 밀치고서,[268] 그가 어떻게 하는지 보아라."

낙보가 그곳에 도착하여 시킨 대로 물었더니, 덕산이 곧 때렸다. 낙보가 방망이를 붙잡고 한 번 떠밀자, 덕산은 곧 방장(方丈)으로 돌아갔다. 낙보가 돌아와서 임제에게 그대로 말하자, 임제가 말했다.

"내가 전부터 이 사람을 눈치 채고 있었다.[269] 비록 그렇긴 하나, 너는 덕산을 알아보았느냐?"

낙보가 머뭇거리고 있으니, 임제가 바로 때렸다.

師聞第二代德山垂示云: "道得也三十棒, 道不得也三十棒." 師令樂普去問: "道得爲什麽也三十棒?' 待伊打, 汝接住棒, 送一送, 看他作麽生." 樂普到彼, 如敎而問, 聽[270]山便打. 普接住, 送一送, 德山便歸方丈. 普迴, 擧似師, 師云: "我從來疑着者漢. 雖然如是, 汝還見德山麽?" 普擬議, 師便打.

---

267) 접주(接住) : ①받아 쥐다. ②잇다.

268) 송일송(送一送) : 한 번 앞으로 밀치다. 한 번 앞으로 밀다.

269) 의착(疑着) : 의심해 왔다. 의심하고 있었다. 추측하고 있었다. ―이 아닌가 하고 생각하고 있었다. 착(着)은 동사 뒤에 붙어서 지속을 나타내는 조사.

270) 聽 : '德'의 오자(誤字). 〈사가어록본〉에는 '德'으로 되어 있다.

25. 바른 눈

  임제가 하양부(河陽府)[271]의 부청(府廳)에 가니, 부주(府主)[272]인
왕상시(王常侍)[273]가 임제를 청하여 법좌(法座)에 오르게 했다. 그
때 마곡(麻浴)[274]이 나와서 물었다.

  "대비천수안(大悲千手眼)[275]의 천 개의 눈 가운데 어느 것이 바른

---

271) 하양부(河陽府) :〈사가어록본〉에서는 하북부(河北府)라고 되어 있다. 하북부
    (河北府)는 원래 진주(鎭州)가 위치한 성덕부(成德府)에 속해 있었다.

272) 부주(府主) : 부(府)의 장관.

273) 왕상시(王常侍) : 상시(常侍)는 산기상시(散騎常侍)의 약칭으로서 항상 국왕의
    옆에서 국사(國事)를 알려 주는 직책. 예부터 이 왕상시(王常侍)를 위산영우(潙
    山靈祐) 문하의 거사인 왕경초(王敬初)로 보고 있으나, 기록에 의하면 왕경초는
    호북성(湖北省) 양주(襄州)에 머물렀던 사람으로서 임제와는 관계가 없는 것으
    로 보이며, 정사(正史)에도 그 이름이 보이지 않는다. 아마 이 왕상시는 대중(大
    中) 12년(858)부터 함통(咸通) 7년(866)까지 성덕부(成德府) 절도사로 부임해
    있던 왕소의(王紹懿)라고 여겨진다. (吳廷燮의『唐方鎭年表』에 상세히 나와 있
    다. 柳田聖山의『임제노트』「임제, 그 시대와 어록」을 참조.)

274) 마곡(麻浴) : 보통은 마곡(麻谷)이라고 쓴다. 일반적으로 마조도일(馬祖道一;
    709-788)의 법사(法嗣)인 마곡보철(麻谷寶徹; 생몰연대 미상)일 것이라고 추
    측한다. 임제록(臨濟錄) 시중(示衆)에서 임제는 마곡을 선배라고 언급하고 있
    다. 산서성(山西省) 포주(蒲州)의 마곡산(麻谷山)에 머물며 선풍(禪風)을 고취하
    였다.『전등록』임제장(臨濟章)에서는 마곡산(麻谷山)의 제2세라 하고 있다.

275) 대비천수안(大悲千手眼) : 천 개의 눈과 손을 가진 관세음보살(觀世音菩薩). 대
    비(大悲)는 관음(觀音)의 별명이며, 천수천안(千手千眼)은 자비(慈悲)의 덕이 무
    한함을 나타낸다.

눈입니까?"

임제가 말했다.

"대비천수안의 천 개의 눈 가운데 어느 것이 바른 눈입니까? 어서 말하시오! 어서!"

마곡이 임제를 법좌에서 끌어내리고 대신 앉았다. 임제가 가까이 다가가 말했다.

"안녕하십니까?"[276]

마곡이 머뭇거리자 임제 역시 마곡을 법좌에서 끌어내리고 그 자리에 대신 앉았다. 마곡이 곧 밖으로 나가 버리자, 임제도 바로 법좌에서 내려왔다.

師因到[277]河陽[278]府, 府主[279]王常侍請師昇[280]座. 時麻浴[281]出問: "大悲千手眼, 那箇是正眼?" 師云: "大悲千手眼, 那箇[282]是正眼? 速道. 速道." 麻浴拽師下座, 麻浴卻座. 師近前云: "不審?" 麻浴擬議, 師亦拽麻浴下座, 師卻座. 麻浴便出去, 師便下座.

---

276) 불심(不審) : ①자세하지 않음. 상세하지 않음. ②확실히 알지 못함. ③신중하지 못함. ④정확하지 않음. 확실하지 않음. ⑤안녕하십니까?(승려가 서로 만날 때에 나누는 인사말.)

277) 到 : 〈사가어록본〉에는 '一日到'로 되어 있다.

278) 河陽 : 〈사가어록본〉에는 '河北'으로 되어 있다.

279) 府主 : 〈사가어록본〉에는 '主'로 되어 있다.

280) 昇 : 〈사가어록본〉에는 '陞'으로 되어 있다. 이하 마찬가지다.

281) 麻浴 : 〈사가어록본〉에는 '麻谷'으로 되어 있다. 이하 마찬가지다.

282) 那箇 : 〈사가어록본〉에는 '作麼生'으로 되어 있다.

26. 왕상시의 안목

왕상시(王常侍)가 어느 날 임제를 방문했는데, 임제와 더불어 승당(僧堂) 안에 있다가 말했다.

"이곳에 계신 스님들도 경전을 보십니까?"

임제가 대답했다.

"경전을 보지 않습니다."

왕상시가 다시 물었다.

"선을 배웁니까?"

임제가 말했다.

"선도 배우지 않습니다."

왕상시가 물었다.

"경전도 보지 않고 선도 배우지 않는다면 결국 무엇을 하는 것입니까?"

임제가 말했다.

"오로지[283] 그들이 부처가 되고 조사가 되게 합니다."

왕상시가 말했다.

"금가루가 비록 귀하긴 하지만 눈에 들어가면 눈에 상처를 내게[284] 되니, 다시 어떻게 하리오?"

---

283) 총(總) : ①모두. 전부. ②다. 모조리. 온통.

284) 예(翳) : 안구(眼球)의 각막(角膜)이 병에 걸린 뒤에 남은 상처.

임제가 말했다.

"그대를 그저 속인(俗人)이라고만 알았는데."[285]

常侍一日訪師, 同師於僧堂內,[286] 乃問: "者一堂僧, 還看經麼?" 師云: "不看經." 侍云: "還學禪麼?" 師云: "不學禪." 侍云: "經又不看, 禪又不學, 畢竟作箇什麼?" 師云: "總敎伊成佛作祖去." 侍云: "金屑雖貴, 落眼成翳, 又作麼生?" 師云: "將爲汝是箇俗漢."

---

285) 장위(將爲) : ①─라고 여기다. ─라고 알다. ─라고 인정하다. ②─라고 잘못 알다. =장위(將謂).

286) 內 : 〈사가어록본〉에는 '前看'으로 되어 있다.

27. 왕상시가 청한 설법

　왕상시(王常侍)가 다시 여러 관원들과 함께 임제에게 법좌(法座)에 올라 설법할 것을 청하였다. 임제는 법좌에 올라 말하였다.

　"저는[287] 오늘 사정이 마지못하여[288] 뜻을 굽히고 인정(人情)[289]을 따르다[290] 보니 이 자리에 올랐습니다. 만약 조사(祖師)의 문중(門中)에서[291] 일대사인연(一大事因緣)[292]을 자랑한다면,[293] 그야말로[294] 입을 열 수도 없고 그대들이 발을 디딜 곳도 없습니다. 제가 오늘은 상시(常侍)께서 간절히 청하시니 어찌 종지(宗旨)[295]를 숨기겠습니까? 싸움에 뛰어난 장수[296]가 있다면, 즉시[297] 진(陣)을 펼치고

---

287) 산승(山僧) : 스님이 스스로를 겸양하여 표현하는 말.

288) 불획이(不獲已) : =부득이(不得已). 마지못하여. 하는 수 없이.

289) 인정(人情) : ①사람의 상정(常情). ②안면, 개인적인 정분, 연고(緣故).

290) 곡순(曲順) : 뜻을 굽히고 따르다. =곡순(曲徇), 곡수(曲邃).

291) 약약(若約) : 만약 −에 의거한다면. 만약 −에 근거한다면.

292) 일대사인연(一大事因緣) : 『법화경』「방편품」에 "제불세존은 오직 일대사인연을 위하여 세간에 출현하신다."라는 구절이 있다.

293) 칭양(稱揚) : 과시(誇示)하다. 뽐내다. 자랑하다.

294) 직시(直是) : ①그야말로. 전혀. 정말. 실로. ②차라리. 아예. ③솔직하게. 숨김 없이. 명백히.

295) 강종(綱宗) : 근본. 종지(宗旨). =강요(綱要).

296) 작가전장(作家戰將) : 뛰어난 솜씨를 지닌 사람. 노련한 사람. 정통한 사람. 흔히 뛰어난 장군(將軍)을 가리키며 작장(作將)이라고 약칭한다.

297) 직하(直下) : 바로. 즉시.

기(旗)를 내걸어서[298] 대중들에게 증명해[299] 보십시오!"[300]

　　常侍又與[301]諸官, 請師昇座. 師昇座云: "山僧今日, 事不獲已, 曲順人情, 方登此座. 若約祖宗門下, 稱揚大事, 直是開口不得, 無汝措足處. 山僧此日, 以常侍堅請, 邢隱綱宗? 還有作家戰將, 直下展陣開旗, 對衆證[302]據看."

---

28. 불법의 큰 뜻

그때 어떤 승려가 물었다.

"어떤 것이 불법(佛法)의 큰 뜻입니까?"

임제가 곧장 "악!" 하고 고함을 지르니, 그 승려가 절을 하였다. 임제가 말했다.

"이[303] 스님[304]은 그래도 자기 의견을 내세울[305] 줄 아는구나."

持[306]有僧問: "如何是佛法大意?" 師便喝, 僧禮拜. 師云: "者箇師僧, 卻堪持論."

---

303) 자개(者箇) : 이. 이것.

304) 사승(師僧) : ①스승이 될 만한 승려. 사장(師匠), 화상(和尙)과 같은 뜻. ②대중(大衆)에 대한 경칭.

305) 지론(持論) : 의견이나 주장을 내세우다.

306) 持 : 〈사가어록본〉에는 '時'라고 되어 있는데, '時'가 맞고 '持'는 오자(誤字)이다.

29. 임제의 종풍

그 승려가 물었다.

"스님께선 누구[307]의 노래를 부르시며, 종풍(宗風)[308]은 누구[309]를 이어받았습니까?"

임제가 말했다.

"나는 황벽 스님이 계신 곳에서 황벽 스님에게 세 번 물었다가 세 번 얻어맞았습니다."

그 승려가 머뭇거리자 임제는 곧 "악!" 하고 고함을 내지르고 나서 때리며 말했다.

"허공에다 말뚝을 박아서는 안 됩니다."

問: "師唱誰家曲, 宗風嗣阿誰?" 師云: "我在黃檗處, 三度發問, 三度被打." 僧擬議, 師便喝, 隨後打云: "不可向虛空裡[310]釘橛去也."

---

307) 수가(誰家) : 누구. 무엇. 어떤.

308) 종풍(宗風) : 한 종파(宗派)의 가풍(家風). 한 종파의 품격과 위의(威儀).

309) 아수(阿誰) : 누구? 묻는 사람.

310) 裡 : 〈사가어록본〉에는 '裏로 되어 있는데, 통용된다. 이하 마찬가지다.

30. 부처는 어디에

어떤 좌주(座主)가 물었다.

"삼승십이분교(三乘十二分敎)가 어찌 불성(佛性)[311]을 밝힌 것이 아니겠습니까?"

임제가 말했다.

"거친 풀밭[312]을 호미질한[313] 적이 없습니다."

좌주가 말했다.

"부처님이 어찌 사람을 속이겠습니까?"

임제가 말했다.

"부처가 어디에 있습니까?"

좌주가 말이 없자, 임제가 말했다.

"상시(常侍) 앞에서 저를 속이려 하십니까? 얼른 물러가시오, 얼른 물러가시오! 다른 사람이 묻는 것을 방해하고 있습니다."

---

311) 불성(佛性) : ①부처의 본성. 깨달음인 본성. ②깨달을 가능성. 여래장(如來藏).

312) 황초(荒草) : 거친 풀밭. 잡초밭. 거친 풀이란 아무렇게나 생겨나는 번뇌망상을 가리킴.

313) 서(鋤) : 호미나 괭이로 김을 매다. 서초(鋤草)는 잡초를 제거하다는 말. 여기에서 잡초는 번뇌망상을 가리킨다. 임제는 번뇌망상을 제거하지도 않고 깨달음을 얻지도 않았다고 말한다.

有座主問: "三乘十二分敎, 豈不是明佛性?"³¹⁴⁾ 師云: "荒草不曾鋤." 主云: "佛豈賺人?"³¹⁵⁾ 師云: "佛在什麽處?" 主無語, 師云: "對常侍前, 擬謾老僧? 速退, 速退! 妨他別人請問."

---

314) 佛性: 〈사가어록본〉에는 '佛性也'로 되어 있다.

315) 賺人: 〈사가어록본〉에는 '賺人也'로 되어 있다.

31. 입을 열면 어긋나

다시 말했다.

"오늘의 법회[316]는 일대사인연(一大事因緣) 때문입니다. 또 묻고자 하는[317] 사람이 있습니까? 있다면 어서 나와서 물어보십시오![318] 그러나 그대들이 입을 열기만 하면 벌써 어긋났습니다.[319] 왜 그럴까요? 보지도 못했습니까? 석존(釋尊)[320]께선 말씀하시길, '법(法)은 문자(文字)를 벗어났으니, 인(因)에도 속하지 않고 연(緣)에도 있지 않기 때문이다.'[321]라고 하셨습니다. 그대들의 믿음이 부족하기 때문에 오늘 갈등[322]하는 것입니다. 상시(常侍)와 여러

---

316) 법연(法筵) : 불법(佛法)을 말하고 듣는 자리. 법담(法談)을 하는 자리. 법회(法會), 법좌(法座)와 같은 뜻.

317) 문화(問話) : ①묻는 말. ②물어보다.

318) 치문(致問) : 묻다.

319) 물교섭(勿交涉) : 아무 상관이 없다. =몰교섭(沒交涉).

320) 석존(釋尊) : 석가모니(釋迦牟尼) 세존(世尊)의 약칭. 세존(世尊)이란 부처님은 온갖 공덕을 원만히 갖추어 세간을 이익케 하여 세간에서 존중을 받으므로, 또 세상에서 가장 높다는 뜻으로 일컫는 이름.

321) 정확하게 같은 문장은 없으나, 『대승입능가경(大乘入楞伽經)』 제5권 「무상품제삼지여(無常品第三之餘)」에 "諸法離文字"라는 구절이 나오고, 『유마경소(維摩經疏)』 제3권 「제자품제삼(弟子品第三)」에 "眞法無此名, 不屬因不在緣故."라는 구절이 나온다.

322) 갈등(葛藤) : 칡넝쿨과 등나무 넝쿨이 얽혀 있음. 선(禪)에서는 분별(分別)된 개념(槪念)인 언어문자(言語文字), 혹은 분별망상(分別妄想), 망상번뇌(妄想煩惱)

관원(官員)들을 가로막아 그들의 불성(佛性)을 어둡게 만들까 두렵습니다. 그만 물러가는 것이 좋겠습니다. 믿음이 부족한 사람은 결국 깨달을 날이 없을 것입니다."

임제는 "악!" 하고 한 번 고함을 지르고는 곧 법좌에서 내려왔다.

復云: "此日法筵, 爲一大事故. 更有問話者麼? 速致問來. 汝纔開口, 早勿交涉也. 何以如此? 不見釋尊云: '法離文字, 不屬因, 不在緣故.' 爲汝信不及, 所以今日葛藤. 恐滯常侍與諸官員, 昧他佛性. 不如且退. 少信根人, 終無了日." 喝一喝, 便下座.[323]

를 가리킴. 언어문자는 학인을 지도하는 수단이지만, 동시에 학인을 묶어서 공부를 막는 장애가 되므로 갈등이라고 한다.

323) 不如且退 少信根人 終無了日 喝一喝 便下座: 〈사가어록본〉에는 '不如且退 喝一喝云 少信根人 終無了日 久立珍重'으로 되어 있다.

32. 부처에게 절하지 않다

임제가 초조달마(初祖達摩)의 탑을 지키는 암자[324]를 찾았을 때, 탑주(塔主)[325]가 물었다.

"장로(長老)[326]께선 부처님께 먼저 절합니까, 조사에게 먼저 절합니까?"

임제가 말했다.

"부처에게든 조사에게든 절하지 않습니다."

탑주가 말했다.

"부처님과 조사님이 스님과 무슨 원수라도 졌습니까?"

임제는 곧 옷소매를 뿌리치고[327] 가 버렸다.

---

324) 탑두(塔頭) : 고승(高僧)의 입적 뒤에 제자들과 신도들이 탑을 세우고, 그 탑을 돌보는 스님이 거주하도록 지어 놓은 작은 암자(庵子). 초조(初祖) 달마(達摩)의 탑은 하남성(河南省) 웅이산(熊耳山) 오판(吳坂) 정림사(定林寺)에 있다. 『전등록』에는 이 부분을 '웅이(熊耳)의 탑두(塔頭)'라고 적고 있다.

325) 탑주(塔主) : 선원(禪院)의 개산조(開山祖)나 주지가 입적한 이후 그 문도들이 고인의 탑 주변에 탑을 관리하기 위하여 세운 작은 절인 탑원(塔院; 탑중(塔中), 탑두(塔頭), 탑처(塔處)라고도 함)의 주지(住持).

326) 장로(長老) : āyuṣmat. 아유솔만(阿瑜率滿)이라 음역. 존자(尊者)·구수(具壽)라고도 번역. 지혜와 덕이 높고 법랍이 많은 비구를 통칭. 젊은 비구가 늙은 비구를 높여 부르는 이름. 기년(耆年)장로·법(法)장로·작(作)장로의 3종이 있음.

327) 불수(拂袖) : (불쾌하거나 화가 나서) 옷소매를 뿌리치다.

師到初祖塔頭, 塔主云: "長老, 先禮佛? 先禮祖?" 師云: "佛祖俱不禮."

塔主云: "佛祖與長老, 是什麼冤家?" 師便拂袖而出.

33. 불법의 큰 뜻

임제가 상당(上堂)하자, 한 승려가 물었다.

"어떤 것이 불법(佛法)의 큰 뜻입니까?"

임제가 불자(拂子)를 세웠는데, 그 승려가 곧장 "악!" 하고 고함을 질렀다. 이에 임제는 곧바로 때렸다.

다시 어떤 승려가 물었다.

"어떤 것이 불법의 큰 뜻입니까?"

임제는 역시 불자(拂子)를 세웠는데, 그 승려가 곧장 "악!" 하고 고함을 질렀다. 임제도 역시 "악!" 하고 고함을 지르자, 그 승려는 머뭇거렸다. 이에 임제가 곧바로 때렸다.

上堂, 僧問: "如何是佛法大意?" 師豎起拂子, 僧便喝. 師便打. 又僧問: "如何是佛法大意?" 師亦豎起拂子, 僧便喝. 師亦喝, 僧擬議. 師便打.

34. 때릴 수 있는 자

임제가 상당하여 말하였다.

"나는 20년 전 황벽 스님[328] 문하에서 불법의 분명하고[329] 큰 뜻을 세 번 물었다가 세 번 다 얻어맞았지만, 마치 쑥대로 터는 것 같았다. 지금 다시 한 번 얻어맞고 싶은데, 누가 나를 위하여 때릴 수 있겠느냐?"

그때 대중 속에서 어떤 승려가 나와서 말했다.

"제가 할 수 있습니다."

임제가 방망이를 집어서 그 승려에게 건네주었다. 그 승려가 받으려 하자, 임제가 곧장 때렸다.

上堂云："我二十年在黃檗先師處，三度問佛法的的大意，三度蒙他賜杖，如蒿杖拂箸[330]相似. 如今更思得一頓，誰人爲我行得？"時有僧出衆云："某甲行得."師拈棒與僧. 其僧擬接, 師便打.

---

328) 선사(先師) : 세상을 떠난 스승. 이미 죽은 스승.

329) 적적(的的) : ①밝은 모습. ②확실히. 분명히. 정말. 참으로.

330) 箸 : 〈사가어록본〉에는 '著'으로 되어 있다. '著'이 맞다.

35. 칼날 위의 일

누군가 물었다.

"어떤 것이 칼날 위의 일입니까?"

임제가 말했다.

"큰일났군! 큰일났어!"[331]

그 승려가 머뭇거리고 있자, 임제가 바로 때렸다.

問: "如何是劍刃上事?" 師云: "禍事, 禍事!" 僧擬議, 師便打.

---

331) 화사(禍事) : 아뿔싸! 아차! 야단났군! 제기랄! (상황이 좋지 않음을 나타내는
말.)

36. 어디로 갔는가

누군가 물었다.

"그런데 저 석실행자(石室行者)는 방아를 밟으면서 발 옮기는 것을 잊었다[332]고 하는데, 어느 곳으로 간 것입니까?"

임제가 말했다.

"깊은 샘물에 빠져 버렸다."

問: "祇如石室行者, 踏碓志[333]卻移脚, 向什麼處去?" 師云: "沒溺深泉."

---

332) 석실선도(石室善道)의 고사(故事)를 가리킨다. 석실선도(石室善道; 생몰연대 미상)는 목평선도(木平善道)라고도 부르는 당대(唐代)의 선승(禪僧)으로서 석두희천(石頭希遷; 700-790)의 제자이므로 임제보다는 선배이다. 『조당집(祖堂集)』제5권에 의하면, 석실은 무종(武宗)의 법난(法難)을 만나 승복을 벗고 환속하였다가 법난이 끝난 뒤 다시 대중(大衆)이 모여 회상(會上)을 이루었을 때에도 본인은 승복을 입지 않고 매일 방아를 찧어 대중을 공양하였다고 한다. 이 이야기는 『벽암록(碧巖錄)』34칙의 평창(評唱)에도 등장한다. 방아를 찧다가 다리 옮기는 것을 잊었다는 것은 무념(無念)의 삼매(三昧)에 깊이 빠져 있는 것을 가리킨다.

333) 志 : 〈사가어록본〉에는 '忘'으로 되어 있는데, '忘'이 맞다.

37. 맨땅 위의 흰 소

임제가 행산(杏山)[334]에 이르러 물었다.

"무엇이 집 밖 맨땅 위의 흰 소[335]입니까?"

행산이 "음매! 음매!"[336] 하고 소 우는 소리를 냈다.

임제가 물었다.

"벙어리입니까?"

행산이 말했다.

"스님은 어떻습니까?"

임제가 말했다.

"이 짐승아!"

---

334) 행산(杏山) : 탁주(涿州) 행산(杏山)의 감홍(鑑洪) 선사(禪師)이다. 운암담성(雲
巖曇晟; 780-841)의 법을 이었으며, 동산양개(洞山良价)와 동문(同門)이다.
『전등록』15권 행산(杏山)의 장(章)에도 이 이야기가 실려 있으며, 『전등록』12
권 임제의 장에는 목구(木口) 화상과의 문답으로 되어 있는데 동일 인물인 듯
하다.

335) 노지백우(露地白牛) : 『법화경』「비유품」에 나오는 이야기이다. 노지(露地)는 생
사의 화택(火宅)을 벗어난 해탈의 경지를 의미하며, 백우(白牛)는 법화경의 일
불승(一佛乘)의 불도(佛道)를 상징한다. 장자(長者)가 불난 집에서 천진하게 뛰
놀고 있는 아이들을 바깥 노지(露地)로 불러내어 구하기 위하여 방편으로 흰 소
가 끄는 놀이용 수레를 보여 준다.

336) 규규(叫叫) : 동물이 우는 소리. 동물이 울부짖는 소리.

師到杏山問:"如何是露地白牛?"山云:"叫叫!"師云:"啞那?"山云:"長老作麼生?"師云:"者畜生!"

38. 조주의 질문

조주(趙州)[337]가 행각(行脚)[338]할 때 임제를 찾아왔는데, 그때 임제는 발을 씻는 중이었다. 조주가 곧장 물었다.

"어떤 것이 조사께서 서쪽에서 온 뜻입니까?"

임제가 말했다.

"마침[339] 제가 발을 씻고 있습니다."

조주가 곁[340]에서 듣는 시늉을 하니, 임제가 말했다.

"다시 한 바가지 더 구정물[341]을 끼얹을까요?"

---

337) 조주종심(趙州從諗) : 778-897. 남악(南嶽)의 문하. 산동성(山東省) 조주(曹州) 학향(郝鄉)의 사람. 성은 학씨(郝氏). 어릴 때 조주의 호통원(扈通院)에 출가하였다. 지양(池陽)에 이르러 남전보원(南泉普願)에게 알현하고 계오(契悟)하였다. 그 뒤에 황벽(黃檗)·보수(寶壽)·염관(鹽官)·협산(夾山) 등을 역참(歷參)하다가, 여러 사람들의 청에 의하여 조주(趙州; 하북성) 관음원(觀音院)에 주석하여 40년간 독자의 선풍(禪風)을 선양하였다. 문답(問答)과 시중(示衆)의 공안(公案)으로 전하는 것이 많다. 당의 건령(乾寧) 4년 11월 2일 시적하였다. 세수(世壽)는 120세. 진제대사(眞際大師)라고 시호하였고, 저술에는 『조주록(趙州錄)』 3권이 있다.

338) 행각(行脚) : 선종의 승려가 공부하기 위하여 여러 지방의 안목(眼目) 있는 고승(高僧)을 찾아 여행하는 것. 선승의 행각에는 일정한 규범이 있으며, 선의 중요한 기연들이 행각 중에 성립된다.

339) 흡치(恰値) : 마침 -에 즈음하여. 바로 -한 때를 만나.

340) 근전(近前) : ①부근. ②곁. 신변.

341) 악수(惡水) : 더러운 물. =탁수(濁水).

조주는 곧 내려가 버렸다.

趙州行脚時參師. 遇師洗脚次. 州便問: "如何是祖師西來意?" 師云: "恰値
老僧洗脚." 州近前作聽勢. 師云: "更要第二杓惡水潑在?" 州便下去.

39. 용아의 질문

용아(龍牙)[342]가 물었다.

"어떤 것이 조사께서 서쪽에서 오신 뜻입니까?"

임제가 말했다.

"나에게 선판(禪板)을 넘겨주시오."

용아가 곧 선판을 임제에게 넘겨주자, 임제는 선판을 받아서[343] 곧장 때렸다. 용아가 말했다.

"때리는 것이라면 마음대로[344] 때릴지라도, 도리어[345] 조사의 뜻은 없습니다."

용아는 뒤에 취미(翠微)[346]에 이르러 물었다.

---

342) 용아거둔(龍牙居遁; 835-923) : 당말(唐末)의 스님이다. 청원의 문하로서, 용아산(龍牙山) 묘제선원(妙濟禪院)에 주석했다. 동산양개(洞山良价: 807-869)에게 참학하여 그의 법을 이어받았다. 『조당집』 8, 『송고승전』 13, 『전등록』 17에 그의 전기가 전한다.

343) 접득(接得) : 받다.

344) 임(任) : 마음대로. 제멋대로. 자유롭게.

345) 요차(要且) : 도리어. 각(却). 오히려.

346) 취미무학(翠微無學) : 당나라 때 스님으로, 석두희천(石頭希遷)을 이은 단하천연(丹霞天然: 739-824)에게 참학하여 그의 법을 이어받았다. 경조(京兆: 지금의 陝西省) 종남산(終南山)의 취미사(翠微寺)에 주석하였다. 광조대사(廣照大師)라 칭한다. 『조당집』 권5, 『경덕전등록』 권14, 『오등회원』 권5 등에 전기가 실려 있다.

"어떤 것이 조사께서 서쪽에서 오신 뜻입니까?"

취미가 말했다.

"나에게 방석³⁴⁷⁾을 넘겨주시오."

용아가 곧 방석을 취미에게 넘겨주자, 취미는 방석을 받아서 바로 때렸다. 용아가 말했다.

"때리는 것이라면 마음대로 때릴지라도, 도리어 조사의 뜻은 없습니다."

용아가 절의 주지로 있게 된³⁴⁸⁾ 뒤, 어떤 스님이 입실(入室)³⁴⁹⁾하여 가르침을 청했다.³⁵⁰⁾

"스님께서 행각(行脚)하실 때에 두 분 스님을 찾아뵈신 일이 있는데, 그분들을 긍정하십니까?"

용아가 말했다.

"긍정하기는 깊이 긍정하지만, 도리어 조사의 뜻은 없습니다."

龍牙問: "如何是西來意?" 師云: "與我過禪版來." 牙便過禪版與師, 師

接得便打. 牙云: "打卽任打, 要且無祖師意." 龍牙後到翠微問: "如何是西

---

347) 포단(蒲團) : 좌선할 때에 깔고 앉는 방석. =좌구(坐具).

348) 주원(住院) : 왕공(王公)이나 신자(信者)의 초청에 의하여 특정한 사원에 주지로 머무는 것.

349) 입실(入室) : 학인이 방장이나 조실의 방에 들어가 공부를 점검 받는 것.

350) 청익(請益) : 가르침을 받고서 모르는 부분에 대하여 거듭 질문하는 것. 입실청익(入室請益)과 같음. 『전등록』 제6권의 선문규식(禪門規式)에서는 입실청익(入室請益)을 선문(禪門)의 본무(本務)라 하고 있다.

來意?"微云:"與我過蒲團來."牙便過蒲團與翠微, 翠微接得便打. 牙云:

"打卽任打, 要且無祖師意."牙住院後, 有僧入室請益云:"和尙行脚時, 參

二尊宿因緣, 還肯他無?"牙云:"肯卽深肯, 要且無祖師意."

40. 경산의 낭패

경산(徑山)³⁵¹⁾에게는 500명의 대중이 있었는데, 법을 묻는³⁵²⁾ 사람이 거의 없었다.³⁵³⁾ 황벽은 임제에게 경산으로 가도록 이르고는 말했다.

"그대가 그곳에 가면 어떻게 할 것이냐?"

임제가 말했다.

"저에게 저절로³⁵⁴⁾ 방편이 있을 것입니다."

임제는 경산에 도착하자 차림새 그대로³⁵⁵⁾ 곧장 법당(法堂)³⁵⁶⁾으로

---

351) 경산(徑山) : 절강성(浙江省) 항주부(杭州府)에 있는 산사(山寺). 당(唐) 중기(中期) 무렵 우두종(牛頭宗) 계통의 대각선사도흠(大覺禪師道欽; 715-793)이 개창하였으며, 송대(宋代)에는 능인흥성만수선사(能仁興聖萬壽禪寺)라고 부른 오산(五山)의 하나였다. 뒷날 대혜(大慧), 허당(虛堂), 불감(佛鑑) 등이 주석하였으며 임제종(臨濟宗) 발전의 중심지가 되었다. 황벽과 임제 당시에는 누가 주석하고 있었는지 분명하지 않지만, 아마 우두종(牛頭宗)의 스님이 있었을 것이다

352) 참청(參請) : 청익(請益)과 같음. 스승에게 찾아가 질문을 하고, 그 가르침을 청하는 것.

353) 소(少) : 드물다. 흔치 않다.

354) 자유(自有) : 저절로 -이 있다. 자연히 -이 있다. 응당 -이 있다.

355) 장요(裝腰) : =장요포(裝腰包). 허리에 주머니를 두른 채. 여행하는 차림새 그대로.

356) 법당(法堂) : 법(法)을 드러내어 전해 주는 집이라는 뜻으로, 불상(佛像)을 모신 불전(佛殿)과는 대비되는 말이다. 조실(祖室)이나 방장(方丈) 등 사찰의 지도자가 대중을 위하여 법(法)을 설하는 장소이다. 본래 중국의 선종 사찰에서는 앞쪽에 불전을 뒤쪽에 법당을 배치하여, 불전에서는 불상 앞에서 행하는 사찰의

올라가 경산을 만났다. 경산이 막 머리를 드는데, 임제가 곧장 "악!" 하고 소리를 질렀다. 경산이 입을 열려고 하자, 임제는 소매를 떨치고 바로 나가 버렸다. 잠시 후[357] 어떤 승려가 경산에게 물었다.

"그 스님에게 방금 무슨 말씀을 하셨기에, 그가 스님께 곧장 고함을 질렀습니까?"

경산이 말했다.

"그 스님은 황벽의 회상[358]에서 왔다. 그대가 알고 싶으면, 스스로 그를 찾아가 물어보아라."

이 일로 경산의 오백 대중 가운데 절반 이상이 흩어졌다.[359]

徑山有五百衆, 少人參請. 黃檗令師去徑山, 檗謂師曰: "汝到彼作麼生?" 師云: "某甲自有方便." 師到徑山, 裝腰上法堂見徑山. 徑山方擧頭, 師便喝. 徑山擬開口, 師拂袖便行. 尋有僧問徑山: "者僧適來, 有什麼言句, 便喝和尙?" 徑山云: "者僧從黃檗會裡來. 汝要知, 自去問取他." 徑山五百衆太半奔趁.

여러 가지 법식(法式)을 행하고, 법당에서는 주로 설법(說法)을 하여 이심전심(以心傳心)의 장소로 삼았다. 선원(禪院)에는 불전을 세우지 않고 법당만을 두기도 했는데, 『선문규식(禪門規式)』에 의하면 불전을 세우지 않고 법당만을 두는 것은 불조(佛祖)의 전등(傳燈)을 존중하기 때문이라고 한다.

357) 심(尋) : 뒤이어. 잠시 후.

358) 회리(會裏) : 회하(會下). 문하(門下).

359) 분진(奔趁) : 흩어지다. =분산(分散). 선화본(宣和本)에서는 '분산(分散)'이라고 되어 있다.

41. 모조리 알아차림

임제가 상당하여 말했다.

"찾아오는 자가 있기만 하면, 빠뜨리지 않고[360] 그가 온 곳을 모두 알아차린다. 이와 같이[361] 온다면 잃어버린[362] 것과 같고,[363] 이와 같이 오지 않는다면 포승줄이 없는데도 스스로 묶이는[364] 것이다. 언제나 함부로 어림잡아 헤아리지[365] 마라. 이해하거나 이해하지 못하거나 모두[366] 잘못이다. 분명히 이와 같이 말하니, 천하의 모든 사람이 비판하더라도[367] 상관하지 않겠다.[368] 오래 서 있었으니 편히들 쉬어라."[369]

---

360) 휴흠(虧欠) : ①결핍하다. 부족하다. ②빚지다. 빚을 갚지 않다. ③해를 끼치
　　다. 저버리다.
361) 여마(與麼) : 임마(恁麼)라고도 쓴다. 문어(文語)의 여시(如是), 여차(如此)와 같
　　은 뜻이다.
362) 실각(失却) : 잃다. 소실하다.
363) 흡사(恰似) : 바로 −와 같다. −와 꼭 같다. =흡여(恰如).
364) 무승자박(無繩自縛) : 자승자박(自繩自縛)과 비슷한 뜻이나 더 강한 어법(語法)
　　이다. 자기가 만든 망상(妄想)에 자기가 희생양이 된다는 뜻이다.
365) 짐작(斟酌) : 어림잡아 헤아리다. 추측하다.
366) 도래(都來) : ①전부. 모두. ②도합. 전부 합하여.
367) 폄박(貶剝) : 비판하다. 꾸짖다. 반박하다. 헐뜯고 비방하다.
368) 일임(一任) : 자유에 맡기다. 마음대로 하게 하다.
369) 구립진중(久立珍重) : 오래 서 있었으니, 이제 쉬어라. 설법을 마칠 때에 하는
　　말. 예전 중국 선원에서는 대중이 일어서서 설법을 들었다.

上堂云："但有來者, 不虧欠伊, 總識伊來處. 與麼來, 恰似失卻, 不與麼來, 無繩自縛. 一切時中, 莫亂斟酌. 會與不會, 都來是錯. 分明與麼道, 一任天下人貶剝. 久立珍重."

42. 가고 옴이 없다

임제가 상당하여 말했다.

"한 사람은 외로운 산봉우리 꼭대기[370]에 있으나 몸을 빼낼 길[371]
이 없고, 한 사람은 번화한 네거리[372]에 있으나 역시 나아감과 물
러남[373]이 없다. 누가 앞에 있고, 누가 뒤에 있느냐? 유마힐(維摩
詰)[374]이 되지도 말고 부대사(傅大士)[375]가 되지도 마라. 오래 서 있
었으니 편히들 쉬어라."

上堂云: "一人在孤峰頂上, 無出身之路, 一人在十字街頭, 亦無向背. 那
箇在前? 那箇在後? 不作維摩詰, 不作傅大士. 久立珍重."

---

370) 고봉정상(孤峰頂上) : 외로운 산꼭대기. 출세간(出世間)을 가리킴.
371) 출신지로(出身之路) : 자신을 모든 속박에서 빼낼 길. 모든 격식과 구속에서 빠
　　　져나오는 길.
372) 십자가두(十字街頭) : 사거리 곁. 마을의 번화한 곳. 세간(世間)을 가리킴.
373) 향배(向背) : 향하거나 등지다. 나아가고, 물러남. =진퇴(進退).
374) 유마힐(維摩詰) : 『유마경』의 주인공으로, 비말라끼르띠(Vimalakirti)의 음역이다.
　　　정명(淨名), 무구칭(無垢稱)이라고 한역하며, 보통 유마거사(維摩居士)라고 부른다.
375) 부대사(傅大士: 497-569) : 중국 양(梁)나라 때의 거사로, 성은 부(傅), 이름은
　　　흡(翕)이다. 선혜대사(善慧大士)라고도 부른다. 무주(婺州)의 쌍림(雙林)에 거주
　　　하면서 여러 가지 기행을 벌였다. 동토의 유마(維摩), 미륵의 분신이라고도 일
　　　컬어진다. 후세에 부대사가 지었다고 하는 게송(偈頌)과 가행(歌行)을 모은 『부
　　　대사어록(傅大士語錄)』(『속장경』 2-25)이 편찬되었으며, 『전등록』 제28권에 그
　　　전기가 실려 있다.

43. 공양 받을 사람

임제가 상당하여 말했다.

"한 사람은 영원히[376] 길 위에 있으나 집을 떠나지 않았고, 한 사람은 집을 떠났으나 길 위에 있지 않다. 누가 사람과 하늘[377]의 공양(供養)[378]을 받아야 하는가?"[379]

곧 자리에서 내려왔다.

上堂云: "有一人, 論卻[380]在途中, 不離家舍, 有一人離家舍, 不在途中. 那箇合受人天供養?" 便下座.

---

376) 논겁(論劫) : 영원히. 무한한 세월 동안.

377) 인천(人天) : 인간세계와 하늘세계에 사는 사람과 신령 등 여러 중생들.

378) 공양(供養) : pūjanā. 공시(供施)·공급(供給)·공(供)이라고도 함. 공급하여 자양(資養)한다는 뜻. 깨끗한 마음으로 음식, 꽃, 향(香), 촛불, 등(燈), 음악 등을 삼보(三寶; 佛, 法, 僧) 혹은 부모나 스승에게 받들어 올리거나, 이웃의 모든 사람들에게 필요한 어떤 물건이나 참다운 진리의 가르침을 베풀어 주는 것을 말한다.

379) 합(合) : =당(當), 응(應). 응당 −해야 한다. 마땅히 −해야 한다. 응당 −일 것이다.

380) 卻 : 〈천성광등록본〉과 〈사가어록본〉에는 '卻'으로 되어 있으나, 〈선화본〉에는 '劫'으로 되어 있다. '劫'이 맞고 '卻'은 오자(誤字)이다.

44. 양손을 펴다

임제는 어떤 승려가 오는 것을 보고서 양손을 펴 보였는데, 그 승려는 말이 없었다. 임제가 물었다.

"알겠는가?"

승려가 대답하였다.

"모르겠습니다."

임제가 말하였다.

"혼돈(混沌)[381]은 나누어 질서를 잡을 수 없으니,[382] 그대에게 노

---

381) 혼륜(渾崙) : 곤륜(崑崙), 윤륜(崙崙), 혼륜(混淪), 혼륜(渾崙), 혼륜(渾圇), 혼륜(渾圇), 혼륜(渾崙) 등으로 다양하게 표기됨. ①곤륜산(崑崙山)과 같음. ②곤륜아(崑崙兒)와 같음. 인종의 이름. ③혼돈(混沌)과 같음. 뒤섞여 나누어지지 않은 상태. ④머리를 가리키는 말. 여기에서는 혼돈의 의미로 번역한다. 혼돈을 나눌 수 없다는 것은 혼돈을 나누어 질서를 잡을 수 없다는 말인데, 혼돈은 혼돈 그대로 놓아두는 것이 자연스럽고 생명력을 가진 것이다. 『장자(莊子)』「내편(內篇)」'응제왕(應帝王)'에 나오는 설화에, 혼돈에게 질서를 부여하니 혼돈이 죽어 버렸다는 이야기가 있듯이, 혼돈을 나누어서 질서를 만들면 도리어 혼돈의 생명력은 상실된다. 견성(見性)은 불가사의하여 혼돈과 같은데, 불가사의한 그대로 깨달아야 참된 깨달음으로서 생명력을 가지지, 분별하고 나누면 도리어 깨달음의 생명은 사라진다. 즉, 혼돈을 나눌 수 없다는 것은 불가사의한 깨달음은 설명할 수 없다는 뜻이다. 임제의 가르침을 듣고서도 깨닫지 못한 승려에게 임제는 달리 깨달음을 설명할 길도 없으니, 노잣돈을 받아서 다른 선지식을 찾아가 깨달음을 얻으라고 당부하는 것이다.

382) 벽불개(擘不開) : 두 손으로 쪼갤 수 없다. 분리할 수 없다. 치밀해서 떼어 놓을 수 없다.

잣돈으로 두 푼의 동전을 주겠다."

　師見僧來, 展開兩手, 僧無語. 師云: "會麼?" 云: "不會." 師云: "渾崙擘
不開, 與汝兩文錢."

45. 임제의 입적

천화(遷化)[383]할 때가 가까워지자 임제가 상당하여 말했다.

"내가 죽은 뒤에 나의 정법안장(正法眼藏)[384]을 없애지 말아야한다."

그러자 삼성(三聖)이 앞으로 나와서 말하였다.

"어찌 감히 스님의 정법안장을 없애겠습니까?"

임제가 물었다.

"이후에 어떤 사람이 그대에게 물으면, 그에게 뭐라고 말할 것이냐?"

삼성이 곧 "악!" 하고 일할(一喝)을 하자, 임제가 말하였다.

"누가 알았으리오? 나의 정법안장이 이 눈먼 당나귀에 이르러

---

383) 천화(遷化) : 천이화멸(遷移化滅). 이 사바세계의 중생들을 교화할 인연이 끝나서 다른 국토의 중생들을 교화하러 가는 일, 곧 승려의 죽음을 가리키는 말. 귀적(歸寂)·입적(入寂)과 같음.

384) 정법안장(正法眼藏) : 선(禪)의 종지(宗旨), 불법(佛法)의 진의(眞意). 『오등회원(五燈會元)』 권제일(卷第一)에 보면 세존이 영산회상에서 가섭에게 정법안장을 전한 염화시중의 이야기가 다음과 같이 나온다. "세존(世尊)이 영산(靈山)의 회상(會上)에서 꽃을 들어 대중에게 보였다. 그때 대중은 모두 묵묵히 입을 다물고 있었는데 오직 가섭존자(迦葉尊者)만이 빙그레 웃었다. 세존이 말하였다. '나에게 있는 정법안장(正法眼藏)의 열반묘심(涅槃妙心)과 실상무상(實相無相)의 미묘법문(微妙法門)을 불립문자(不立文字)의 교외별전(敎外別傳)으로 마하가섭(摩訶迦葉)에게 부촉(附囑)하노라.'"

사라질 줄을……."

이어서 게송을 말하였다.

"세상에 널리 퍼뜨리면서[385] 멈추지 않는 것이

어떠하냐고 묻는다면

진실로 비추어 보아 치우침이 없으면서 나와 남을 말한다네.

모양을 떠나고 이름을 떠났으므로 사람들이 주고받지 못하니

취모검(吹毛劍)[386]을 쓰고 나면 급히 다시 갈아야 한다."

말을 마치고 법좌 위에서 태연하게[387] 시적(示寂)[388]하였는데, 때
는 당나라 함통(咸通) 7년 병술년(866) 4월 10일이었다. 시호는 혜
조선사(慧照禪師)이고 탑호는 징령(澄靈)이다.[389]

---

385) 연류(沿流) : ①물길을 따라 내려가다. ②답습하여 세상에 널리 퍼뜨리다.

386) 취모검(吹毛劍) : 불어서 날린 터럭을 자를 정도로 예리한 칼을 뜻하는데, 분별
　　망상의 번뇌를 단박에 절단하는 자성반야(自性般若)의 능력을 가리키는 말로
　　쓰인다.

387) 단연(端然) : 태연하여 동요됨이 없는 모양.

388) 시적(示寂) : 적(寂)은 적멸(寂滅)의 뜻. 승려가 죽는 것을 부처의 입멸(入滅)에
　　견주어 하는 말.

389) 이러한 임제 천화(遷化)의 일화는 경덕(景德) 원년(元年 1004)에 성립된 초판『전
　　등록』에는 보이지 않고, 경우(景祐) 3년(1036)에 성립된『천성광등록(天聖廣燈錄)』
　　제10권에 비로소 등장하고 있다. 한편 임제의 손제자(孫弟子) 남원혜옹(南院慧顒)
　　을 풍혈연소(風穴延沼)가 참문(參問)하였을 때, 남원이 풍혈에게 이 일화를 들려
　　주면서 임제의 종풍(宗風)을 부흥시킬 것을 당부하고 있다.(『승보전』3,『고존숙어
　　록』7) 송판(宋版)과 원판(元版)의『전등록』에는 임제가 천화한 이야기가 좀 다르게

師臨遷化時, 上堂云:"吾滅後, 不得滅卻吾正法眼藏." 三聖出云:"爭敢滅卻和尚正法眼藏?" 師云:"已後有人問汝, 向佗道什麼?" 三聖便喝, 師云:"誰知吾正法眼藏, 向者瞎驢邊滅卻?" 乃有頌曰:

"沿流不止問如何, 眞照無偏說自他.

離相離名人不稟, 吹毛用了急還磨."

言訖, 於法座上端然示寂, 時咸通七年丙戌四月初十日. 敕諡慧照禪師, 塔號澄靈.

天聖廣燈錄卷第十

기록되어 있다.

제2부 : 법어(法語)

1. 남에게 속지 마라

임제가 대중에게 말했다.

"지금 불법을 배우는 자는 우선[390] 참되고 올바른 견해를 구하려 해야 한다.

만약 참되고 올바른 견해를 얻는다면, 삶과 죽음에 물들지 않고, 가고 머무름에 자유로워서, 뛰어남을 구하지 않아도 뛰어남이 저절로 성취될 것이다.

스님들이여![391]

예부터 훌륭한 스님들에게는[392] 모두 사람을 구해 내는 길[393]이 있었다.

내가 사람들에게 가리켜 주는 경우에도, 다만[394] 여러분이 타인에게 속지[395] 않기를 바랄 뿐이다.

---

390) 차요(且要) : 우선 −하고자 하다. 먼저 −를 요구하다.

391) 도류(道流) : 불교의 승려(僧侶)나 도교의 도사(道士)를 부르는 일반적인 말. 도인(道人)과 같음.

392) 지여(祗如) : =지우(至于), 약부(若夫), 지여(只如). ①−에 대하여는. −과 같은 것은. ②예컨대. ③그런데.

393) 출인저로(出人底路) : 사람들을 생사의 속박에서 해탈케 하는 길, 또는 모든 사람에게 본래 갖추어져 있는 참사람을 이끌어 내는 길을 뜻한다.

394) 지시(祗是) : =지시(只是). ①다만. 오직. 오로지. ②그런데. 그러나.

395) 인혹(人惑) : 타인으로 말미암은 의혹(疑惑). 타인 때문에 일어나는 의혹(疑惑). 즉, 타인의 언행(言行)에 속는 것.

쓰고자 하면 곧장 쓰고, 결코 머뭇거리며 의심하지 마라.

지금 배우는 자가 불법(佛法)을 얻지 못하는 것은 그 병이 어디에 있는가?

그 병은 스스로를 믿지 않는 곳에 있다.

그대들이 만약 스스로에 대한 믿음이 부족하면, 곧 허둥지둥[396] 모든 경계(境界)를 따라 얽매이고 온갖 경계에 끄달려서[397] 자유를 얻지 못할 것이다.

그대가 만약 순간순간 치달려 구하는 마음을 쉴 수만 있다면, 바로 조사·부처와 다르지 않을 것이다.

그대들은 조사를 알고자 하는가?

다만 그대들 앞에서 법(法)을 듣는 것이다.

배우는 사람이 믿음이 부족하면 곧장 밖으로 치달려 구하지만, 설사 구하여 얻는다 하더라도 이것들은 모두 문자(文字)로 된 이름이요 개념일[398] 뿐이니, 마침내 저 살아 있는 조사의 뜻을 얻지는 못할 것이다.

착각하지 마라, 여러분!

---

396) 망망지(忙忙地) : 허둥지둥 급하게.

397) 회환(迴換) : 바꾸다. 교환하다. 여기에서는 경계로 말미암아 자신의 본래 모습이 경계에 끄달린 망상으로 바뀜을 말한다.

398) 명상(名相) : ①이름과 모습. ②이름과 개념. 모든 사물에 명(名)과 상(相)이 있다. 이들은 헛된 것으로 법의 실성(實性)에는 계합치 않으나 범부는 이 명상을 분별하여 여러 가지 망혹(妄惑)을 일으킨다.

바로 지금 살아 있는 조사를 만나지 못한다면, 영원토록³⁹⁹⁾ 삼계(三界)⁴⁰⁰⁾를 윤회하며, 좋아하는 경계를 따라가서 당나귀나 소의 뱃속에 태어나게 될 것이다.

스님들이여!

나의 안목⁴⁰¹⁾은⁴⁰²⁾ 석가(釋迦)와 다르지 않다.

---

399) 만겁천생(萬劫天生) : 영원(永遠)을 뜻하는 말로, 세세생생(世世生生)과 같다.

400) 삼계(三界) : 아직 해탈하지 못한 중생(衆生)의 정신세계를 셋으로 분류한 것. 욕계(欲界)·색계(色界)·무색계(無色界). 욕계는 욕망에 사로잡힌 중생이 거주하는 세계로, 천(天)·인간(人間)·축생(畜生)·아귀(餓鬼)·지옥(地獄)·아수라(阿修羅) 등의 육도(六道)가 포함된다. 색계는 욕망은 초월하였지만 물질적 조건(色)에 사로잡힌 수행자의 세계이다. 무색계는 욕망도 물질적 조건도 초월하고 순수한 정신만을 지닌 수행자의 세계이다. 무색계에는 물질인 색(色)은 없고, 수(受)·상(想)·행(行)·식(識)의 4온(蘊)만 있는데, 여기에는 공무변처(空無邊處)·식무변처(識無邊處)·무소유처(無所有處)·비상비비상처(非想非非想處)의 넷이 있다. 공무변처는 물질인 이 육신을 싫어하고 가없는 허공의 막힘없음을 기뻐하는 곳이다. 식무변처는 가없는 공(空)을 싫어하여 마음을 돌려 식(識)과 반응하며, 식과 서로 대응하여 마음이 고정되어 과거·현재·미래의 식이 다 나타나는 곳이다. 무소유처는 공을 싫어하여 식에 반연했으나, 과거·현재·미래에 늘 반연하는 식(識)은 실제로 있는 것이 아님을 아는 곳이다. 비상비비상처는 비유상비무상처(非有想非無想處)라고도 하는데, 3계(界)의 맨 위에 있어서 그 아래의 세계와 같은 거친 생각이 없으므로 비상(非想) 또는 비유상(非有想)이지만, 세밀한 생각은 없지 아니하므로 비비상(非非想) 또는 비무상(非無想)이며, 거친 생각이 없는 비유상이므로 외도들은 참된 열반(涅槃)이라 하지만 미세한 생각은 있는 비무상이므로 불교에서는 중생심이라 한다.

401) 처(見處) : 견해처(見解處), 견해(見解), 소견(所見), 안목(眼目)의 뜻으로, 진리를 바라보는 안목의 정도 또는 깨달음의 깊이를 나타내는 말이다.

402) 약(約) : 의거하다. 근거하다.

매일 여러 가지로 쓰는 곳에 무엇이 모자라겠는가?[403]

육식(六識)의 신령스러운 빛[404]이 끊어진 적이 없었다.

만약 이와 같이 볼 수 있다면, 다만 평생 일 없는 사람이다.

天聖廣燈錄卷第十一〔末勒〕

鎭州臨濟院義玄慧照禪師

師示衆云: "今時學佛法者, 且要求眞正見解. 若得眞正見解, 生死不染, 去住自由, 不要求殊勝, 殊勝自至. 道流! 祇如自古先德, 皆有出人底路. 如山僧指示人處, 祇是要汝不受人惑. 要用便用, 更莫遲疑. 如今學者不得, 病在甚處? 病在不自信處. 汝若自信不及, 卽便忙忙地徇一切境縛, 被他萬境迴換, 不得自由. 汝若能歇得念念馳求心, 便與祖佛不別. 汝欲得識祖麼? 祇汝面前聽法底. 是學人信不及, 便向外馳求, 設求得者, 皆是文字名相, 終不得他活祖意. 莫錯, 禪德. 此時不遇, 萬劫千生, 輪迴三界, 徇好境掇去, 驢牛肚裏生. 道流, 約山僧見處, 與釋迦不別. 每日多般用處, 欠少什麼? 六道神光, 未曾間歇. 若能如是見得, 祇是一生無事人.

---

403) 흠소(欠少) : 모자라다. 부족하다. 결핍하다.

404) 육도신광(六道神光) : 세계를 비추어 보는 육근(六根)의 신령스러운 빛. 육식(六識)을 가리킴.

2. 눈앞에서 듣는 사람

스님들이여![405]

'삼계(三界)는 안락하지 못한 것이 마치 불타는 집과 같다.'[406]

여기는 그대들이 오래 머물 곳이 아니다.

저승사자[407]는 귀하거나 천하거나 늙었거나 젊거나를 가리지 않고 불시에 찾는다.

그대들이 조사나 부처와 다름이 없고자 한다면, 다만 밖으로 구하지만 마라.

한순간 마음 위의 깨끗한 빛은 그대 집 속의 법신불(法身佛)이며, 그대의 한순간 마음 위의 분별 없는 빛은 그대 집 속의 보신불(報身佛)이며, 그대의 한순간 마음 위의 차별 없는 빛은 그대 집 속의 화신불(化身佛)이다.

이 세 종류의 몸은 그대들 바로 지금 눈앞에서 법을 듣는 사람이다.

다만 밖으로 치달려 구하지 않기 때문에, 이러한 효능[408]이 있는

---

405) 대덕(大德) : 스님을 높여 부르는 경칭(敬稱).

406) 『묘법연화경』 제2권 「비유품」 제3에 나오는 게송의 구절.

407) 무상살귀(無常殺鬼) : 덧없는 인간의 목숨을 빼앗는 귀신. 저승사자.

408) 공용(功用) : ①노력. ②신구의(身口意)의 동작, 행위를 말함. ③기능, 작용, 공능(功能)과 같음. ④수행의 효과.

것이다.

경론(經論)을 공부하는 사람들은 세 종류의 몸을 지극한 법칙으로 여기지만, 내가 보기에는 그렇지 않다.

이 세 종류의 몸은 이름이요, 또 세 종류의 옷이다.

옛사람이 말하기를 '몸은 뜻에 의지하여 성립하며, 땅은 바탕에 근거하여 논한다.'[409]라고 하였으니, 법성(法性)의 몸과 법성(法性)의 땅이 그림자[410]임을 분명히 알아야 한다.

大德! '三界無安, 猶如火宅.' 此不是汝久停住處. 無常殺鬼一刹那間不揀貴賤老少. 汝要與祖佛不別, 但莫外求. 一念心上淸淨光, 是汝屋裏法身佛, 汝一念心上無分別光, 是汝屋裏報身佛, 汝一念心上無差別光, 是汝屋裏化身佛. 此三種身, 是汝今目前聽法底人. 祇爲不向外馳求, 有此功用.

---

409) 자은규기(慈恩窺基; 632-682)의 『법원의림장(法苑義林章)』 제7권 「불토장(佛土章)」 제6에 "그러므로 십신(十身)은 모두 다만 법신(法身)이며, 법신은 뜻에 의하여 열 가지 이름이 있음을 알 수 있다. 이 까닭에 진여(眞如)는 뛰어난 덕(德)을 따라서 또한 십토(十土)를 이룬다."(故知十身皆唯法身, 法身依義旣有十名. 是故眞如隨於勝德, 亦成十土.)라는 구절이 있고, 또 "자성(自性)의 신(身)과 토(土)는 곧 진여(眞如)의 도리다. 비록 이 신과 토의 본바탕에는 차별이 없으나, 불법(佛法)에 속함에는 상(相)과 성(性)의 차별이 있기 때문에, 뜻의 모습은 신(身)이 되고 본바탕 자성은 토(土)가 되며, 깨달음의 모습은 신(身)이 되고 법의 자성은 토(土)가 된다."(自性身土卽眞如理. 雖此身土體無差別, 而屬佛法, 相·性異故, 以義相爲身, 以體性爲土, 以覺相爲身, 以法性爲土.)라는 구절이 있다.

410) 광영(光影) : ①빛. 햇빛. ②세월. 광음(光陰)과 같다. ③그림자. ④껍데기를 비유한 말. 피모(皮毛).

據經論家, 取三種身爲極則, 約山僧見處不然. 此三種身是名言, 亦是三種衣. 古人云: '身依義立, 土據體論.' 法性身法性土, 明知是光影.

3. 법을 말할 줄 아는 것

스님들이여!

그대들은 그림자를 가지고 노는 사람이 바로 모든 부처가 나오는 본래의 원천이며, 모든 곳이 그대들이 의지할 곳[411]임을 알아야[412] 한다.[413]

지(地)·수(水)·화(火)·풍(風)으로 이루어진 그대들의 육신(肉身)은 법(法)을 말할 줄도 들을 줄도 모르며, 지라·위·간·쓸개도 법을 말할 줄도 들을 줄도 모르며, 허공(虛空)도 법을 말할 줄도 들을 줄도 모른다.

그러면 무엇이 법을 말하거나 들을 줄 아는가?

바로 그대들의 눈앞에 분명한 것이 한 개 홀로 밝으니,[414] 이것이 법을 들을 줄도 알고 말할 줄도 아는 것이다.

만약 이와 같이 볼 수 있다면, 곧 조사나 부처와 다르지 않다.

다만 언제나 결코[415] 끊어짐이 없게 하면, 눈에 보이는 것이 모

---

411) 귀사처(歸舍處) : 귀의처(歸依處). 돌아가 머물 곳. 돌아가 의지할 곳.

412) 식취(識取) : 알다. 알아차리다. 변별(辨別)하다. 구별하다. 판단하다. 취(取)는 동사의 뒤에 사용된 조사(助詞).

413) 차(且) : =가(可).

414) 원문은 '고명(孤明)'이다. 어떤 것에도 의존함이 없으며, 그럴 필요도 없는 자발적인 광채.

415) 갱(更) : (부정사 앞에서) 전혀(—가 아니다). 하나도(—가 없다).

두 이것이다.

단지 분별심(分別心)[416]이 생겨서 지혜가 막히고 생각이 변하여 바탕이 나누어지기[417] 때문에, 삼계(三界)를 윤회하며 여러 가지 괴로움을 받는 것이다.

내가 보기에는 매우 깊지[418] 않은 것도 없고 해탈치 않은 것도 없다.

大德! 汝且識取, 弄光影底人是諸佛之本源, 一切處是道流歸舍處. 是汝四大色身不解說法聽法, 脾胃肝膽不解說法聽法, 虛空不解說法聽法. 是什麼解說法聽法? 是汝目前歷歷底物, 一段孤明, 是者箇解說法聽法. 若如是見得, 便與祖佛不別. 但一切時中更莫間斷, 觸目皆是. 祇爲情生智隔, 想變體殊, 所以輪迴三界, 受種種苦. 約山僧見處, 無不甚深, 無不解脫.

416) 정식(情識) : 감정과 의식을 통한 분별(分別). 미망심(迷妄心). 중생심. 분별심.

417) 정생지격상변체수(情生智隔想變體殊) : 정(情)과 상(想)은 감정(感情)과 망상(妄想)으로서 분별망상(分別妄想)이고, 지(智)와 체(體)는 반야지(般若智)와 진여본체(眞如本體)로서 실상(實相)을 가리킨다.

418) 심심(甚深) : 매우 깊다. 심원(深遠)하다. 불법을 가리키는 말.

4. 모양 없는 마음

스님들이여!

마음은 모양이 없어서 온 우주를 관통하니, '눈에서는 본다 하고, 귀에서는 듣는다 하며, 코에서는 냄새 맡는다 하고, 입에서는 말한다 하며, 손에서는 쥔다 하고, 발에서는 걷는다 한다.'[419]

본래 하나의 깨끗하고 밝은 것이 나뉘어 육근(六根)을 통한 십팔계(十八界)의 경험세계를 이룬다.[420]

---

419) 『경덕전등록』 제3권 '제이십팔조 보리달마(第二十八祖菩提達磨)'에 나오는 바라
제(波羅提)의 게송에 있는 구절.

420) '本是一精明, 分爲六和合'라는 구절은 본래 『수능엄경』 제6권의 게송에 있는 '元
依一精明, 分成六和合.'이라는 구절에서 온 것이다. 황벽의 『전심법요』에는 이
구절에 대하여 다음과 같이 말한다. "같다고 하는 것은 하나의 정명(精明)이 나
뉘어 여섯의 화합(和合)이 된다. 하나의 정명은 하나의 마음이고, 여섯의 화합
은 육근(六根)이다. 이 육근이 각각 경계와 합하니, 눈은 색깔과 합하고, 귀는
소리와 합하고, 코는 냄새와 합하고, 혀는 맛과 합하고, 몸은 감촉과 합하고, 의
식(意識)은 만법(萬法)과 합한다. 그리하여 그들 사이에 육식(六識)이 생기니,
모두 더하여 십팔계(十八界)가 된다. 만약 십팔계가 있지 않고 여섯 화합이 모
두 하나의 정명임을 밝힌다면, 하나의 정명은 곧 마음이다. 도를 배우는 사람
이 모두 이것을 알면서도, 다만 하나의 정명이 여섯의 화합이라는 견해(見解)를
벗어나지 못하니, 그 법들에 얽매여서 본래 마음에 일치하지 않는 것이다."(所
言同是一精明分爲六和合. 一精明者一心也, 六和合者六根也. 此六根各與塵合,
眼與色合, 耳與聲合, 鼻與香合, 舌與味合, 身與觸合, 意與法合. 中間生六識, 爲
十八界. 若了十八界無所有, 束六和合爲一精明, 一精明者卽心也. 學道人皆知
此, 但不能免作一精明六和合解, 遂被法縛, 不契本心.)

그러므로 한 개 마음이 없다면 어디서든지[421] 모두 해탈이다.

내가 이와 같이 말하는 것은 그 의도가 어디에 있는가?

다만 그대들이 항상 찾아다니는[422] 마음을 쉬지 못하고, 저 옛사람들의 부질없는 기연(機緣)[423]과 경지(境地)를 숭상하기 때문이다.

스님들이여!

나의 안목(眼目)에서는 보신불(報身佛)과 화신불(化身佛)의 머리를 꺾어 버리며,[424] 십지보살(十地菩薩)[425]은 비천한 놈[426]과 같고, 등각(等覺)과 묘각(妙覺)[427] 보살은 목에 칼을 쓰고 쇠사슬에 묶인

---

421) 수처(隨處) : 도처(到處). 처처(處處). 곳곳.

422) 치구(馳求) : 찾아다니다. 찾아서 헤매다.

423) 기연(機緣) : 시기(時機)의 인연(因緣). 어떤 일이 일어난 내력.

424) 좌단(坐斷) : =좌단(挫斷), 좌단(剉斷). 꺾다. 꺾어 끊다. 쪼개다. 꺼꾸러뜨리다.

425) 십지보살(十地菩薩) : 원문은 '십지만심(十地滿心)'으로, 십지의 수행을 완성한 사람을 뜻한다. 십지는 성불(成佛)의 과정을 열 단계로 나누어 설한 것으로 『화엄경』에서는 41위에서 50위까지를 가리킨다. 환희지(歡喜地) · 이구지(離垢地) · 발광지(發光地) · 염혜지(焰慧地) · 난승지(難勝地) · 현전지(現前地) · 원행지(遠行地) · 부동지(不動地) · 선혜지(善慧地) · 법운지(法雲地) 등이 그것이다.

426) 객작아(客作兒) : =객작천인(客作賤人). 객작천인(客作賤人)은『법화경』「신해품(信解品)」에 나오는 "그때 가난한 아들은 비록 이 만남을 기뻐하였으나 여전히 스스로는 임시로 고용된 비천한 사람이라고 여겼다."(爾時窮子, 雖欣此遇, 猶故自謂客作賤人.)는 구절에서 온 말. 본래 주인이지만 스스로 자기가 주인인 줄 모르고, 자기는 손님인데 주인에게 고용되어 있다고 착각하는 사람을 가리킴. 곧 본래 부처인데 스스로 부처인 줄 모르고 중생 노릇하는 범부를 가리킨다. 어리석은 중생이라는 뜻.

427) 등각(等覺)과 묘각(妙覺) : 불위(佛位)의 보살을 가리키는데, 『화엄경』52위 가운데서 최후의 51위, 52위 경지다.

놈이며, 아라한[428]과 벽지불[429]은 뒷간의 더러운 똥과 같고, 깨달음
과 열반(涅槃)은 당나귀를 비끄러매는 말뚝과 같다.

어찌하여 이와 같은가?

다만 그대들이 보살이 수행하여 부처가 된다는 무한한 세월[430]
이 공(空)임을 통달하지 못했기 때문이다.

그 까닭에 이러한 장애가 있는 것이다.

만약 참된 도인(道人)이라면 결코 이와 같지 않으니, 다만 인연
(因緣)따라 구업(舊業)을 녹여 없애며, 자연스럽게[431] 옷을 입고서

---

428) 아라한(阿羅漢) : 소승불교에서 최고의 경지에 이른 성자로, 속세를 초월한 길
  에서 더 이상 배울 것이 없고, 모든 더러움과 욕망이 사라져서 더 이상 내세에
  나지 않는 사람.

429) 벽지불(辟支佛) : 독각(獨覺)과 같음. '홀로 깨달은 사람'이라는 의미다. 십이인
  연의 이치를 꿰뚫고 홀로 깨달음을 얻은 이다. 소승불교에서 깨달은 사람을 가
  리킨다.

430) 삼기겁(三祇劫) : 기겁(祇劫)은 아승기겁(阿僧祇劫)이다. 아승기겁은 셀 수 없
  을 정도로 큰 무한한 시간. 이를 세 배 해서 '삼아승기겁'이라 한다. 보살이 최
  초에 보리심(菩提心)을 일으킨 때로부터 성불(成佛)할 때까지는 삼아승기백대
  겁(三阿僧祇百大劫) 동안의 수행을 요한다고 한다. 보살의 오십위(五十位)의 수
  행 가운데서, 제1아승기겁에는 십신(十信)·십주(十住)·십행(十行)·십회향
  (十廻向)의 사십위를, 제2아승기겁에는 십지(十地) 중의 초지(初地)에서 제칠위
  를, 제3아승기겁에서는 제팔위부터 제십지까지를 수행하고, 이상 세 아승기겁
  에 걸친 바라밀의 수행 후에 다시 백대겁의 기간 동안 32상의 상호(相好)를 획
  득하기 위해 수행을 한다고 한다.

431) 임운(任運) : 운(運)에 맡기다. 되는 대로 따라가다. 무공용(無功用), 무위(無爲).
  자연스럽게.

가고자 하면 가고 앉고자 하면 앉을 줄 알 뿐, 한순간[432]이라도 부처를 구하는 마음이 없다.

왜 그러한가?

옛사람이 말했다.

'만약 업(業)을 지어서 부처가 되고자 한다면, 부처가 바로 삶과 죽음의 큰 조짐이다.'[433]

道流! 心法無形, 通貫十方, 在眼曰見, 在耳曰聞, 在鼻嗅香, 在口談論, 在手執捉, 在足雲奔. 本是一精明, 分爲六和合. 一心旣無, 隨處解脫. 山僧恁麽說, 意在什麽處? 祇爲道流一切馳求心不能歇, 上他古人閑機境. 道流! 取山僧見處, 坐斷報化佛頭, 十地滿心, 猶如客作兒, 等妙二覺, 擔枷負鎖漢, 羅漢辟支, 猶如廁穢, 菩提涅槃, 如繫驢橛. 何以如此? 祇爲道流不達三祇劫空, 所以有此障礙. 若是眞正道人, 終不如是, 但能隨緣消舊業, 任運着衣裳, 要行卽行, 要坐卽坐, 無一念心希求佛果. 緣何如此? 古人云: '若欲作業求佛, 佛是生死大兆.'

---

432) 일념(一念) : 한순간. 한 생각. 극히 짧은 시간.

433) 양(梁)의 보지화상(寶誌和尙: 425~514)이 지은 〈대승찬(大乘讚)〉에 실려 있는 구절.

5. 사이비 선승

스님들이여!

시간은 아까운 것인데도, 다만 집집마다[434] 바삐 뛰어다니며[435] 선(禪)을 배우려 하고[436] 도(道)를 배우려 하며, 이름을 알려 하고 언구(言句)를 이해하려 하며, 부처를 구하려 하고 조사를 구하려 하며, 선지식의 의견[437]을 구하려고만 한다.

착각하지 마라, 스님들이여!

그대들에게는 다만 한 부모(父母)가 있을 뿐인데, 또 무슨 물건을 구하는가?

그대들이 스스로 돌이켜 보아라.

옛사람은 말했다. '연야달다(演若達多)는 머리를 잃어버렸는데, 찾는 마음이 쉬어질 때[438]에 곧 아무 일이 없었다.'[439]

---

434) 방가(傍家) : ①집집마다. 가가호호(家家戶戶). ②순서에 따라. 차례차례. 하나 하나. 일일이.

435) 파파(波波) : ①바쁘게 뛰어다니다(수고롭고 힘듦을 나타냄). ②학질에 걸려 와들와들 떠는 소리. 지(地)는 부사화 어미.

436) 의(擬) : ─하려 하다. ─할 예정이다. =욕(欲).

437) 의탁(意度) : 의도(意圖). 생각. 의견. 염원.

438) 처(處) : ①곳. 군데. ②(시간을 표시) ─할 때. ─하는 때.

439) 『수능엄경』 권4에 나오는 이야기와 관련된다. 마가다국의 수도 스라바스티에 사는 야쥬냐닷타라는 미모의 장자(長者)는 매일 아침 거울에 비치는 자기의 아름다운 얼굴을 직접 보고 싶어 골똘한 나머지 미쳐서 스라바스티의 거리를 남

스님들이여!

우선 평상(平常)하기를 바란다면, 견해⁴⁴⁰⁾를 만들지 마라.

어떤 부류의 분별력이 부족한⁴⁴¹⁾ 까까머리 중⁴⁴²⁾은 곧장 귀신(鬼神)과 같은 헛것을 보고서⁴⁴³⁾ 쓸데없이 상관없는 말만 하며,⁴⁴⁴⁾ 맑은 날을 좋아하기도 하고 흐린 날을 좋아하기도 한다.⁴⁴⁵⁾

김없이 찾아다니다. 어떤 사람으로부터 "너의 얼굴은 너에게 있다."는 가르침을 받아 자아를 찾은 뒤에는 편안해졌다고 한다.

440) 모양(模樣) : ①(언어문자로) 묘사하다. 그려 내다. ②형상. 용모. ③정황. 광경.

441) 불식호오(不識好惡) : 좋고 싫음을 알지 못하다. 분별력이 부족하다.

442) 여기 '수병(秀兵)'은 『사가어록』「임제록」이나 선화본「임제록」에서는 모두 '독노(禿奴)'라고 되어 있다. '수(秀)'는 '독(禿)'의 오자(誤字)이다. 독병(禿兵) 즉 대머리 병사라는 말이나 독노(禿奴) 즉 대머리 하인이라는 말은 모두 삭발한 승려(僧侶)를 비하하여 하는 말이다.

443) 견신견귀(見神見鬼) : ①귀신을 만나다. ②(귀신을 만난 것처럼) 무서워하다. 무서워 벌벌 떨다. ③귀신이 곡할 노릇이다. 불가사의하다. 이상야릇하다. 여기에서는 귀신과 같은 이상야릇한 헛것을 본다는 말.

444) 지동획서(指東畫西) : 동쪽을 가리키며 서쪽에 선을 그리다. 함께 일을 논의할 때 주제를 회피하여 그 언저리에 대해서만 이러쿵저러쿵 호도(糊塗)하는 일. 무관한 이야기만 하고 본 주제에 관해서는 언급하지 않는 것. =지동설서(指東說西).

445) 호청호우(好晴好雨) : 맑은 날을 좋아하기도 하고 흐린 날을 좋아하기도 한다. 눈앞에 나타나는 경계를 따라다닌다. 법을 보는 안목이 없이 앞에 나타나는 경계만을 좇아간다는 말. 『경덕전등록』 제18권 '항주용책사순덕대사도부(杭州龍册寺順德大師道怤)'에 다음 문답이 나온다 : 어떤 승려가 물었다. "어떤 것이 가까우면서도 비밀스러운 일입니까?" 도부선사가 말했다. "늘 쓰고 있으니 사람에게 영향을 끼친다." 승려가 물었다. "알지 못하는 사람은 어떻습니까?" 도부선사가 말했다. "맑은 날도 좋아하고 비 오는 날도 좋아한다." 도부선사가 승려에게 물었다. "문밖에 무슨 소리냐?" 승려가 말했다. "빗방울 소리입니다." 도부선사가 말했다. "중생이 전도되어서 자기를 잃고 사물을 좇는구나."(問: "如

이러한 무리들은 모두 언젠가는 빚을 갚아야 하니,[446] 헛된 말을
한 대가로 염라대왕 앞에서 뜨거운 쇠구슬을 삼킬[447] 날이 있을 것이
다.

좋은 집안의 남녀들이 이런 종류의 여우귀신[448]에게 홀려서 곧
장 괴상한 짓을 하는구나.[449]

눈먼 놈[450]들아! 밥값을 내야 할 날이 있을 것이다."

大德! 時光可惜, 秪擬傍家波波地學禪學道, 認名認句, 求佛求祖, 求善
知識意度. 莫錯, 道流! 汝秪有一箇父母, 更求何物? 汝自返照看. 古人云:
'演若達多失卻頭, 求心歇處卽無事.' 大德! 且要平常, 莫作模樣. 有一般不
識好惡秃兵, 便卽見神見鬼, 指東畫西, 好晴好雨. 如是之流, 盡須抵債, 向
閻老前, 吞熱鐵丸有日. 好人家男女, 被者一般野狐精魅所著, 便卽捏怪.
瞎屢生! 索飯錢有日在."

何是親的密密底事?" 師曰: "常用及人." 曰: "不知者如何?" 師曰: "好晴好雨." 師
問僧: "門外什麼聲?" 曰: "雨滴聲." 師曰: "衆生顚倒迷己逐物.")

446) 저채(抵債) : 빚을 다른 물건이나 노동을 통하여 갚다.

447) 헛된 말로 남을 속인 사람은 지옥에서 불에 달군 쇠구슬을 삼기는 과보를 받는
다고 한다. 『중아함경』12, 『대지도론』16 등에 자세하게 나와 있다.

448) 야호정매(野狐精魅) : 야호(野狐)는 여우, 정매(精魅)는 도깨비, 귀신이라는 말. 여
우귀신. 여우가 둔갑하여 사람을 호리는 귀신. 아직 깨닫지도 못하고서 제멋대로
의 헛된 말로써 사람을 속이는 엉터리 선승(禪僧), 또는 바른 깨달음이 아닌 삿된
신통(神通)을 얻어서 사람을 속이는 엉터리 선승을 가리킨다. =야호정(野狐精).

449) 날괴(捏怪) : 괴상한 짓을 하다.

450) 할루생(瞎屢生) : 눈먼 놈. 중생. 법을 보는 안목이 없는 어리석은 자. 할려(瞎
驢)와 비슷한 말.

6. 일 없는 것이 좋다

임제가 또 말했다.

"스님들이여!

반드시[451] 참되고 바른 견해를 구하여야만[452] 천하에 두루 다니더라도 이런 종류의 도깨비[453]에게 속아 넘어가지 않는다.

일 없음이 귀한 사람이니, 전혀 조작(造作)하지 말고 다만 평상(平常)하라.

그대가 바깥에서 차례차례 구하여 다니며[454] 제 역할[455]을 찾으려 한다면, 오해한[456] 것이다.

단지 부처를 찾으려고만 하나, 부처는 이름이다.

그대는 도리어 찾아다니고 있는 바로 그것을 아는가?

과거에나 현재에나 미래에나 온 우주에 부처와 조사가 나타나는 것은 다만 법(法)을 구하기 위해서이며, 지금 도를 배우는 여러분도 다만 법을 구할 뿐이다.

법을 얻어야 비로소 마치게 되고, 법을 얻지 못한다면 여전히

---

451) 절요(切要) : 대단히 필요하다. 절실하다. 긴요하다.

452) 구취(求取) : 구하다. 추구하다. 원하다.

453) 정매(精魅) : 도깨비. 귀신.

454) 구과(求過) : 구하여 다니다. 과(過)는 차례차례 옮겨다님을 나타냄.

455) 각수(脚手) : ①손과 발. 행동, 행위를 가리킴. ②배역. 역할.

456) 착료(錯了) : 잘못 알다. 오해하다.

오도(五道)[457]를 윤회할 것이다.

어떤 것이 법인가?

법이란 마음이라는 법이다.

마음이라는 법은 모양이 없으면서 온 우주를 관통하고 눈앞에 드러나 작용한다.

사람들이 믿지 않으면, 곧장 이름으로 분별하고 문자 속에서 구하여 불법(佛法)을 생각으로 헤아리니, 하늘과 땅만큼이나 어긋나는 것이다.[458]

師又云:"道流! 切要求取眞正見解, 向天下橫行, 免被者一般精魅惑亂. 無事是貴人, 更莫造作, 祇是平常. 汝擬向外傍家求過, 覓脚手, 錯了也. 祇擬求佛, 佛是名句. 汝還識馳求底麼? 三世十方, 佛祖出來, 也祇爲求法, 如今參學道流, 也祇爲求法. 得法始了, 未得依前輪迴吾[459]道. 云何是法? 法者是心法. 心法無形, 通貫十方, 目前現用. 人信不及, 便乃認名認句, 向文字中求, 意度佛法, 天地懸殊.

---

457) 오도(五道) : 중생이 윤회하면서 가는 다섯 가지 길. 지옥(地獄)·아귀(餓鬼)·축생(畜生)·인간(人間)·천상(天上)의 세계. 여기에 수라(修羅)를 더하면 육도(六道)라고 한다.

458) 천지현수(天地懸殊) : 하늘과 땅만큼 다르다. 전혀 맞지 않음을 의미한다. 「신심명(信心銘)」에는 "털끝만큼 차이가 있으면, 하늘과 땅만큼 벌어진다."(豪釐有差, 天地懸隔)라는 구절이 나온다.

459) 吾 : '五'의 오자(誤字). 〈천성광등록본〉과 〈사가어록본〉은 모두 '吾'로 되어 있으나, 〈선화본〉에는 '五'로 되어 있음.

7. 마음이라는 법

스님들이여!

나는 법(法)을 말하는데, 무슨 법을 말하는가?

마음이라는 법을 말하니, 곧 마음은 범속(凡)함에도 들어갈 수 있고 성스러움(聖)에도 들어갈 수 있으며, 깨끗함에도 들어갈 수 있고 더러움에도 들어갈 수 있으며, 진여(眞)에도 들어갈 수 있고 세속(俗)에도 들어갈 수 있다.

도리어[460] 그대가 진속범성(眞俗凡聖)이 아니기 때문에 모든 진속범성에게 이름을 붙일[461] 수 있는 것이지, 진속범성이 이 사람에게 이름을 붙일 수는 없는 것이다.

스님들이여!

붙잡았으면 곧장 쓸 뿐, 다시 이름을 붙일 필요는 없으니,[462] 그를 일러 그윽한 뜻이라고 한다.

내가 말하는 법은 천하의 사람들이 말하는 법과는 다르니, 예컨대 문수(文殊)와 보현(普賢)이 눈앞에서 각각 하나의 몸을 나타내어 법을 묻는다고 할 경우, 그들이 '스님께 묻습니다.'라고 말하자마자 나는 벌써 알아차려 버린다.

---

460) 요차(要且) : 도리어. 각(却). 오히려.

461) 안착(安着) : 안치(安置)하다. 용납하다.

462) 불착(不著) : =불용(不用), 불수(不須). ①-할 필요 없다. ②-할 수 없다.

나는 가만히 앉아 있지만,[463] 스님들이 찾아와 만날[464] 때에는 남김없이 알아차려 버린다.

어찌하여 이와 같은가?

단지 나의 안목(眼目)이 다르기 때문이니, 밖으로는 범성(凡聖)을 취하지 아니하고 안으로는 근본에 머무르지 아니하며, 본래의 법을 확실히 보아서[465] 결코 의심하거나 잘못됨이 없기 때문이다."

道流! 山僧說法, 說什麼法? 說心地法, 便能入凡入聖, 入淨入穢, 入眞入俗. 要且不是汝眞俗凡聖, 能與一切眞俗凡聖安着名字, 眞俗凡聖與此人安着名字不得. 道流! 把得便用, 更不着名字, 號之爲玄旨. 山僧說法與天下人別, 祇如有箇文殊普賢出來目前, 各現一身問法, 纔道咨和尙, 我早辨了也. 老僧穩坐, 更有道流來相見時, 我盡辨了也. 何以如此? 祇爲我見處別, 外不取凡聖, 內不住根本, 見徹本法, 更不疑謬."

---

463) 온좌(穩坐) : 가만히 앉아 있다. 꼼짝 않고 앉아 있다. 끄떡없이 앉아 있다.

464) 상견(相見) : 만나다. 대면하다.

465) 견철(見徹) : 확실히 보다. 철(徹)은 동사 뒤에 놓여서 그 동작이 완전히 철저히 실현됨을 나타내는 조사.

8. 노력할 것이 없다

임제가 다시 말했다.

"불법에는 애써 노력할 것이 없고,[466] 다만 평상(平常)하여 일 없을 뿐이다.[467]

똥 누고 오줌 누며, 옷 입고 밥 먹으며, 피곤하면 누워 쉰다.

어리석은 사람은 나를 비웃겠지만, 지혜로운 사람이라면 알 것이다.

옛사람이 말하기를, '밖을 향하여 공부하는 자들은 모두가 어리석고 미련한 놈들이다.'[468]라고 하였다.

그대가 우선 곳곳에서 주인이 되고 서 있는 곳이 모두 참되면,

---

466) 우두법융(牛頭法融: 594∼657)의 『심명(心銘)』에는 "欲得心淨無心用功"(마음을 청정하게 하려거든 마음으로 애써 노력함이 없어야 한다.)이라는 구절이 나온다.

467) 위부(魏府)의 화엄장로(華嚴長老)는 다음과 같이 말한다. "불법(佛法)의 일은 매일 생활하는 곳에 있으니, 그대가 가고 머물고 앉고 눕는 곳과 차 마시고 밥 먹는 곳과 말하고 묻고 답하는 곳에 있다. 만들고 행하고 마음을 일으키고 생각을 움직이면, 도리어 불법이 아니다."(佛法事在日用處, 在爾行住坐臥處喫茶喫飯處言語相問處. 所作所爲擧心動念, 又卻不是也.)(『경덕전등록』 제30권)

468) 『조당집』 권3에 실려 있는 나찬(懶瓚)화상의 〈낙도가(樂道歌)〉에서 인용한 구절이다. 거기에는 "向外覓功夫, 惣是癡頑漢"이라고 되어 있다. 나찬은 북종보적(北宗普寂)의 제자로, 평생 남악(南嶽)에 은거했으며, 항상 남루한 누더기를 걸치고 다녔기 때문에 나찬이라 일컬어졌다. 『송고승전』 권19에는 '명찬(明瓚)'이라는 이름으로 전기가 실려 있다.

경계가 다가와도 바뀔 수 없으니, 비록 이전부터 익혀 온 습기(習氣)[469]와 오무간업(五無間業)[470]이 있더라도 저절로 해탈의 큰 바다가 된다.

師又云: "佛法無用功處, 祇是平常無事. 屙屎送尿, 着衣喫飯, 困來卽臥. 愚人笑我, 智乃知焉. 古人云: '向外作功夫, 總是癡頑漢.' 汝且隨處作主, 立處皆眞, 境來迴換不得, 縱有從來習氣, 五無間業, 自爲解脫大海.

---

469) 습기(習氣): 번뇌의 체(體)를 정사(正使)라 함에 대하여, 습관(習慣)의 기분(氣分)으로 남아 있는 것을 습기라 함. 비유하면, 향 담았던 그릇은 향을 비웠어도 여전히 향기가 남아 있는 것과 같다. 버릇. 유식학(唯識學)에서 습기는 종자(種子)의 다른 이름. 모든 식(識)이 나타날 때에 그 기분(氣分)을 제8식에 훈습(熏習)시키는 것이 종자이므로 이렇게 말함.

470) 오무간업(五無間業): 무간지옥(無間地獄)에 떨어질 다섯 가지 큰 죄를 가리킨다. 오역죄(五逆罪)라고도 함. ①아버지를 죽임, ②어머니를 살해함, ③아라한을 살해함, ④승단의 화합을 깨뜨림, ⑤부처님의 몸에서 피가 흐르게 함 등이 그것이다.

9. 삿된 공부인들

오늘날 배우는 자들은 도무지 법을 알지 못하니, 마치 양이 냄새를 맡아[471] 마주치는 물건마다 모두 입 속에 집어넣는 것처럼, 하인과 남편을 구분하지 못하고, 손님과 주인을 분간하지 못한다.

이와 같은 무리는 삿된 마음으로 도에 들어왔으므로 시끄러운 곳에 도리어[472] 들어가니, 참된 출가인(出家人)이라 일컬을 수 없고 바로 참된 속가인(俗家人)인 것이다.

무릇 출가인이라면 모름지기 평상(平常)하고 참되고 바른 견해(見解)를 분간할 수 있어야 하고, 부처와 마귀, 참과 거짓, 범부와 성인을 구분할 줄 알아야 한다.

이와 같이 분간할 줄 알아야 참된 출가인이라고 부른다.

만약 마귀와 부처를 분간하지 못한다면, 바로 한 집에서 나와 또 다른 집으로 들어가니 업 짓는 중생이라고 부를 뿐, 아직 참된 출가라고 일컬을 수는 없다.

예컨대 지금 부처와 마귀가 한 몸으로서 나뉘어 있지 않은 것이

---

471) 촉비양(觸鼻羊) : 촉비(觸鼻)는 냄새가 코를 찌른다는 뜻. 양은 시력이 약하여 눈으로 보는 것보다는 코로 냄새를 맡아서 먹을거리를 분간하므로 촉비양(觸鼻羊)이라고 한다. 눈으로 자세히 보지 않고 코로 냄새만 맡아서 분별하니, 그 분별이 정확하지 못하고 어둡다는 것을 가리키는 말.

472) 즉(卽) : =각(却). 도리어.

마치 물과 우유가 섞여 있는 듯 하더라도 거위왕은 우유만을 마시는 것처럼,[473] 밝은 눈을 가진 스님이라면 마귀와 부처를 모두 쳐 부수어야 한다.

그대가 만약 성스러움을 좋아하고 범상함을 싫어한다면, 삶과 죽음의 바다에서 떴다 가라앉았다 할 것이다."

今時學者, 總不識法, 猶如觸鼻羊, 逢着物安任[474]口裏, 奴郎[475]不辨, 賓主不分. 如是之流, 邪心入道, 鬧處卽入, 不得名爲眞出家人, 正是眞俗家人. 夫出家者, 須辨得平常眞正見解, 辨佛辨魔, 辨眞辨僞, 辨凡辨聖. 若如是辨得, 名眞出家. 若魔佛不辨, 正是出一家入一家, 喚作造業衆生, 未得名爲眞出家. 祗如今有一箇佛魔, 同體不分, 如水乳合, 鵝王喫乳, 如明眼道流, 魔佛俱打. 汝若愛聖憎凡, 生死海裏浮沈."

---

473) 아왕끽유(鵝王喫乳) : 아왕택유(鵝王擇乳), 아왕별유(鵝王別乳)로도 쓴다. 『정법념처경(正法念處經)』 제64권에 나오는 이야기로, 그릇에 물과 우유를 섞어 놓으면 아왕(鵝王), 즉 거위왕은 우유만 마시고 물은 남긴다고 한다. 실상(實相)과 망상(妄相)을 잘 판단한다는 뜻. 아왕(鵝王)은 부처를 가리키는 말인데, 부처의 손가락과 발가락 사이에 수족만망상(手足縵網相)이라는 얇은 막이 있어 그 모습이 거위의 발과 같다는 데서 유래한다. 앞에 나온 촉비양(觸鼻羊)과 반대되는 말이다.

474) 任 : 〈사가어록본〉과 〈선화본(宣和本)〉에선 '在'로 되어 있다. 뜻에는 별 차이가 없다.

475) 卽 : 〈사가어록본〉과 〈선화본〉에선 '郎'으로 되어 있다. '卽'은 오자(誤字)이다.

10. 부처와 마귀

어떤 승려가 물었다.

"어떤 것이 부처와 마귀입니까?"

임제가 말했다.

"그대가 한순간 마음에서 의심하는 곳이 곧 부처와 마귀다.

그대가 만약 온갖 법은 생겨나지 않으며 마음이 환상처럼 조화를 부린다는 것을 밝히 깨달으면, 다시는 하나의 경계도 없고 하나의 법도 없어서 곳곳이 모두 깨끗할 것이니, 이것이 바로 부처이다.

그러나 부처와 마귀는 더럽거나 깨끗한 두 가지 경계이다.

내가 보기에는 부처도 없고, 중생도 없고, 옛날도 없고, 지금도 없다.

깨닫는 자는 곧장 깨달을 뿐, 시간이 걸리지 않는다.

닦음도 없고, 깨달음도 없고, 얻음도 없고, 잃음도 없고, 언제든 또 다른 법이 없다.

설사 이것을 넘어서는 하나의 법이 있다고 하더라도, 나는 그것이 꿈과 같고 환상과 같다고 말한다.

내가 말하는 것은 이것이 전부이다.

問: "如何是佛魔?" 師云: "汝一念心疑處是佛魔. 汝若達得萬法無生, 心

如幻化, 更無一塵一法, 處處淸淨是佛. 然佛與魔是染淨二境. 約山僧見處,

無佛無衆生, 無古無今. 得者便得, 不歷時節. 無修無證, 無得無失, 一切時

中, 更無別法. 設有一法過此者, 我說如夢如化. 山僧所說, 皆是.

11. 밝게 듣는 사람

스님들이여!

바로 지금 눈앞에서 홀로 밝고 뚜렷하게[476] 듣는 이 사람은 어디서든지 막히지 않고 온 우주를 관통하며 삼계(三界)에서 자유자재하여, 어떤 차별 경계에 들어가더라도 바뀔 수 없다.

한 찰나 사이에 법계에 들어가 부처를 만나면 부처를 말하고, 조사를 만나면 조사를 말하고, 나한을 만나면 나한을 말하고, 아귀를 만나면 아귀를 말하니, 모든 곳을 두루 다니며 중생을 교화(敎化)하지만, 한순간에서 벗어난 적이 없다.

어디에서나 깨끗한 빛이 온 우주를 꿰뚫으니 온갖 법이 한결같다.

道流! 卽今目前孤明歷歷地聽者, 此人處處不滯, 通貫十方三界, 自在入一切境差別, 不能迴換. 一刹那間, 透入法界, 逢佛說佛, 逢祖說祖, 逢羅漢說羅漢, 逢餓鬼說餓鬼, 向一切處, 遊履國土, 敎化衆生, 未曾離一念. 隨處淸淨光透十方, 萬法一如.

---

476) 역력지(歷歷地) : 분명하게. 뚜렷하게. 눈에 선하게. 지(地)는 동사, 형용사를 수식하는 부사를 만드는 어미.

12. 본래 일이 없다

스님들이여!

대장부라면 본래 일이 없음을 오늘 비로소 알 것이다.

다만 그대들의 믿음이 부족하기 때문에, 순간순간 찾아서 헤매며 제 머리는 버려 두고 따로 머리를 찾아서 스스로 쉴 줄을 모른다.

만약 원돈보살(圓頓菩薩)[477]이라도 법계(法界)[478]에 들어가 몸을 드러내고 정토(淨土)[479] 속에서 평범함을 싫어하고 성스러움을 좋아한다면, 이러한 무리는 취하고 버림을 아직 잊지 못했고 깨끗하고 더럽다는 분별심이 남아 있는 것이다.

선종(禪宗)의 견해라면 도리어[480] 전혀 그렇지 않아서,[481] 곧장 지금일 뿐 또 다른 시절은 없다.

---

477) 원돈보살(圓頓菩薩) : 대승불교 수행의 최고위(最高位)에 도달한 성자(聖者).

478) 법계(法界) : 3종의 뜻이 있다. ①계(界)는 인(因)이란 뜻, 법(法)은 성법(聖法)이니, 성법을 내는 원인이 되는 것. 곧 진여(眞如). ②계는 성(性)이란 뜻. 법은 일체 모든 법이니, 만유 제법의 체성이 되는 것. 곧 진여. ③계는 분제(分齊)란 뜻. 법은 모든 법이니 분제가 서로 같지 않은 모든 법의 모양. 곧 삼라만상의 만유(萬有)를 말함.

479) 정토(淨土) : ↔예토(穢土). 더러운 번뇌가 없는 깨달음의 깨끗한 땅. 부처님이 계시는 청정한 국토(國土). 성불(成佛)을 말하는 대승불교에서 인정하는 불국토(佛國土).

480) 우(又) : ①=야(也). 역시. ②=각(却). 도리어.

481) 차불(且不) : 좀처럼 −하지 않다. 전혀 −하지 않다.

내가 말하는 것은 모두 한때의 병을 치료하기 위한 약일 뿐, 진실한 법(法)은 전혀 없다.

　만약 이와 같이 볼 수 있다면, 참된 출가여서 하루에 만 냥의 황금이라도 쓸 만하다.

道流! 大丈夫兒, 今日方知本來無事. 秖爲汝信不及, 念念馳求, 捨頭覓頭, 自不能歇. 如圓頓菩薩, 入法界現身, 向淨土中厭凡忻聖, 如此之流, 取捨未忘, 染淨心在. 如禪宗見解, 又且不然, 直是見今, 更無時節. 山僧說處, 皆是一期藥病相治, 總無實法. 若如是見得, 是眞出家, 日銷萬兩黃金.

13. 참되고 바른 견해

스님들이여!

여러 곳의 노스님들에게 차례차례[482] 인가의 도장을 받고서는[483] '나는 선(禪)을 알고 도(道)를 안다.'고 말하지 마라.

말재주가 굽이치는 강물처럼 유창하다 하더라도 모두 지옥에 떨어질 업을 짓는 것이다.

만약 참되고 바르게 도를 배우는 사람이라면 세간의 허물을 찾을 것이 아니라, 참되고 바른 견해를 찾는 것이 가장 시급하다.

만약 참되고 바른 견해에 통달하여 두루 밝아진다면, 비로소 끝마칠 것이다."

어떤 승려가 물었다.

"어떤 것이 참되고 바른 견해입니까?"

임제가 말했다.

"그대들은 다만 언제나 범속함에도 들어가고 성스러움에도 들어가며, 더러움에도 들어가고 깨끗함에도 들어가며, 온갖 불국토

---

482) 취차(取次) : 순차적으로. 순서대로. 차례차례.

483) 인파면문(印破面門) : 얼굴에다 인가(印可)의 도장을 찍다. 인파(印破)는 깨달음을 인가(印可)하는 증명(證明)의 도장을 찍는 것. 면문(面門)은 얼굴. 공개적으로 인가하여 주다.

(佛國土)에도 들어가고 미륵(彌勒)의 누각(樓閣)[484]에도 들어가고 비로자나법계(毘盧遮那法界)[485]에도 들어가면서, 곳곳에서 모두 국토

484) 미륵(彌勒)의 누각(樓閣) : 미륵(彌勒)은 범어로는 마이트레야(Maitreya)이다. 미륵은 성씨이고 이름은 아지타(Ajita, 阿逸多)이다. 그의 성인 미륵은 자씨(慈氏)라 번역되고 이름인 아지타는 무승(無勝) 또는 막승(莫勝)으로 풀이된다. 혹은 아지타는 성이고 미륵이 이름이라고도 한다. 인도의 바라나국 어느 바라문 가정에 태어나 석가모니의 교화를 받고 미래에 성불하리라는 수기를 받는다. 그러고는 석가모니보다 먼저 입멸하여 도솔천에 올라가 그곳의 천인(天人)들을 교화한다. 그렇게 하기 56억 7천만 년을 지나 다시 사바세계에 출현하여 화림원(華林圓) 용화수(龍華樹) 아래에서 성도한 뒤 3회의 설법으로 3백 억의 중생을 제도한다고 한다. 이때 제도를 받는 중생들은 석가모니 시대에 살다 간 모든 중생들이 이에 해당한다. 따라서 이 미륵보살은 석가모니의 업적을 돕는다는 뜻에서 '보처(補處)의 미륵'이라 하고 현겁 천 불 가운데 제5불에 해당하며 이 법회를 '용화삼회'라 한다. 용화수 아래에서 성불하기 이전까지를 미륵보살이라 하고 성불한 뒤를 미륵불이라 한다. 『화엄경』「입법계품」에서 선재동자는 여러 선지식을 차례차례 방문한 뒤에 52번째로 이 미륵보살을 방문한다. 미륵보살의 누각은 정토(淨土)의 건물로서 미륵의 지혜와 자비를 상징한다. 미륵누각의 원래 명칭은 〈비로자나장엄장광대누각(毘盧遮那莊嚴藏廣大樓閣)〉이며, 구(舊)『화엄경』에서는 누관(樓觀), 신(新)『화엄경』에서는 누각(樓閣)이라 번역하였다. 『화엄경』에서는 미륵의 누각에 대하여 다양하게 묘사하고 있는데, 그중 일부를 옮겨 보면 다음과 같다. "이 누각은 공(空)·무상(無相)·무원(無願)의 깨달음에 도달해 있는 자, 일체의 법은 분별을 초월해 있다는 것을 아는 자, 법계(法界)는 끊어짐이 없다는 것을 아는 자, 일체의 법은 불생(不生)임을 아는 자, 이런 사람들이 즐겨 사는 곳이다."

485) 비로자나법계(毘盧遮那法界) : 범어로 바이로차나(Vairocana)를 비로자나불(毘盧遮那佛)이라고 음역하고, 최고현광안장(最高顯廣眼藏)·변조왕여래(遍照王如來)·광명변조(光明遍照)·편일체처(遍一切處)·대일변조(大日遍照) 등으로 의역한다. 비로자나불을 이렇게 의역하는 것은 이 부처님의 신광(身光) 또는 지광(智光)이 이사무애(理事無碍)의 법계에 두루 원명(圓明)함을 의미한다. 비로

를 드러내어 성주괴공(成住壞空)⁴⁸⁶)한다.

부처는 세상에 나타나 큰 법바퀴⁴⁸⁷)를 굴리고 곧 열반(涅槃)에 들어가지만, 가고 오는 모양이 보이지 않으니 그 삶과 죽음을 찾 아도 찾을 수 없고, 곧장 무생법계(無生法界)⁴⁸⁸)에 들어가 곳곳에서 국토에 노닐면서 연화장세계(蓮華藏世界)⁴⁸⁹)에 들어가지만, 모든

자나불은 태양이라는 뜻으로서, 불지(佛智)의 광대무변한 것을 상징하며, 화엄 종(華嚴宗)의 본존불(本尊佛)이다. 무량겁(無量劫)의 바다에서 공덕을 닦아서 정각(正覺)을 이룬 연화장(蓮華藏) 세계의 교주(教主)로서, 천잎(千葉)의 연꽃에 앉아서 오른손에는 시무외인(施無畏印), 왼손에는 여원인(與願印)을 하고 있다. 『화엄경』에서는 무량겁의 바다에서 공덕을 닦고 정각을 성취하고, 연화장 세계 의 바다에 머물러서 큰 광명을 비추고, 털구멍에서 화신(化身)의 구름을 내고, 끝없는 경전(經典)을 연출한다고 한다.

486) 성주괴공(成住壞空) : 순서대로 우주의 성립 · 존속 · 파괴 · 공무(空無)를 가리 키는데, 생멸(生滅)하는 변화(變化)를 의미한다.

487) 법륜(法輪) : Dharmacakra. 부처님의 가르침인 교법(教法)을 말함. 부처님의 교 법이 중생의 번뇌 · 망상을 없애는 것이, 마치 전륜성왕의 윤보(輪寶)가 산과 바 위를 부수는 것과 같으므로 법륜이라 한다. 또 교법은 한 사람 한곳에 머물러 있지 아니하고, 늘 굴러서 여러 사람에게 이르는 것이 마치 수레바퀴와 같으므 로 이렇게 이름.

488) 무생법계(無生法界) : 이 세계(世界)의 제법(諸法)은 공상(空相)이어서 불생불멸 (不生不滅)하다. 무생법인(無生法忍)의 세계. 『유마경(維摩經)』 중권(中卷) 「입 불이법문품(入不二法門品)」 제9에 "생멸(生滅)은 이법(二法)이지만, 법(法)은 본 래 생하지 않는 것이어서 지금 멸하지도 않습니다. 이러한 무생법인(無生法忍) 을 얻는 것이 바로 불이법문(不二法門)에 들어가는 것입니다."(生滅爲二, 法本 不生今則無滅. 得此無生法忍, 是爲入不二法門.)라 하고 있다. 무생법인(無生法 忍)은 불생불멸(不生不滅)하는 법(法), 즉 생겨나거나 소멸함이 없는 법을 인정 하고 의심 없이 수용한다는 뜻이다.

489) 연화장세계(蓮華藏世界) : 『화엄경』에서는 연화장장엄세계해(蓮華藏莊嚴世界

법이 텅 빈 모습임을 볼 뿐 진실한 법은 전혀 없다.

오직 법을 듣는 의지함 없는 도인(道人)이 있으니, 이것이 모든 부처의 어머니다.

道流! 莫取次被諸方老師印破面門, 道'我解禪解道.' 辨似懸河, 皆是造地獄業. 若是眞正學道人, 不求世間過, 切急要求眞正見解. 若達眞正見解圓明, 方始了畢."

問: "如何是眞正見解?"

師云: "汝但一切入凡入聖, 入染入淨, 入諸佛國土, 入彌勒樓閣, 入毗盧遮那法界, 處處皆現國土, 成住壞空. 佛出于世, 轉大法輪, 卽入涅槃, 不見有去來相貌, 求其生死, 了不可得, 便入無生法界, 處處遊履國土, 入華藏世界, 盡見諸法空相, 皆無實法. 唯有聽法無依道人, 是諸佛之母.

海)·화엄세계(華嚴世界)·화장계(華藏界)라고 하고, 혹은 십연화장장엄세계해(十蓮華藏莊嚴世界海)·십연화장세계(十蓮華藏世界)·십화장(十華藏)이라고도 한다. 이 세계는 비로자나불의 과거의 원과 수행에 의해서 깨끗하게 꾸며진 세계이고, 10불(十佛)이 교화를 베푸는 경계라고 한다. 그 구조나 장엄에 대해서는 신역(新譯)『화엄경』제8권의「화장세계품」에 자세히 설명되어 있는데, 세계의 맨 밑에 풍륜(風輪)이 있고, 그 위에 향수해(香水海)가 있고, 그 가운데에 하나의 대연화(大蓮華)가 있고, 이 대연화에 온 세계가 들어 있기 때문에 연화장이라 하고, 미진수의 세계가 20중(重)으로 중앙세계종(中央世界種)을 중심으로 하여, 11개의 세계가 그물과 같이 둘러쳐져 세계망을 구성하고, 각각 중보(衆寶)로 꾸며져서, 불타가 거기에 출현하고, 중생도 그 가운데에 충만하다고 하는 광대무변한 세계를 말한다.

14. 부처도 얻을 수 없다

그러므로 부처는 의지함이 없음으로 말미암아 생긴다.

만약 의지함 없음을 깨닫는다면, 부처 역시 얻을 수 없다.

만약 이와 같이 본다면, 이것이 참되고 바른 견해이다.

도를 배우는 사람이 이것을 깨닫지 못하면, 명칭과 글귀에 집착하기 때문에 저 범(凡)이니 성(聖)이니 하는 이름에 가로막힌다.

그 까닭에 그 도를 보는 눈[490]을 가로막아 분명하게 보지 못하는 것이다.

십이분교(十二分敎) 같은 것은 모두 표현하는 말씀인데, 배우는 자가 이를 알지 못하면 곧 표현한 명칭과 글귀 위에서 알음알이를 내니, 이는 모두가 의지하는 것이라서 인과(因果)에 떨어져 삼계(三界)에서 삶과 죽음을 면하지 못한다.

그대가 삶과 죽음, 움직임과 머묾, 벗어남과 사로잡힘으로부터 자유롭기를 바란다면, 지금 법을 듣는 사람을 알아야[491] 한다.

이 사람은 모습도 없고 뿌리도 없고 머무는 곳도 없고, 활발하

---

490) 도안(道眼) : 대도(大道)를 통찰할 수 있는 안목, 또는 제법실상의 도리를 바르게 파악할 수 있는 능력.

491) 식취(識取) : 알다. 알아차리다. 변별(辨別)하다. 구별하다. 판단하다. 취(取)는 동사의 뒤에 사용된 조사(助詞).

게[492) 반응하여 수만 가지 경계를 시설(施設)하지만, 작용(作用)하는 곳은 정해진 곳이 없다.

　그러므로 이 사람은 찾을수록 더욱 멀어지고 구할수록 더욱 어긋나니, 이름하여 비밀이라고 한다.

所以佛從無依生. 若悟無依, 佛亦無得. 若如是見得者, 是眞正見解. 學人不了, 爲執名句, 被他凡聖名礙. 所以障其道眼, 不得分明. 祇如十二分敎, 皆是表顯之說, 學者不會, 便向表顯名句上生解, 皆是依倚, 落在因果, 未免三界生死. 汝若欲得生死去住脫着自由, 卽今識取聽法底人. 無形無相, 無根無本, 無住處, 活撥撥地應是萬種施設, 用處祇是無處. 所覓着轉遠, 求之轉乖, 號之爲祕密.

---

492) 활발발지(活潑潑地) : 활발발지(活鱍鱍地)라고도 씀. 물고기가 물을 튀기면서 펄떡이는 모습처럼 생기발랄한 모양을 가리킴. 활발하게. 생기발랄하게.

15. 모양 없는 경계

스님들이여!

그대들은 이 꿈과 환상을 반려자로 알고 있지[493] 마라.

머뭇거리는[494] 사이에 곧장 죽음[495]으로 돌아간다.

그대들은 이 세계 속에서 어떤 물건을 찾아서 해탈하려 하느냐?

한술 밥을 찾아 먹고 옷을 기워 입으며 시간을 보내더라도 먼저 선지식(善知識)을 찾아뵈려[496] 해야지, 건성건성[497] 지내면서 쾌락을 좇아 시간을 보내지는 마라.

시간은 아까운 것인데 순간순간 덧없이 흘러가니, 굵게는 지(地)·수(水)·화(火)·풍(風)에, 가늘게는 생(生)·주(住)·이(異)·멸(滅)의 네 가지 모습에 핍박받고 있다.

스님들이여!

지금 네 종류의 모양 없는 경계를 알아서 경계의 손아귀에서[498] 벗어나도록 하여라."

---

493) 인착(認着) : 알고 있다. 인식하고 있다. 착(着)은 동사 뒤에 붙어서 지속을 나타내는 조사.

494) 지만(遲晚) : ①지체되어 뒤떨어짐. ②맨 나중. 최종.

495) 무상(無常) : 죽음을 가리킴.

496) 방심(訪尋) : 방문하다. 탐방하다. 구하다.

497) 인순(因循) : 소홀하다. 데면데면하다. 건성건성하다. 등한하다. 무책임하다.

498) 파박(擺撲) : 가지고 놀다. 지배하다. 좌지우지하다.

물었다.

"어떤 것이 네 종류의 모양 없는 경계입니까?"

임제가 말했다.

"그대가 한순간 마음에 의심하는 것이 땅이 되어 가로막고, 그대가 한순간 마음에 좋아하는 것이 물이 되어 빠뜨리고, 그대가 한순간 마음에 성내는 것이 불이 되어 태우고, 그대가 한순간 마음에 기뻐하는 것이 바람이 되어 휘몰아친다.

만약 이와 같이 판단해 낼 수 있다면, 경계에게 부림[499]을 당하지 않고 곳곳에서 경계를 쓸 수 있어서, 동쪽에서 솟았다가 서쪽으로 가라앉고 남쪽에서 솟았다가 북쪽으로 가라앉고, 가운데에서 솟았다가 가장자리로 가라앉고 가장자리에서 솟았다가 가운데로 가라앉으며, 물을 땅처럼 밟고 다니고 땅을 물처럼 밟고 다닌다.

왜 이러한가?

지(地) · 수(水) · 화(火) · 풍(風)의 사대(四大)가 꿈과 같고 환상과 같음을 잘 알고 있기 때문이다.

道流! 汝莫認着箇夢幻伴子. 遲晚中間, 便歸無常. 汝向此世界中, 覓箇什麽物作解脫? 覓取一口飯喫, 補毳過時, 且要訪尋知識, 莫因循逐樂過時. 光陰可惜, 念念無常, 麤則被地水火風, 細則被生住異滅四相所逼. 道流! 今時且要識取四種無相境, 免被境擺撲."

---

499) 전(轉) : 다루다. 조종하다. 부리다.

問:"如何是四種無相境?"師云:"汝一念心疑, 被地來礙, 汝一念心愛,
被水來溺, 汝一念心瞋, 被火來燒, 汝一念心喜, 被風來飄. 若能如是辨得,
不被境轉, 處處用境, 東涌西沒, 南涌北沒, 中涌邊沒, 邊涌中沒, 履水如
地, 履地如水. 緣何如此? 爲達四大如夢如幻故.

16. 싫어하는 것이 없다

스님들이여!

그대 지금 법을 듣는 자는 그대의 육신이 아니라, 그대의 육신을 사용할 수 있는 그것이다.

이와 같이 볼 수 있다면, 곧 가고 머무름에 자유로울 것이다.

나의 안목에서는 싫어하는 것이 없다.

그대들이 만약 성스러움을 좋아하고 범상함을 싫어한다면, 성스러움이나 범상함이라는 경계에 얽매이는 것이다.

어떤 부류의 배우는 이들은 오대산(五臺山)[500]에서 문수보살을 찾지만, 벌써 잘못되었다.

오대산에는 문수보살이 없다.

그대들은 문수보살을 알고자 하는가?

다만 그대들 눈앞에서 작용하는 곳이 처음부터 끝까지 다르지 아니하여 어디에서나 의심이 없으면, 이것이 바로 살아 있는 문수보살이다.

그대들의 한순간 마음의 차별 없는 빛은 어디에서나 전부 참된 보현보살이다.

---

500) 오대산(五臺山) : 중국 산서성(山西省)에 있는 산. 당대(唐代)에는 화엄사상의 유래에 따라 『화엄경』에 나오는 문수보살의 신령스러운 도량(道場)이 이 산의 동북방 청량산(淸凉山)에 있다고 믿는 성지신앙(聖地信仰)이 있었다.

그대들의 한순간 마음이 스스로 결박을 풀 수 있어서 이르는 곳 마다 해탈이라면, 이것이 관음보살이다.

삼매법(三昧法)에서는 (이들 문수 · 보현 · 관음의 셋이) 서로 주인과 손님이 되어서 나올 때에는 일시에 나오니, 하나가 곧 셋이요, 셋이 곧 하나이다.[501]

이와 같이 알아야 비로소 경전을 읽을[502] 수 있다."

道流! 汝祇今聽法者, 不是汝四大, 能用汝四大. 若能如是見得, 便乃去住自由. 約山僧見處, 勿嫌底法. 汝若愛聖憎凡, 被聖凡境縛. 有一般學人向五臺山裏求文殊, 早錯了也. 五臺山無文殊. 汝欲識文殊麼? 祇汝目前用處, 始終不異, 處處不疑, 此箇是活文殊. 汝一念心, 無差別光, 處處總是眞普賢. 汝一念心, 自能解縛, 隨處解脫, 此是觀音. 三昧法, 互爲主伴, 出則一時出, 一卽三, 三卽一. 如是解得, 始得看敎."

---

501) 문수, 보현, 관음의 세 보살이 서로 주인이 되기도 하고 손님이 되기도 하며 동시에 출현한다는 말은 『화엄합론(華嚴合論)』 제5권에 상세히 설명되어 있다.

502) 간교(看敎) : 간경(看經)과 같음. 경전을 보는 것. 경전을 읽는 것.

17. 밖에서 찾지 마라

임제가 대중에게 말하였다.

"지금 도를 배우는 사람은 먼저 스스로를 믿고 밖에서 찾지 마라.

모두들 저 부질없는 경계를 숭상하며[503] 삿되고 바름을 전혀 분간치 못한다.

예컨대 조사가 있고 부처가 있다고 하여도 모두가 가르침의 방편 속의 일일 뿐이다.

어떤 사람이 한마디 말을 끄집어내어 숨겼다 드러내었다 하면서[504] 말하면, 곧 의심이 생겨 하늘에 비추어 보고 땅에 비추어 보며 하나하나 찾고 묻느라 매우 바쁘다.

대장부라면, 이와 같이[505] 왕을 말하고 도적을 말하고 옳음을 따지고 그름을 따지고 여색을 말하고 재물을 말하는 등 부질없는 말을 하면서 세월을 보내지 마라.

나는 여기서 승(僧)과 속(俗)을 따지지 않고, 오는 자가 있기만 하면 빠짐없이 알아차린다.

---

503) 상(上) : 상(尙)의 동음차자(同音借字). 숭상하다. 존중하다.

504) 은현(隱顯) : 숨었다 나타났다 하다. 숨겼다 드러내었다 하다.

505) 지마(祇麽) : 지마(只摩), 지마(只磨), 지몰(只沒), 지저(只宁), 지임(只恁)라고도 씀. 모두 '이와 같이' 즉 여차(如此)라는 뜻.

가령[506] 그가 어느 곳에서 나오더라도,[507] 다만 소리요 이름이요 글귀가 있을 뿐이니 모두가 꿈이요 환상이다.

도리어 경계를 타는 사람을 보게 되면, 이것이 모든 부처의 현묘한 뜻이다.

부처의 경계는 스스로 자기가 부처의 경계라고 말할 수 없고, 도리어 이 의지함 없는 도인이 경계를 타고 나타나는 것이다.

만약 어떤 사람이 다가와 나에게 부처 구하기를 묻는다면 나는 곧 청정한 경계를 내어 응대해 주고, 어떤 사람이 나에게 보살을 묻는다면 나는 곧 자비로운 경계를 내어 응대해 주고, 어떤 사람이 나에게 깨달음을 묻는다면 나는 곧 깨끗하고 묘한 경계를 내어 응대해 주고, 어떤 사람이 나에게 열반을 묻는다면 나는 곧 고요한 경계를 내어 응대해 준다.

경계는 수만 가지로 차별되지만 사람은 다르지 않다.

그러므로 사물에 응하여 모습을 드러내는 것이 마치 물 속의 달과 같다.[508]

師又云:"如今學道人, 且要自信, 莫向外覓. 總上他閑塵境, 都不辨邪

---

506) 임(任) : 가령 −라 할지라도.

507) 출래(出來) : (안에서 밖으로) 나오다. 출현하다. 나타나다. 얼굴을 내밀다. 나서다. 생기다. 발생하다.

508) 『금광명경(金光明經)』 제2권 「사천왕품」의 게송에 다음과 같은 말이 있다. "부처님의 참된 법신은 마치 허공과 같다. 중생의 바람에 반응하는 것이 마치 물 위를 비추는 달과 같다."

正. 秪如有祖有佛, 皆是教跡中事. 有人拈起一句子語, 或隱顯中出, 便卽疑生, 照天照地, 傍家尋問, 也大忙然. 大丈夫兒, 莫秪麼論王論賊, 論是論非, 論色論財, 閑話過日. 山僧此間不論僧俗, 但有來者, 盡識得伊. 任伊向甚處出來, 但有聲名文句, 皆是夢幻. 却見乘境底人, 是諸佛之玄旨. 佛境不能自稱我是佛境, 還是者箇無依道人乘境出來. 若有人出來問我求佛, 我卽應淸淨境出, 有人問我菩薩, 我卽應慈悲境出, 有人問我菩提, 我卽應淨妙境出, 有人問我涅槃, 我卽應寂靜境出. 境卽萬般差別, 人卽不別. 所以應物現形, 如水中月.

18. 힘없이 따라가지 마라

스님들이여! 그대들이 법과 같기를 바란다면, 마땅히[509] 대장부여야 비로소 가능하다.

만약 힘없이 따라다닌다면,[510] 불가능하다.

예컨대 깨어진[511] 그릇에는 제호(醍醐)[512]를 담을 수 없는 것과 같다.

큰그릇이라면 반드시[513] 남에게 속지 않고, 이르는 곳마다 주인공이 되고, 선 자리가 모두 진실해야 한다.

무엇이 다가오든 아무것도 받아들이지 말아야 한다.

그대들이 한순간이라도 의심한다면, 곧 마귀가 마음속으로 들어온다.

예컨대 보살이 의심할 때에는 생사(生死)의 마귀가 기회를 얻게[514] 되는 것이다.

---

509) 직수(直須) : 반드시. 마땅히. (−해야 한다.)

510) 위위수수지(萎萎隨隨地) : 허약하게 따라가다. 허약하게 내맡기다. 위위(萎萎)는 허약한 모습, 수수지(隨隨地)는 내맡기고 따라가는 모습을 가리킨다.

511) 사사(嘶嗄) : ①기물이 부서지는 소리. ②목이 쉬다.

512) 제호(醍醐) : ①다섯 가지 맛 (乳 · 酪 · 生酥 · 熟酥 · 醍醐)의 하나. 우유를 정제한 유제품으로 맛이 최고라고 일컬어진다. ②불심 · 진실교(眞實敎) · 불성, 혹은 열반에 비유함.

513) 직요(直要) : 반드시 −해야만 한다.

514) 득편(得便) : 기회를 얻다. 형편이 되다.

단지 생각을 쉴 수 있다면, 또다시 밖으로 구하지 말고, 사물이 다가오면 비추어 보라.

그대들이 다만 지금 작용하는 것을 믿기만 하면, 하나의 일도 없을 것이다.

그대들의 한순간 마음이 삼계(三界)를 만들고, 인연 따라 나뉘어 육진경계(六塵境界)가 된다.

그대들이 지금 응용(應用)하는 곳에 무슨 모자람이 있느냐?

한 찰나 사이에 곧장 깨끗함에도 들어가고 더러움에도 들어가며, 미륵의 누각에도 들어가고 삼안국토(三眼國土)[515]에도 들어가서 곳곳을 돌아다니지만, 오직 헛된 이름만 볼 뿐이다."

道流! 汝若欲得如法, 直須是大丈夫兒始得. 若萎萎隨隨地, 則不得也. 夫如甄(音西)𡂴(所嫁切)之器, 不堪貯醍醐. 如大器者, 直要不受人惑, 隨處作主, 立處皆眞. 但有來者, 皆不得受, 汝一念疑, 卽魔入心. 如菩薩疑時, 生死魔得便. 但能息念, 更莫外求, 物來卽照. 汝但信現今用底, 一箇事也無. 汝一念心生三界, 隨緣被境分爲六塵. 汝如今應用處, 欠少什麼? 一刹那間, 便入淨入穢, 入彌勒樓閣, 又入三眼國土, 處處遊履, 唯見空名."

---

515) 삼안국토(三眼國土) : 본래 『화엄경』 「입법계품」에서 설해지는 선현비구(善現比丘)의 정토(淨土). 『화엄합론』 제96권에서는 법안(法眼)·지안(智眼)·혜안(慧眼)의 3가지를 들고 있으나, 해석자에 따라 설명이 일정하지 않다. 임제는 여기서 삼안(三眼)을 삼신(三身)으로 해석하고 있다.

19. 빈손의 누런 잎사귀

물었다.

"무엇이 삼안국토(三眼國土)입니까?"

임제가 말하였다.

"나는 그대들과 더불어 깨끗하고 묘한 국토에 들어가서는 깨끗한 옷을 입고 법신불(法身佛)을 말하며, 차별 없는 국토에 들어가서는 차별 없는 옷을 입고 보신불(報身佛)을 말하며, 해탈국토에 들어가서는 광명(光明)의 옷을 입고 화신불(化身佛)을 말한다.

이러한 삼안국토는 모두가 의지하여 변하는 것들이다.

경론(經論)을 공부하는 사람이라면 법신을 근본으로 삼고 보신과 화신을 응용으로 여기겠지만, 내가 보기에는 법신이라 하더라도 법을 말할 줄 모른다.

그러므로 옛사람이 '몸(身)은 뜻(義)에 의지하여 세워지고, 땅(土)은 체(體)에 근거하여 논한다.'[516]고 말한 것이다.

법성신(法性身)과 법성토(法性土)는 만들어진 법이며 의지하여 통하는 국토로서, 빈손에 누런 잎사귀를 쥐고서 어린아이를 속이는 짓[517]임을 분명히 알아야 한다.

---

516) 자은규기(慈恩窺基)의 『법원의림장(法苑義林章)』 제7권에 나오는 말. '2. 눈앞에서 듣는 사람' 참조.

517) 『열반경』 「영아행품」, 『대반야경』 제599권 등에 보이는 이야기. 빈손 안의 누런

마름의 가시와 백골(白骨) 위에서 무슨 즙(汁)을 찾느냐?

마음 밖에도 법은 없고 마음 안에도 법은 없는데, 무슨 물건을 찾느냐?

問: "如何是三眼國土?" 師云: "我共汝入淨妙國土中, 着淸淨衣, 說法身佛, 又入無差別國土中, 着無差別衣, 說報身佛, 又入解脫國土中, 着光明衣, 說化身佛. 此三眼國土皆是依變. 約經論家, 取法身爲根本, 報化二身爲用, 山僧見處, 法身卽不解說法. 所以古人云: '身依義立, 土據體論.' 法性身法性土, 明知是建立之法, 依通國土, 空拳黃葉, 用誑小兒. 蒺藜菱刺枯骨上, 覓什麼汁? 心外無法, 內亦不可得, 求什麼物?

잎사귀는 곧 방편설(方便說)을 가리킨다. 불법에 관한 모든 말은 방편설이라는 것.

20. 일 없는 사람

그대들은 곳곳에서 '도(道)에는 닦을 것도 있고 깨달을 것도 있다.'고 말들 하지만, 착각하지 마라.

설사 닦아서 얻는 것이 있다고 하더라도, 모두가 삶과 죽음에서 떠돌아다닐 업(業)이다.

그대들은 또 '육도(六度)⁵¹⁸와 만행(萬行)⁵¹⁹을 고루 닦는다.'고 말하지만, 내가 보기에는 모두가 업을 짓는 일이다.

부처를 구하고 법을 구하는 것은 곧 지옥 갈 업을 짓는 것이고, 보살을 구하는 것 역시 업을 짓는 일이며, 경전을 보고 가르침을 살피는 것 역시 업을 짓는 일이다.

부처와 조사는 일 없는 사람이다.

그러므로 유루(有漏)·유위(有爲)와 무루(無漏)·무위(無爲)가 모두 깨끗한 업(業)이 되는 것이다.

汝諸方言: '道有修有證.' 莫錯. 設有修得者, 皆是生死業. 汝言: '六度萬

---

518) 육도(六度) : 대승보살이 닦는 수행방법인 보시(布施)·지계(持戒)·인욕(忍辱)·정진(精進)·선정(禪定)·지혜(智慧)의 육바라밀.

519) 만행(萬行) : '팔만세행(八萬細行)'이라고도 한다. 중생의 번뇌의 수가 8만 4천이 되기 때문에 이를 물리칠 부처의 교법(敎法) 또한 8만 4천이나 된다고 하지만, 8만 4천은 부처의 교법을 총칭하는 말이며 반드시 실제 수를 뜻하는 것은 아니다.

行齊修.'我見皆是造業. 求佛求法卽是造地獄業, 求菩薩亦是造業, 看經看

敎亦是造業. 佛與祖師是無事人. 所以有漏有爲, 無漏無爲, 爲淸淨業.

21. 수행하지 마라

어떤 부류의 눈먼 중들[520]은 배불리 밥을 먹고는 곧 좌선하고 관법[521]을 행하며, 흘러나오는 생각을 꽉 붙잡고서 일어나지 못하게 하고, 시끄러움을 싫어하고 고요함을 찾으나,[522] 이것은 외도(外道)의 법이다.

조사(祖師)가 말했다.

'그대가 만약 마음을 머물게 하여 고요함을 살펴보고,

마음을 들어 밖으로 비추어 보고,

마음을 거두어 안으로 깨끗이 하며,

마음을 모아서 정(定)에 든다면,

이와 같은 것들은 모두가 조작하는 짓이다.'[523]

---

520) 할독자(瞎禿子) : 할자(瞎子)는 장님, 소경. 독자(禿子)는 대머리인 사람, 까까머리 사람. 할독자(瞎禿子)는 눈먼 대머리라는 뜻으로서, 법에 대한 안목이 없는 어리석은 승려를 가리킴.

521) 좌선관행(坐禪觀行) : 결가부좌(結跏趺坐)하고 앉아서 정신을 한곳에 모아 관법(觀法)을 행하는 것. 앉아서 마음을 관(觀)하는 행위에 대한 비판은 육조(六祖) 문하(門下)에서 북종선(北宗禪)을 비판하는 일반적인 내용이다.

522) 보지공(寶誌公) 화상(和尙)의 『십사과송(十四科頌)』의 「정란불이(靜亂不二)」에서는 "성문(聲聞)은 시끄러움을 피하고 고요함만을 구하니 마치 밀가루를 버리고 떡을 찾는 것과 같다."고 한다.

523) 이 구절은 『신회화상유집(神會和尙遺集)』, 『남양화상단어(南陽和尙壇語)』 등에

그대는 지금 이렇게 법을 듣는 사람인데, 이 사람을 어떻게 닦겠으며, 이 사람을 어떻게 깨닫겠으며, 이 사람을 어떻게[524] 꾸미겠는가?[525]

이 사람[526]은 닦을 수 있는 것이 아니며, 꾸밀 수 있는 것이 아니다.

만약 이 사람으로 하여금 그대들과 일체 사물을 꾸미도록 한다면,[527] 이 사람은 무엇이든 꾸밀 수 있을 것이다.

그러니 그대들은 착각하지 마라.

有一般瞎禿子, 飽喫飯了, 便坐禪觀行, 把捉念漏, 不令放起, 厭喧求靜, 是外道法. 祖師云: '汝若住心看靜, 擧心外照, 攝心內澄, 凝心入定, 如是之流, 皆是造作.' 是汝如今與麼聽法底人, 作麼生擬修他證他莊嚴他? 渠且不是修底物, 不具[528]莊嚴得底物. 若敎他莊嚴汝一切物, 卽莊嚴得. 汝且莫錯.

나오는 구절로서, 하택신회(荷澤神會; 670-762)가 북종선(北宗禪)의 특징을 요약하여 비판한 유명한 말이다.

524) 작마생(作麼生) : 어째서? 왜? 어떻게? 어떠하냐? 무엇하러? =작마(作麼), 즉마(則麼), 자심마(子甚麼), 자마(子麼).

525) 장엄(莊嚴) : ①건립하다. 배열하다. 배치하다. ②꾸미다. 장식하다.

526) 거(渠) : (3인칭 대명사) 그. 그이. 그 사람. =타(他).

527) 약교(若敎) : =약사(若使), =약견(若遣). 만약 −하게 한다면. 가령 −한다면.

528) '具'는 다른 판본에서는 '是'로 되어 있다. '是'가 맞다.

22. 멀쩡한 눈

스님들이여!

그대들은 이러한 부류의 늙은 중의 입에서 나오는 말을 참된 도(道)라고 여기고는, 선지식은 불가사의(不可思議)하고 나는 범부의 마음이니 감히 저 노인을 헤아려 볼 수가 없다고 여긴다.

눈먼 놈들아!

그대들은 일생 동안 단지 이러한 견해만 지으며, 이 두 눈을 저버리는구나!529)

조용히 입을 꽉 다물고서530) 마치 얼음531) 위에 서 있는 당나귀처럼 벌벌 떨면서, '나는 감히 선지식을 비방하지 못한다.'고 생각하며 구업(口業)을 낼까 봐 두려워한다.

스님들이여!

무릇 대선지식(大善知識)이라야 비로소 부처도 비방하고 조사도 비방할 수 있으며, 천하 사람들의 옳고 그름을 가려내고, 삼장(三藏)의 가르침을 배척하며, 여러 어린아이 같은 무리들을 욕하고, 거역하거나 순조로움 속에서 사람을 찾는다.

---

529) 고부(辜負) : 저버리다.

530) 냉금금지(冷噤噤地) : 조용히 입을 다물고 말이 없는 모습. 냉(冷)은 조용한 모습, 금금지(噤噤地)는 입을 다물고 말을 하지 않는 모습.

531) 동릉(凍凌) : 얼음.

그러므로 나는 20년 동안 한 개 업(業)의 자성(自性)을 찾았으나 겨자씨만큼도 얻을 수 없었다.

만약 새색시 같은 선사(禪師)라면, 절에서 쫓겨나 밥도 얻어먹지 못할까 봐 두려워서 불안하고 즐겁지도 않을 것이다.

예부터 선배들은 이르는 곳마다 사람들이 믿지 않아서 사람들에게 쫓겨나서야 비로소 (자신의 법이) 귀한 줄을 알았다.

만약 이르는 곳마다 사람들이 모두 긍정한다면, 무엇을 할 수 있겠는가?[532]

그러므로 사자가 한 번 울부짖으면, 들여우[533]는 뇌가 찢어지는 것이다.[534]

道流! 汝取者一般老師口裏語爲是眞道, 是善知識不思議, 我是凡夫心, 不敢測度他老宿. 瞎屢生! 汝一生秖作者箇見解, 辜負者一雙眼! 冷喙喙地, 如凍凌上驢駒相似, '我不敢毁善知識.' 怕生口業. 道流! 夫大善知識, 始敢毁佛毁祖, 是非天下, 排斥三藏教, 罵辱諸小兒, 向逆順中覓人. 所以我於十二年中, 求一箇業性, 如芥子許不可得. 若似新婦子禪師, 便卽怕趁出院, 不與飯喫, 不安不樂. 自古先輩, 到處人不信被遞出, 始知是貴. 若到處人盡肯, 堪作什麼? 所以師子一吼, 野干腦裂.

---

532) 감(堪) : ①견디다. ②할 수 있다. −할 만하다.
533) 야간(野干) : ①들여우. 푸르고 누런 털빛을 가지고 개와 비슷하게 생겼는데, 떼를 지어 돌아다니며 밤에 우는데 그 울음소리가 이리와 비슷하고, 몸집에 비하여 꼬리가 크고 나무를 잘 탄다고 한다. ②터무니없는 사람. 엉터리.
534) 『오분율(五分律)』 제3권에 보이는 고사(故事).

23. 무엇이 모자라느냐

스님들이여!

여러 곳에서는 '닦아야 할 도(道)가 있고, 깨달아야 할 법(法)이 있다.'고들 말을 하는데, 그대들은 무슨 법을 깨닫고 무슨 도를 닦는다고 말하는가?

그대들이 지금 작용하는 곳에 무엇이 부족하기에[535] 어느 곳을 닦아서 보충하겠다는 것인가?

후배인 어린 스님[536]들이 알지 못하고서 곧 이런 부류의 여우귀신을 믿고서, 그들이 그럴싸하지만 헛된 말을 하여[537] 다른 사람들을 얽어매는 것을 칭찬하면서 말하기를, '도리와 행동이 서로 들어맞고 삼업(三業)[538]을 보호하고 아껴야[539] 비로소 부처가 될 수 있다.'고 한다.

이와 같이 말하는 자는 봄날의 가랑비만큼이나 많다.

옛사람은 말하기를, '길에서 도에 통달한 사람을 만나거든, 무

---

535) 흠소(欠少) : 모자라다. 부족하다. 결핍하다.

536) 소아사(小阿師) : 작은 스님. 어린 스님. 아(阿)는 어조사. 약간 경멸하는 뜻이 있음.

537) 설사(說事) : 그럴싸하게 꾸며 말하다. 허황한 말을 하다. 사실과 맞지 않는 말을 하다.

538) 삼업(三業) : 신업(身業) · 구업(口業) · 의업(意業)의 세 가지 업(業).

539) 호석(護惜) : 보호하고 아낌.

엇보다도 도를 말하지[540] 마라.'[541] 고 하였다.

그러므로 말한다.

'만약 사람이 도를 닦으면 도는 행해지지 않고

만 가지 삿된 경계가 다투어 나타난다.

지혜의 칼을 빼면 한 물건도 없으니,

밝음이 나타나지 않았는데도 어둠이 밝아진다.'[542]

그러므로 옛사람은 '평소의 마음이 바로 도이다.'[543]라고 말했던

---

540) 향(向) : 편들다. 향하다.

541) 사공산(司空山) 본정선사(本淨禪師; 667~671)의 말로서, 『조당집(祖堂集)』권3
에 법공선사(法空禪師)와의 대화 뒤에 실려 있는 본정선사의 배도축교게(背道
逐敎偈)에 나오는 구절이다. 배도축교게는 다음과 같다. "도의 본바탕에는 본
래 닦을 것이 없으니, 닦지 않으면 저절로 도에 합한다. 만약 도를 닦는 마음
을 일으킨다면, 이 사람은 아직 도를 알지 못하는 사람이니, 하나의 참된 본성
을 내버리고, 도리어 시끄러움 속으로 들어간다. 문득 도를 닦는 사람을 만난다
면, 무엇보다도 도를 향하지 마라."(道體本無修, 不修自合道. 若起修道心, 此人
未會道, 弃却一眞性, 却入鬧浩浩. 忽逢修道人, 第一莫向道.) 마지막 구절 "문득
도를 닦는 사람을 만난다면, 무엇보다도 도를 향하지 마라."(忽逢修道人, 第一
莫向道.)는 뒷날 인용될 때에는 "길에서 도에 통달한 사람을 만나거든, 말과 침
묵을 가지고 응대하지 마라."(路逢達道人, 莫將語黙對.)로 변형되어 나타난다.
여기 『임제어록』에서는 "길에서 도에 통달한 사람을 만나거든, 무엇보다도 도를
향하지 마라."(路逢達道人, 第一莫向道.)는 문장으로 인용되어 있다.

542) 누구의 게송인지, 임제 자신의 게송인지 알 수 없다.

543) 마조도일(馬祖道一)도 이 말을 하였고(『전등록』제28권, 『마조어록』), 마조의 제자
인 남전보원(南泉普願)도 조주(趙州)에게 같은 말을 하고 있다(『전등록』제10권).

법어(法語) **181**

것이다.

道流! 諸方說: '有道可修, 有法可證.' 汝說證何法修何道? 汝令用處, 欠少什麼物, 修補何處? 後生小阿師不會, 便卽信者般野狐精魅, 許他說事繫縛他人, 言道: '理行相應, 護惜三業, 始得成佛.' 如此說者, 如春細雨. 古人云: '路逢達道人, 第一莫向道.' 所以言: '若人修道道不行, 萬般邪境競頭生. 智劍出來無一物, 明頭未顯暗頭明.' 所以古人云: '平常心是道.'

24. 눈앞의 도인

스님들이여!

무엇을 찾는가?

지금 눈앞에서 법을 듣고 있는 의지함 없는 도인(道人)은 또렷이 분명하여 모자랐던 적이 없다.

그대들이 조사나 부처와 다름이 없고자 한다면, 다만 이와 같이 볼 뿐, 잘못되지나 않을까 의심하지는 마라.[544]

그대들의 마음과 마음이 다르지 않음을 일러 살아 있는 조사의 마음이라 한다.

마음이 만약 다르다면 본성과 모습이 따로 있겠지만, 마음이 다르지 않기 때문에 본성과 모습은 다르지 않다.”

大德! 覓什麼物? 現今目前聽法無依道人, 歷歷地分別,[545] 未曾欠少. 汝若欲得與祖佛不別, 但如是見, 不用疑誤. 汝心心不異, 名之活祖心. 若有異, 則性相別, 心不異故, 卽性與相不別.”

---

544) 불용(不用) : ①−할 필요 없다. ②−하지 마라.

545) 사가어록본 『임제어록』에서는 ‘別’이 ‘明’으로 되어 있다. 명(明)으로 할 때 뜻이 더 잘 통한다.

25. 구하면 모두 고통

물었다.

"어떤 것이 마음과 마음이 다르지 않은 곳입니까?"

임제가 말했다.

"그대가 물으려 하면 벌써 달라져 버려서, 자성과 모습이 각각 나누어진다.

스님들이여! 착각하지 마라.

세간이나 출세간의 모든 법은 전부 자성(自性)이 없고, 생겨나는 본성도 없고, 다만 헛된 이름이 있을 뿐이다.

이름 또한 헛된 것인데, 그대들은 저 부질없는 이름을 이렇게 진실하다고 여기니, 크게 착각하는 것이다.

설사 무언가가 있다고 하여도, 모두가 의지하여 변하는 경계이다.

보리(菩提)라는 의지하여 변하는 경계가 있고, 열반(涅槃)이라는 의지하여 변하는 경계가 있고, 해탈(解脫)이라는 의지하여 변하는 경계가 있고, 삼신(三身)이라는 의지하여 변하는 경계가 있고, 경지(境智)[546]라는 의지하여 변하는 경계가 있고, 보살(菩薩)이라는 의지하여 변하는 경계가 있고, 부처라는 의지하여 변하는 경계가 있다.

---

546) 경지(境智) : 경(境)은 인식의 대상, 지(智)는 인식의 대상을 비추어 보는 지혜.

그대들은 의지하여 변하는 국토 속에서 무엇을 찾느냐?

나아가 삼승십이분교(三乘十二分教)[547]는 모두 닦아도 깨끗해지지 않는 낡은 종이요, 부처는 허깨비[548]이며, 조사는 늙은 비구(比丘)이다.

그대들은 어머니가 낳은[549] 사람이 아니냐?

그대들이 만약 부처를 구한다면 부처라는 마귀에게 사로잡히고, 조사를 구한다면 조사에게 결박된다.

그대들이 구하면 모두가 고통이니, 일 없이 쉬는 것만 못하다.

問: "如何是心心不異處?" 師云: "汝擬問, 早異了也, 性相各分. 道流! 莫錯. 世出世諸法, 皆無自性, 亦無生性, 但有空名, 名字亦空. 汝秪麼認他閑名爲實, 大錯了也. 設有, 皆是依變之境. 有箇菩提依, 涅槃依, 解脫依, 三身依, 境智依, 菩薩依, 佛依. 汝向依變國土中覓什麼物? 乃至三乘十二分教, 皆是拭不淨故紙, 佛是幻化身, 祖是老比丘. 汝還是娘生否? 汝若求佛, 卽被佛魔攝, 汝若求祖, 卽被祖縛. 汝若有求皆苦, 不如無事休歇去.

---

547) 삼승십이분교(三乘十二分教): 삼승(三乘)은 세 가지 탈것[乘]을 뜻하는데, 탈것이란 중생을 깨달음으로 이끄는 가르침을 비유한 말이다. 성문승(聲聞乘)·연각승(緣覺乘)·보살승(菩薩乘) 세 가지가 그것인데, 부처는 중생의 근기에 따라 이 세 가지 가르침을 말씀하셨다. 십이분교(十二分教)는 경·율·론 삼장이 확립되기 전에, 경전의 내용과 형식에 따라 열두 갈래로 정리한 것을 말한다. 3승12분교는 소승·대승불교의 모든 경론에 담긴 교학(教學)을 의미한다.

548) 환화신(幻化身): 허깨비로 나타난 몸. 허깨비. 환화(幻化)란 실체가 없는 허깨비가 나타나 보이는 것.

549) 낭생(娘生): 어머니가 낳은. 어머니가 만든. =양생(孃生).

26. 부처가 어디에 있는가

어떤 부류의 까까머리 중[550]은 배우는 사람들에게 말하기를, '부처는 구경(究竟)의 경지(境地)이니, 무한한 세월 동안 수행한 공덕이 가득해야 비로소 도(道)를 이룬다.'고 한다.

스님들이여!

그대들이 만약 '부처는 구경의 경지다.'라고 말한다면, 무슨 까닭에 부처는 80년 뒤에 쿠시나가라 성의 사라쌍수 사이에서 옆으로 누워 죽었겠는가?

부처가 지금 어디에 있는가?

부처는 나의 삶과 죽음과 다르지 않음을 분명히 알아야 한다.

그대들은 말하기를, '32상(相) 80종호(種好)[551]가 부처이다.'라고 하지만, 그렇다면 전륜성왕(轉輪聖王)[552]도 마땅히 여래(如來)여야 할 것이다.

---

550) 독비구(禿比丘) : 대머리 비구. 독노(禿奴), 독자(禿子), 독루생(禿屢生)과 같은 뜻으로서 머리만 깎았을 뿐 법을 보는 안목은 없는 어리석은 승려를 가리키는 말.

551) 32상(相) 80종호(種好) : 위대한 인물이 갖는 신체적 특징. 고대 인도에서는 이와 같은 모습을 가진 사람이 출가하면 무상(無上)의 각자(覺者)가 되며, 세간에 있으면 세상을 정복하는 성왕(聖王)이 된다는 믿음이 있었다.

552) 전륜성왕(轉輪聖王) : Cakravrtirāja의 한역(漢譯)으로서 고대 인도의 이상적인 제왕(帝王). 이 왕이 즉위하면 하늘에서 보륜(寶輪)이 내려와 이 바퀴를 굴려 전 세계를 평화롭게 다스린다고 한다. 전륜성왕도 32상 80종호의 모습을 갖추고 있다고 한다.

32상 80종호란 환상일 뿐임을 분명히 알아라.[553]

옛사람이 말했다.

'여래가 말하는 몸의 모습은, 세간의 분별심(分別心)에 따르기 위한 것이다. 사람들이 단견(斷見)[554]을 낼까 염려하여 방편[555]으로 헛된 이름을 세우니, 가령 32상이니 80종호니 하고 말하더라도 모두가 헛된 소리일 뿐이다. 몸이 있으면 깨달음의 본바탕이 아니고, 모습 없는 것이 곧 참된 모습이다.'[556]

有一般禿比丘, 向學人道: '佛是究竟, 於三大阿僧祇劫, 修行果滿, 方始成道.' 道流! 汝若道: '佛是究竟.' 緣什麼八十年後向拘尸羅城雙林樹間側臥死去? 佛今何在? 明知與我生死不別. 汝言: '三十二相八十種好是佛.' 轉輪聖王應是如來. 明知是幻化. 古人云: '如來舉身相, 爲順世間情, 恐人生斷見, 權且立虛名, 假言三十二, 八十也空聲. 有身非覺體, 無相乃眞形.'

---

553) 32상 80종호로서는 여래를 볼 수 없다는 말이 『금강경(金剛經)』「법신비상분(法身非相分)」에 있다.

554) 단견(斷見) : 만법은 무상(無常)하게 생멸변화하고 사람도 죽으면 몸과 마음이 모두 없어져 버린다고 주장하는 견해(見解). 만법의 실상은 영원히 변치 않아서 이 몸도 죽었다가는 다시 태어나서 끝없이 지속된다고 주장하는 상견(常見)과 더불어 단상이견(斷常二見) 혹은 단상사견(斷常邪見)이라고 한다.

555) 권(權) : 방편. 진실(眞實)에 대응하는 말이다.

556) 이 구절은 돈황본(敦煌本) 『양조부대사송금강경(梁朝傅大士頌金剛經)』에서 "여래소설신상즉비신상(如來所說身相卽非身相)"을 해설하는 곳에 있다.

27. 부처의 신통

그대들은 '부처는 육신통(六神通)⁵⁵⁷⁾을 갖추고 있어서 불가사의 하다.'라고 말한다.

그렇다면 모든 천신(天神) · 신선(神仙) · 아수라(阿修羅) · 대력귀 (大力鬼)도 역시 신통을 부리니 마땅히 부처여야 하지 않겠느냐?

스님들이여! 착각하지 마라.

예컨대 아수라는 제석천(帝釋天)과 싸워서 패하면 8만 4천의 권 속을 거느리고 연뿌리의 실구멍 속으로 들어가 숨는다고 하는데, 이것이 성스러운 것인가?

내가 여기서 언급한 것들은 모두 업 짓는 신통이요, 의지하여 생긴 신통이다.

---

557) 육신통(六神通) : 줄여서 육통(六通)이라고도 한다. 신(神)은 불가사의, 통(通)은 무애(無碍)를 뜻하므로, 신묘하고도 거칠 것이 없는 신통력을 발휘하는 지혜를 말한다. 이것은 『구사론(俱舍論)』 권27 등에 나오는데, 즉 ①어떤 장소에나 임 의로 갈 수 있는 능력인 신족통(神足通) 또는 여의통(如意通), ②무엇이든 꿰뚫 어 볼 수 있는 천안통(天眼通), ③모든 소리를 분별해 들을 수 있는 천이통(天 耳通), ④타인의 마음속을 들여다볼 수 있는 타심통(他心通), ⑤전생(前生)에 생존했던 상태를 알 수 있는 숙명통(宿命通), ⑥모든 번뇌를 소멸하고 이 세상 에 다시 태어나지 않는다는 것을 깨닫는 누진통(漏盡通)을 가리킨다. 제①통에 서 제⑤통까지는 유루정(有漏定)을 닦는 외도(外道)나 신선(神仙), 천인(天人), 귀신(鬼神)들도 얻을 수가 있고 약을 쓰든지 주문을 외워도 될 수 있다고 한다. 그러나 누진통(漏盡通)은 아라한이나 불보살만이 얻을 수 있다고 한다.

무릇 부처의 육신통이란 그렇지가 않다.

색깔 세계에 들어가서는 색깔에 속지 않고, 소리 세계에 들어가서는 소리에 속지 않고, 냄새 세계에 들어가서는 냄새에 속지 않고, 맛의 세계에 들어가서는 맛에 속지 않고, 감촉의 세계에 들어가서는 감촉에 속지 않고, 법의 세계에 들어가서는 법에 속지 않는다.

그러므로 색(色)·성(聲)·향(香)·미(味)·촉(觸)·법(法)의 여섯 가지 경계가 모두 헛된 모습임을 밝게 알고 있으니, 이런 경계에 구속될 수 없다.

이 의지함 없는 도인은 비록 오온(五蘊)⁵⁵⁸⁾이라는 번뇌의 몸뚱이⁵⁵⁹⁾이지만, 곧⁵⁶⁰⁾ 땅에서 걷는 신통을 행한다.

---

558) 오온(五蘊) : 오음(五陰), 오중(五衆)이라고도 한다. 색(色)·수(受)·상(想)·행(行)·식(識), 이 다섯 가지가 쌓인 것으로, 객관세계, 즉 물질·정신의 세계 전체를 가리킨다. ① 색온(色蘊)은 유정(有情)의 육체, 물질계를 가리키며, 지수화풍(地水火風)의 요소 및 그 합성에서 이루어진 것을 가리킨다. ② 수온(受蘊)은 육체적(또는 감각적)·정신적(또는 지각적) 고락(苦樂) 등의 감수(感受)작용을 가리킨다. ③ 상온(想蘊)은 심상(心像)을 취하는 것, 또는 심상 그 자체를 가리킨다. ④ 행온(行蘊)은 좁게는 생각 또는 의지를 가리키고, 넓게는 수(受)·상(想)·식(識)을 제외한 모든 정신작용 및 물질정신을 움직이는 힘으로서의 심불상응법(心不相應法)을 포함하는 것이다. ⑤ 식온(識蘊)은 마음의 주체로서의 안식(眼識) 또는 의식(意識)의 육식(六識)을 가리킨다.

559) 누질(漏質) : 유루(有漏)의 몸뚱이. 루(漏)는 육근(六根)을 통하여 새어 나간다는 뜻이니, 육경(六境)의 경계에 속아서 경계를 따라다니며 자신의 본래면목을 잃어버리는 번뇌(煩惱)를 가리킴. 질(質)은 물질(物質)과 같은 몸뚱이를 가리킴.

560) 변시(便是) : 바로 ―이다.

汝道:'佛有六通, 是不可思議.' 一切諸天 · 神仙 · 阿修羅 · 大力鬼, 亦有神通, 應是佛否? 道流! 莫錯. 秪如阿修羅與天帝釋戰, 戰敗, 領八萬四千眷屬入藕絲孔中藏, 莫是聖否? 如山僧所擧, 皆是業通依通. 夫如佛六通者, 不然. 入色界不被色惑, 入聲界不被聲惑, 入香界不被香惑, 入味界不被味惑, 入觸界不被觸惑, 入法界不被法惑. 所以達六種色聲香味觸法皆是空相, 不能繫縛. 此無依道人, 雖是五蘊漏質, 便是地行神通.

28. 부처는 모양이 없다

스님들이여!

참 부처는 형태가 없고, 참 법은 모습이 없는데, 그대들은 이와 같은 허깨비 위에서[561] 모양을 짓고 있구나.

설사 구하여 얻는다고 하더라도 모두가 여우귀신이며, 참 부처는 절대로[562] 아니고 외도(外道)의 견해이다.

무릇 참으로 도를 배우는 사람이라면, 절대로 부처도 취하지 말고, 보살·나한도 취하지 말고, 삼계(三界)의 뛰어난 것도 취하지 말고, 멀리 홀로 벗어나 사물에[563] 얽매이지 않아야 한다.

하늘과 땅이 뒤집어져도 나는 전혀 의심하지 않고, 온 우주의 모든 부처가 눈앞에 나타나도 한순간도 마음에 기쁨이 없으며, 삼악도(三惡道)[564]의 지옥이 문득 나타나도 한순간도 마음에 두려움이 없다.

어찌하여 이와 같은가?

나는 모든 법이 헛된 모습이어서 변화하면 있고 변화하지 않으

---

561) 상두(上頭) : ①높은 곳. ②안쪽. ③시작. 처음. ④위쪽.

562) 병(並) : (부정(否定)하는 말 앞에서 부정을 강조하는 부사) 절대로. 결코.

563) 여(與) : =피(被).

564) 삼도(三塗) : 화도(火塗; 지옥)·혈도(血塗; 축생)·도도(刀塗; 아귀)의 삼악도 (三惡道).

면 없음을 알기 때문이다.

삼계(三界)는 오직 마음이며, 만법(萬法)은 다만 식(識)일 뿐이다.[565]

그러니 헛된 꿈인 허공의 꽃[566]을 무엇 때문에 붙잡으려 애를 쓰는가?[567]

道流! 眞佛無形, 眞法無相, 汝秖麼幻化上頭, 作模作樣. 設求得者, 皆是野狐精魅, 並不是眞佛, 是外道見解. 夫如眞學道人, 並不取佛, 不取菩薩羅漢, 不取三界殊勝, 迴然獨脫, 不與物拘. 乾坤倒覆, 我更不疑, 十方諸佛現前, 無一念心喜, 三塗地獄頓現, 無一念心怖. 緣何如此? 我見諸法空相, 變卽有, 不變卽無. 三界唯心, 萬法唯識. 所以夢幻空花, 何勞把捉?

---

565) 三界唯心, 萬法唯識 : 『성유식론(成唯識論)』 권7에 나오는 구절.

566) 공화(空花) : 허공화(虛空華)의 준말로서 허화(虛華), 안중화(眼中華), 안리화(眼裏花)라고도 함. 허공 속의 꽃이라고 하여 허공꽃이라고도 한다. 백내장 같은 눈병이 났을 경우에 눈앞의 허공에 하얀 꽃 모양이 보이는데, 이것을 공화라고 한다. 이것은 분별하여 있다고 여기는 경계를 가리키는 말이다. 허공 속에는 본래 헛꽃이 없고 우리 눈이 병들어 헛꽃이 나타나듯이, 분별망상도 본래 세계에 있는 것이 아니라 우리의 마음에서 헛되이 분별한 것이다. 이것을 유식에서는 변계소집성(遍計所執性)이라고 한다. 깨달음이란 이런 헛된 망상의 실상을 보아서 망상에서 벗어나는 것이다. =헛꽃.

567) 夢幻空花, 何勞把捉 : 『신심명(信心銘)』의 구절.

29. 눈앞의 듣는 사람

오직 여러분 눈앞에 지금 법을 듣는 사람이 있을 뿐이다.

이 사람은 불 속에 들어가도 타지 않고, 물 속에 들어가도 빠지지 않으며,[568] 삼악도(三惡道)[569]의 지옥에 들어가도 마치 동산에서 거닐며 구경하듯이 하며, 아귀와 축생에 들어가도 과보를 받지 않는다.

왜 그러한가?

싫어하는 것이 없기 때문이다.

'그대들이 만약 성인을 좋아하고 범부를 싫어한다면,

삶과 죽음의 바다에서 떴다 가라앉았다 할 것이다.

번뇌는 마음 때문에 있는 것이니,

마음이 없으면 번뇌가 어떻게 구속하겠는가?

애써 분별하여 모습을 취하지 않는다면,

잠깐 사이에 저절로 도를 얻을 것이다.'[570]

---

568) 入火不燒, 入水不溺: 『장자(莊子)』「대종사(大宗師)」에 나오는 구절.

569) 삼도(三塗): 화도(火塗; 지옥) · 혈도(血塗; 축생) · 도도(刀塗; 아귀)의 삼악도(三惡道).

570) 『양보지화상대승찬(梁寶誌和尙大乘讚)』에 나오는 구절. 단, 맨 앞의 '你若愛聖憎凡'은 『대승찬』에선 '更若愛聖憎凡'이라고 되어 있다.

그대들이 차례차례 힘들게 배워서 얻으려 한다면, 아무리 오랜 세월[571]이 지나더라도 마침내 삶과 죽음으로 돌아갈 것이니, 아무 일 없이 총림(叢林)[572] 침상(寢牀)의 한쪽 구석[573]에서 두 다리 꼬고 앉아[574] 있는 것보다 못하다.

唯有道流目前現今聽法底人. 入火不燒, 入水不溺, 入三塗地獄如遊園觀, 入餓鬼畜生而不受報. 緣何如此? 無嫌底法. '汝若愛聖憎凡, 生死海裏浮沉. 煩惱由心故有, 無心煩惱何拘? 不勞分別取相, 自然得道須臾.' 汝擬傍家波波地學得, 於三祇劫中終歸生死, 不如無事向叢林中床角頭交脚坐.

---

571) 삼기겁(三祇劫) : =삼아승기겁(三阿僧祇劫). 보살이 불위(佛位)에 이르기까지 수행하는 햇수(年數).

572) 총림(叢林) : 선승(禪僧)들이 모여 공부하는 절. 범어 Vindhyavana를 중국에서 빈다바나(貧陀婆那)로 음역(音譯)하고, 총림(叢林) 혹은 단림(檀林)이라고 의역(意譯)한 것이다. 선종(禪宗)의 본격적인 총림은 백장(百丈; 749-814)에 의하여 개척되었으며, 그의 사후(死後) 중국 각지에 선승들의 정주수도원(定住修道院)이 활발하게 설립되었다. 『백장청규(百丈淸規)』는 선종의 총림규범(叢林規範)이다.

573) 상각두(床角頭) : 평상(平床)의 한쪽 구석. 침상(寢牀)의 한쪽 구석.

574) 교각좌(交脚坐) : 두 다리를 엇걸고 앉다. 두 다리를 꼬고 앉다. 가부좌(跏趺坐)하다.

30. 선문답의 유형 1

임제의 사빈주(四賓主) 1

스님들이여!

예컨대[575] 여러 곳에서 학인(學人)이 찾아와 주인과 손님이 서로 인사를 나누고 나면, 곧 앞에 있는[576] 이를 분간해 보려는 한마디 말[577]을 하게 된다.

학인은 그럴듯한 방편의 말[578]을 한마디 끄집어내어 그대들 선지식의 입가[579]에다 내던지고는, 그대들이 아는지 모르는지 살핀다.

그대들 선지식이 만약 이 경계를 알아차리고 집어서 곧장 구덩이 속으로 던져 버리면, 학인은 곧 평상시의 자세로 돌아간다.[580]

그런 뒤에 학인은 곧 선지식에게 한 말씀 해달라고 요구하지만, 아까와 마찬가지로[581] 기회를 잃어버린다.[582]

---

575) 여(如) : ①예를 들면. ②가령. 만약.

576) 전두(前頭) : ①앞쪽. 면전. ②이전. ③금후(今後).

577) 일구자어(一句子語) : 한마디 말.

578) 기권어로(機權語路) : 기회에 알맞게 사용하는 방편으로서의 말.

579) 구각두(口角頭) : 입 언저리. 입가.

580) 심상(尋常) : ①평상(平常). 일상(日常). ②보통이다. 평범하다. ③항상. 언제나.

581) 의전(依前) : 이전 그대로. 여전히.

582) 탈(奪) ①빼앗다. ②잃다. ③기회를 놓치다.

이에 학인은 말한다.

'매우 지혜로우십니다.'[583]

이에 대선지식은 곧 말한다.

'그대는 좋고 나쁨을 전혀 알지 못하는구나.'[584]

예컨대 선지식이 한 개 경계의 흙덩이를 끄집어내어 학인의 앞에서 놀린다고 하자. 학인이 알아차리고서 주인이 되어 경계의 속임수를 받지 않는다면, 선지식이 곧 몸을 반쯤 드러내자마자 학인은 바로 '악!' 하고 고함을 친다.

선지식이 다시 온갖 차별되는 말의 길 속으로 들어가 이리저리 뒤흔들면, 학인은 말한다.

'좋고 나쁨도 알지 못하는 늙은 까까머리 비구로다.'

이에 선지식은 찬탄하며 말한다.

'참으로 올바른 도인(道人)이로다.'[585]

예컨대 여러 곳에 있는 선지식들이 옳고 그름을 분간하지 못한다면, 학인들이 찾아와 보리(菩提) · 열반(涅槃) · 삼신(三身) 등의 경계와 지혜를 물을 경우에 눈먼 늙은 스님은 곧 그에게 설명해

---

583) 상지(上智) : ①성인(聖人). ②매우 지혜롭다.
584) 이 경우를 일러 주인이 손님을 간파(看破)한다고 하여 주간객(主看客)이라 한다.
585) 이런 경우를 일러 안목 있는 두 사람이 주인이 되어 서로를 알아본다고 하여 주간주(主看主)라고 한다.

준다.

그러다가 학인에게 욕을 얻어먹으면 곧 주장자를 쥐고 그를 때리면서 예의가 없다고 하지만, 당연히[586] 그대들 선지식에게 안목이 없기 때문이니 그대들은 그 학인에게 화를 내어서는 안 된다.[587]

어떤 부류의 좋고 나쁨을 알지 못하는 까까머리 중은 곧 쓸데없이 상관없는 말만 하며,[588] 맑은 날을 좋아하기도 하고 흐린 날을 좋아하기도 하며,[589] 등롱(燈籠)[590]과 노주(露柱)[591]를 좋아한다.

그대들은 눈썹이 몇 개나 있는지 보아라.[592]

이러한 일은 일어나는 내력이 있는데도, 학인이 알지 못한다면

---

586) 자시(自是) : ①자연히. 원래. 당연히. ②다만. 오직.

587) 이런 경우를 일러 안목 없는 주인이 안목 있는 손님에게 간파당한다고 하여 객간주(客看主)라 한다.

588) 지동획서(指東畫西) : 동쪽을 가리키며 서쪽에 선을 그리다. 함께 일을 논의할 때 주제를 회피하여 그 언저리에 대해서만 이러쿵저러쿵 호도(糊塗)하는 일. 무관한 이야기만 하고 본 주제에 관해서는 언급하지 않는 것.=지동설서(指東說西).

589) 호청호우(好晴好雨) : 맑은 날을 좋아하기도 하고 흐린 날을 좋아하기도 한다. 눈앞에 나타나는 경계를 따라다닌다. 법을 보는 안목이 없이 앞에 나타나는 경계만을 좇아간다는 말.

590) 등롱(燈籠) : 등명(燈明)을 밝히는 데 쓰는 초롱으로 재료와 모양에 따라 여러 종류가 있다. 노주(露柱)와 함께 무정물(無情物)을 가리키는 말로 흔히 사용된다.

591) 노주(露柱) : 법당이나 불전(佛殿)의 노출된 둥근 기둥을 가리킨다. 기와나 담벼락, 등롱(燈籠) 등과 함께 무정(無情) 또는 비정(非情)한 것을 가리키는 말이다.

592) 옛날 중국에서는 헛된 말이나 거짓말을 하면 눈썹이 빠진다는 속설이 있었다.

곧 마음이 미쳐 날뛰게 된다.[593]

이와 같은 부류는 모두 여우귀신이요 도깨비[594]이니, 저 훌륭한 학인은 이들을 보고서 깔깔[595] 비웃으며 말할 것이다.

'눈먼 늙은 까까머리 비구가 천하 사람들을 혼란하게 만드는구나.'[596]

道流! 如諸方有學人來, 主客相見了, 便有一句子語辨前頭. 善知識被學人拈出箇機權語路, 向善知識口角頭擪過, 看汝識不識. 汝若識得是境, 把得便抛向坑子裏, 學人便卽尋常. 然後便索善知識語, 依前奪之. 學人云: '上智哉.' 是大善知識, 卽云: '汝大不識好惡.' 如善知識把出箇境塊子, 向學人面前弄, 前人辨得下作主, 不受境惑, 善知識便卽現半身, 學人便喝. 善知識又入一切差別語路中擺撲, 學人云: '不識好惡老禿丘.' 善知識歎曰: '眞正道流.' 如諸方善知識不辨邪正, 學人來問菩提涅槃三身境智, 瞎老師便與他解說. 被他學人罵着, 便把棒打他, 言無禮度, 自是汝善知識無眼, 不得瞋他. 有一般不識好惡禿奴, 卽指東劃西, 好晴好雨, 好燈籠露柱. 汝看眉毛有幾莖. 者箇具機緣, 學人不會, 便卽心狂. 如是之流, 總是野狐精魅魍魎, 被他好學人嗑嗑微笑言: '瞎老禿丘惑亂他天下人.'

---

593) 이런 경우를 일러 안목 없는 두 사람이 모두 주인이 되지 못하고 문밖에서 서로 엉터리 짓거리만 하고 있다고 하여 객간객(客看客)이라고 한다.

594) 망량(魍魎) : 도깨비.

595) 익익(嗑嗑) : 깔깔거리며 천박하게 웃는 소리. =악악(嗑嗑).

596) 혹란(惑亂) : 혼란하게 만들다. 현혹(眩惑)시키다.

31. 몸소 찾아서 깨달아라

스님들이여!

출가한 이라면 우선 도를 배워야 한다.

예컨대 나는 옛날에 수십 년 동안 계율(戒律)에 마음을 두기도 하였고 또 경전과 논서(論書)를 찾기도[597] 하였으나, 뒤에 비로소 이것들이 세상을 구제하는 약처방[598]이며 드러내 보인 말[599]일 뿐임을 알고 나서야 이윽고 일시에 이것들을 내버리고 곧장 도(道)를 묻고 선(禪)을 찾았다.

그 뒤 큰 선지식을 만나 보고 나서야 비로소 도를 보는 안목이 밝아져서, 비로소 천하의 노스님들을 알아보게 되었다.

삿됨과 바름을 아는 것은 어머니에게서 태어나면서 곧바로 아는 것이 아니라, 몸소 찾아보고 갈고 닦아서 일시에[600] 스스로 깨닫는 것이다.

---

597) 심토(尋討) : 찾다. 구하다.
598) 원문은 '제세약(濟世藥)'인데, 이는 세간의 고통을 잊게 하는 일시적인 약 또는 방편을 뜻한다.
599) 표현지설(表顯之說) : 겉으로 드러낸 말. 말할 수 없는 법을 방편으로 말하여 드러낸 말. 방편설(方便說).
600) 일조(一朝) : 하루 아침. 일시. 아주 짧은 시간 동안.

道流! 出家兒且要學道. 秪如山僧, 往日曾向毗尼中, 留心數十年, 亦曾於經論尋討, 後方知是濟世藥方, 表顯之說, 遂乃一時拋卻, 卽訪道參禪. 後遇大善知識, 方乃道眼分明, 始識天下老和尚. 知其邪正, 不是娘生下便會, 還是體究鍊磨, 一朝自省.

32. 모조리 물리쳐라

스님들이여!

그대들이 법다운 견해를 얻고자 한다면, 다만 다른 사람에게 속지 말고 안에서나 밖에서나 만나기만 하면 즉시 죽여라.

부처를 만나면 부처를 죽이고, 조사를 만나면 조사를 죽이고, 나한을 만나면 나한을 죽이고, 부모를 만나면 부모를 죽이고, 친척권속을 만나면 친척권속을 죽여야, 비로소 해탈을 얻어 사물에 얽매이지 않고 벗어나[601] 자재(自在)할 것이다.

예컨대 곳곳에서 도를 배우는 자들 중에 사물에 의지하지 않고 나타난 자는 아직 없었다.

나는 여기에서[602] 모조리[603] 물리쳐 버린다.

손 위에서 나타나면 손 위에서 물리치고, 입 속에서 나타나면 입 속에서 물리치고, 눈 속에서 나타나면 눈 속에서 물리친다.

홀로 벗어나 나타난 자는 아직 한 사람도 보지 못했으니, 모두가 저 옛사람들의 부질없는 이야기와 경지(境地)[604]를 숭상할 뿐이

---

601) 투탈(透脫) : 돌파하여 벗어남. 뚫고 지나가다. 깨달음을 가로막는 장애를 뚫고 벗어나 깨달음에 이른다는 말. =투득(透得), 투과(透過), 투출(透出), 투취(透取).

602) 차간(此間) : 여기. 이곳. 이 근처.

603) 종두(從頭) : 하나하나. 모조리. 빠짐없이.

604) 기경(機境) : 기연(機緣)과 경지(境地). 기연은 깨달음이 일어난 앞뒤의 이야기

로구나.

道流! 汝欲得如法見解, 但莫受人惑, 向裏向外, 逢着便殺. 逢佛殺佛,
逢祖殺祖, 逢羅漢殺羅漢, 逢父母殺父母, 逢親眷殺親眷, 始得解脫, 不與
物拘, 透脫自在. 如諸方學道流, 未有不依物出來底. 山僧向此間, 從頭打.
手上出來手上打, 口裏出來口裏打, 眼裏出來眼裏打. 未見有一箇獨脫出來
底, 皆是上他古人閑機境.

나 가르침과 배움의 이야기를 가리키고, 경지(境地)는 법을 보는 안목(眼目)을
가리킴.

33. 한 법도 없다

나에게는 남에게 줄 하나의 법(法)도 없다.

나의 모든 말은 다만 병을 치료하고 묶인 것을 풀어주기 위한 것일 뿐이다.

그대들 곳곳의 스님들이여!

시험 삼아 그 무엇에도 의지하지 않고 나타나 보라.

내 그대들과 더불어 따져 보려고[605] 한다.

5년 10년이 지나도 한 사람도 없고, 모두가 풀잎과 나뭇잎에 붙어 사는 나무도깨비요 여우귀신들이로구나.

온갖 똥 덩어리를 어지러이 씹어 먹는 눈먼 놈들이 방방곡곡에서 신도들의 보시를 헛되이 소비하면서도, '나는 출가한 사람이다.'라고 말하며 이러한 견해를 짓고 있구나.

내 그대들에게 말하노니, 부처도 없고 법도 없고 수행도 없고 깨달음도 없다.

그런데도 이와 같이 이곳저곳 돌아다니며 무엇을 구하려 하느냐?

눈먼 놈들아!

---

605) 상량(商量) : 시장에서 물건을 사고팔 때에 저울로 달아 그 값을 따져 헤아리는 것을 말한다. 따지다. 상의하다. 의논하다. 상담하다. 이해하다. 값을 흥정하다. 값을 따지다. 값을 매기다. 헤아리다.

머리 위에 또 머리를 놓으려 하는데,[606] 너희들에게 무엇이 부족하냐?

山僧無一法與人. 秖是治病解縛. 汝諸方道流! 試不依物出來. 我要共汝商量. 十年五載, 並無一人, 皆是依草附葉竹木精靈野狐[607]精魅. 向一切糞塊上亂咬瞎漢, 枉消他十方信施, 道: '我是出家兒.' 作如是見解. 向汝道, 無佛無法無修無證. 秖與麼傍家擬求什麼物? 瞎漢! 頭上安頭, 是汝欠少箇什麼?

---

606) 두상안두(頭上安頭) : 머리 위에 다시 머리를 얹다. 중첩시키다. 불필요한 짓을 하다.

607) '孤'는 '狐'가 맞다. 다른 판본에는 '狐'로 되어 있다.

34. 일 없이 쉬어라

스님들이여!

그대들이 눈앞에서 쓰는 것은 조사나 부처와 다르지 않음에도, 이와 같이 믿지 않고 다시 밖에서 구하는구나.

착각하지 마라!

밖에는 법이 없고, 안에서도 법은 얻을 수 없다.

그대들은 나의 입에서 나오는 말을 취하기보다는 일 없이 쉬는 것이 좋다.

이미 일어난 것은 이어 가지 말고, 아직 일어나지 않은 것은 일어나도록 할[608] 필요가 없으면, 곧 그대들이 10년 동안 공부하러 돌아다니는 것을 능가할 것이다.

내가 보기에는 여러 가지 것이[609] 없다.

다만 평범하게[610] 옷 입고 밥 먹으며 일 없이 시간을 보낼 뿐이다.

---

608) 방(放) : 시키다.(=사(使), 교(敎))
609) 여허다반(如許多般) : 매우 여러 가지. 꽤 많은 종류. 여허다(如許多)는 '이렇게 많은' '이만큼' '꽤 많은' '상당한 숫자'라는 뜻. 반(般)은 '종류' '방법' '가지'라는 뜻.
610) 평상(平常) : ①평소(平素). 평시(平時). ②평범(平凡).

道流! 是汝目前用底, 與祖佛不別, 秖麼不信, 更向外求. 莫錯! 向外無法, 內亦不可得. 汝取山僧口裏語, 不如歇業無事去. 已起者莫續, 未起者不要放起, 便勝汝十年行脚. 約山僧見處, 無如許多般. 秖是平常着衣喫飯, 無事過時.

35. 구하는 마음을 버려라

그대들 여러 곳에서 찾아오는 자들은 모두 부처를 구하고 법을 구하고 해탈을 구하고 삼계(三界)에서 벗어나기를 구하는 마음을 가지고 있다.

어리석은 사람들아!

그대들은 삼계를 벗어나 어디로 가려 하느냐?

부처와 조사는 칭송하여 붙들어 맨 이름이다.

그대들은 삼계를 알고자 하는가?

삼계는 지금 법을 듣는 그대들의 마음[611]을 벗어나지 않는다.

그대들이 한순간 마음에서 탐내는 것이 욕계(欲界)이고, 그대들이 한순간 마음에서 성내는 것이 색계(色界)이고, 그대들이 한순간 마음에서 어리석은 것이 무색계(無色界)이니, 이 삼계는 그대들의 집안 가구들이다.

삼계가 스스로 '내가 삼계이다.'라고 말하는 것이 아니라, 그대들 눈앞에서 신령스럽게 만물을 밝게 비추고[612] 세계를 헤아리는 사람이 삼계에다 이름을 붙이는 것이다.

---

611) 심지(心地) : =심(心). 마음. 마음을 대지(大地)에 비유하여 말한 것. 대지에서 모든 동식물이 생겨나 자라듯이 모든 것들이 마음에서 벗어나지 않는다는 뜻.
612) 조촉(照燭) : 밝게 빛나다. 밝게 비추다.

汝諸方來者, 皆是有心求佛求法求解脫求出離三界. 癡人! 汝要出什麼處
去三界?[613] 佛祖是賞繫底名句. 汝欲識三界麼? 不離汝令[614]聽法底心地.
汝一念心貪是欲界, 汝一念心嗔是色界, 汝一念心癡是無色界, 是汝屋裏家
具子. 三界不自道我是三界, 還是道流目前靈靈地照燭萬般酌度世界底人
與三界安名.

---

613) '要出什麼處去三界'는 '要出三界什麼處去'라고 해야 어순이 맞다. 다른 판본에
는 '要出三界什麼處去'라고 되어 있다.

614) '令'은 '今'이 맞다. 다른 판본에는 '今'으로 되어 있다.

36. 전부 헛된 모습

스님들이여!

사대(四大)로 이루어진 육체는 무상하며, 지라·위장·간·쓸개·머리칼·털·손톱·이빨에서는 오직 모든 법이 헛된 모습임을 볼 뿐이다.

그대들의 마음이 한순간 쉴 수 있는 곳을 그대들의 보리(菩提)[615]의 나무라고 부르고, 그대들의 마음이 한순간 쉴 수 없는 곳을 무명(無明)[616]의 나무라 부른다.

무명에는 머물 곳이 없고, 무명에는 시작과 끝이 없다.

그대들이 만약 순간순간 마음을 쉴 수 없다면, 곧 저 무명의 나무에 올라 곧장 육도사생(六道四生)[617]에 들어가 털 나고 뿔 달린

---

615) 보리(菩提) : bodhi. 도(道)·지(智)·각(覺)이라 번역. 2개의 뜻이 있다. ①불교 최고의 이상(理想)인 부처님의 정각(正覺)의 지혜. 곧 불과(佛果). ②부처님의 정각의 지혜를 얻기 위하여 닦는 도(道). 곧 불과에 이르는 길.

616) 무명(無明) : 범어 avidya 의 번역이다. 사물의 있는 그대로의 모습을 보지 못하는 불여실지견(不如實智見)을 말한다. 즉 진리에 눈뜨지 못하고 사물에 통달하지 못해서 사물과 현상의 도리를 확실하게 이해할 수 없는 정신상태를 말하며 어리석음(愚癡)을 내용으로 한다. 십이연기(十二緣起)에서는 제1지가 무명이며 윤회의 근본이라 본다.

617) 육도사생(六道四生) : 육도(六道)는 중생이 업인(業因)에 따라 윤회하는 길을 6으로 나눈 것. 지옥도·아귀도·축생도·아수라도·인간도·천상도. 사생(四生)은 중생이 몸을 받아 태어나는 4가지 방식. 난생(卵生)·태생(胎生)·습생

짐승[618]이 될 것이다.

그대들이 만약 쉴 수 있다면, 곧 바로 깨끗한 법신(法身)[619]의 세계이다.

그대들의 한 생각이 나지 않는다면, 곧장 보리의 나무에 올라 삼계(三界)에 신통변화(神通變化)하여 뜻대로 화신(化身)[620]을 나투고, 법의 즐거움과 선의 기쁨[621]을 맛보며, 신광(身光)[622]이 저절로 비출 것이다.

옷을 생각하면 비단옷이 천 겹으로 걸쳐지고, 밥을 생각하면 온갖 맛있는 음식이 모두 갖추어질 것이고, 다시는 뜻하지 않은 병 [623]도 없을 것이다.

(濕生)·화생(化生).

618) 피모대각(披毛戴角) : 몸에 털이 나고 머리에 뿔이 남. 즉, 짐승을 가리킴. 중생의 모습.

619) 청정신(淸淨身) : 청정법신(淸淨法身). 더러움이 없는 깨끗한 법신(法身).

620) 의생화신(意生化身) : 뜻하는 대로 변화하는 몸. 뜻이 생기는 대로 변화하여 나타나는 몸. 의생신(意生身).

621) 법희선열(法喜禪悅) : 법희식(法喜食)과 선열식(禪悅食). 법희식(法喜食)이란 부처님의 가르침에 대해 기뻐하고 즐거워하는 마음을 일으키는 것이니, 불법(佛法)을 듣고 기뻐하는 것이 정신적인 음식물을 섭취하는 것과 같으므로 이를 법희식(法喜食)이라 한다. 선열식(禪悅食)이란 선정(禪定)으로써 심신(心身)을 도우며, 선정의 즐거움을 얻어 몸을 길러 지혜를 북돋우는 것이 마치 사람이 음식을 먹어 신체의 모든 기관을 길러 목숨을 보존함과 같으므로 이렇게 이름.

622) 신광(身光) : 불보살(佛菩薩)의 몸에서 나오는 밝은 빛.

623) 횡병(橫病) : 예기치 않게 일어나는 병. 천수를 누리지 못하고 죽는 병. 여기에서는 번뇌가 되는 망상(妄想)을 가리킴.

깨달음에는 머물 곳이 없다.

이 까닭에 얻는 자도 없다.

大德! 四大色身是無常, 乃至脾胃肝膽, 髮毛爪齒, 唯見諸法空相. 汝一
念心歇得處, 喚汝菩提樹, 汝一念心不能歇得處, 喚作無明樹. 無明無住處,
無明無始終. 汝若念念心歇不得, 便上他無明樹, 便入六道四生, 披毛戴角.
汝若歇得, 便是淸淨身界. 汝一念不生, 便是上菩提樹, 三界神通變化, 意
生化身, 法喜禪悅, 身光自照. 思衣羅綺千重, 思食百味具足, 更無橫病. 菩
提無住處. 是故無得者.

37. 이름 붙이지 마라

스님들이여!

대장부가 다시 무엇을 의심하느냐?

눈앞에서 쓰는 것[624]은 또 누구냐?

붙잡았으면 곧 쓸 뿐, 이름을 붙이지는 마라.

이것을 일러 현묘한 뜻이라 한다.

이와 같이 볼 수 있다면, 싫어할 것이 없다.

옛사람이 말하였다.

'마음은 온갖 경계를 따라 옮겨가는데,

옮겨가는 곳이 참으로 그윽하구나.

흐름을 따라 자성(自性)을 알아차리면,

기쁨도 없고 근심도 없다.'[625]

道流! 大丈夫漢, 更疑箇什麽? 目前用處, 更是阿誰? 把得便用, 莫着名
字. 號爲玄旨. 旨與見得,[626] 勿嫌底法. 古人云: '心隨萬境轉, 轉處實能幽.

---

624) 용처(用處) : 쓰는 곳. 쓸모. 쓰는 것. 활용하는 것. 작용하는 것.

625) 제22조 마나라존자(摩拏羅尊者)의 게송(偈頌)이다. 『보림전(寶林傳)』 이하 각종
　　전등록(傳燈錄)에 나타나 있고, 많이 인용되었던 게송이다.

626) 旨與見得 : 〈사가어록본〉에는 '與麽見得'(이와 같이 볼 수 있으면)으로 되어 있

隨流認得性, 無喜亦無憂.'

---

38. 선문답의 유형 2

임제의 사빈주(四賓主) 2

스님들이여!

만약 선종의 견해라면 죽고 사는 것이 돌고 도니, 배우는[627] 사람은 반드시[628] 조심해야[629] 한다.

예컨대 주인과 손님이 서로 만나면 곧 말을 주고받는데,

어떤 경우에는 사물에 응하여 모습을 드러내기도 하고,

어떤 경우에는 오로지 쓰기만 하며,

어떤 경우에는 알맞은 방편[630]을 가지고 기뻐하거나 성내기도 하고,

어떤 경우에는 몸을 반쯤 드러내기도 하며,

어떤 경우에는 사자를 타기도 하고,[631]

어떤 경우에는 코끼리왕을 타기도 한다.[632]

---

627) 참학(參學) : 문하(門下)에 참여하여 배우다.

628) 대수(大須) : 반드시. 꼭. 필히. (간곡히 당부하는 말.)

629) 자세(仔細) : ①자세(子細). 상세하다. ②진실을 알다. ③삼가다. 조심하다. ④또렷하다. 분명하다.

630) 기권(機權) : 기회에 알맞게 사용하는 방편.

631) 사자를 타는 것은 문수보살로서 지혜의 용맹함을 나타낸다.

632) 코끼리를 타는 것은 보현보살로서 실천을 나타낸다.

참되고 바른 학인(學人)이라면 곧 "악!" 하고 소리치고서, 먼저 하나의 아교 그릇[633]을 집어 내놓는다.[634]

선지식이 만약 이것이 경계임을 판단하지 못한다면, 곧 그 경계 위에서 이런저런 모양을 지을 것이다.

이에 학인은 곧 "악!" 하고 고함을 지르지만, 앞의 선지식은 그 경계를 놓으려 하지 않는다.

이는 불치병[635]으로서 고칠 수도 없다.

이것을 일러 '손님이 주인을 간파한다.'(객간주(客看主))고 한다.

어떤 경우에는 선지식이 아무것도 내놓지 않고서, 학인이 묻는 곳을 따라서 묻는 족족 **빼앗아** 버린다.

이에 학인은 **빼앗기고도** 있는 힘을 다하여[636] 놓지 않는다.

이것을 일러 '주인이 손님을 간파한다.'(주간객(主看客))고 한다.

어떤 경우에는 학인이 하나의 깨끗한 경계에 응하여 선지식 앞에 나타나는데, 선지식은 그것이 경계임을 알아보고는 붙잡아 구

---

633) 교분자(膠盆子) : 아교 그릇. 그림을 그릴 때에 물감을 정착시키기 위하여 아교를 녹이던 그릇. 움직임을 가로막는 끈적끈적한 장애물을 비유한다.

634) 염출(拈出) : 집어내다. =염철(拈掇).

635) 고황지병(膏肓之病) : 불치병. 고(膏)는 심장의 아랫부분이고, 황(肓)은 횡격막의 윗부분으로, 이 사이에 병이 생기면 낫기 어렵다고 한다.

636) 저사(抵死) : =저사(底死). 있는 힘을 다하다. 죽을 힘을 다하다.

덩이 속으로 내던져 버린다.

그러면 학인은 '참으로 훌륭하십니다!'라고 말한다.

이에 선지식은 곧 '어허!⁶³⁷⁾ 좋고 나쁜 것도 분별치 못하는구나'⁶³⁸⁾라고 말한다.

이에 학인은 곧 절을 한다.

이것을 일러 '주인이 주인을 간파한다.'(주간주(主看主))고 한다.

어떤 경우에는 학인이 목에 칼을 쓰고 쇠사슬에 묶인⁶³⁹⁾ 채 선지식 앞에 나타나는데, 선지식이 다시 그 위에다 칼과 쇠사슬을 한 겹 더 씌운다.

그럼에도 학인은 기뻐하니, 이는 피차가 안목이 없는 것이다.

이것을 '손님이 손님을 간파한다.'(객간객(客看客))고 한다.

스님들이여! 내가 이와 같이 말한⁶⁴⁰⁾ 것은 모두 마귀(魔鬼)를 판별하고 이단(異端)을 가려내어 삿됨과 바름을 알도록 하려는 것

---

637) 돌재(咄哉) : =돌(咄). ①떽! 떼기! 어흠! 꾸짖는 소리. 호통치는 소리. ②허! 어허! 쯧쯧! 애달프다! 탄식 또는 놀람을 나타내는 소리.

638) 불식호오(不識好惡) : 분별력이 부족하다. 좋고 싫음을 알지 못하다. 좋고 나쁨을 알지 못하다.

639) 피가대쇄(披枷帶鎖) : 죄인에게 칼을 채우고 쇠사슬로 묶다. 감옥에 갇히다. 온갖 견해와 관념과 경계에 사로잡혀 있음을 가리킨다.

640) 거(擧) : 말하다. 말해 주다. 예를 들다. 일화를 말하다. 인용하여 말하다. 제시(提示)하다. 기억해 내다.(=기득(記得)) 거(擧)는 이전의 이야기나 남의 말을 그대로 인용하여 타인에게 말해 준다는 뜻.

이다.

　道流! 如禪宗見解, 死活循然, 參學之人, 大須子細. 如主客相見, 便有
言論往來, 或應現形,[641] 或全體作用, 或把機權喜怒, 或現半身, 或乘師子,
或乘象王. 如有眞正覺[642]人便喝, 先拈出一箇膠盆子. 善知識不辨是境, 便
上他境上作模作樣. 學人便喝, 前人不肯放. 此是膏肓之病, 不堪醫. 喚作
客看主. 或是善知識不拈出物, 隨學人問處卽奪. 學人被奪, 抵死不放. 此
是主看客. 或有學人應一箇淸淨境, 出善知識前, 善知識辨得是境, 把得抛
向坑裏. 學人言: '大好.' 善知識卽云: '咄哉! 不識好惡.' 學人便禮拜. 此喚
作主看主. 或有學人披枷帶鎖, 出善知識前, 善知識更爲[643]安一重枷鎖. 學
人歡喜, 彼此不辨. 呼爲客看客. 大德! 山僧如是所擧, 皆是辨魔揀異, 知其
邪正.

---

641) 或應: 〈사가어록본〉에는 '或應物'로 되어 있다. 〈사가어록본〉을 따라 번역한다.

642) 覺: 〈사가어록본〉과 〈천성광등록본〉에서는 모두 '覺'으로 되어 있으나, 〈선화
　　본(宣和本)〉에서는 '學'으로 되어 있다. 문맥으로 보아 '覺人' 보다는 '學人'이 적
　　절하다고 판단되어 〈선화본〉에 따라 '학인(學人)'으로 번역한다.

643) 爲: 〈사가어록본〉에는 '與'로 되어 있다.

39. 뚜렷이 밝다

스님들이여!

진실한 마음[644]은 몹시 어렵고 불법(佛法)은 심오하지만, 알고 나면 별것 아니다.[645]

내가 종일토록 저들에게 말해 주어도 배우는 자들이 전혀 뜻을 두지 않으니, 천 번 만 번 밟고 지나가면서도 칠흑같이 어둡다.[646]

하나의 모양도 없으면서 뚜렷이[647] 홀로 밝은데도, 배우는 자가 믿음이 부족하면 곧장 명칭과 글귀에서 이해한다.

나이 50이 지나도록 다만[648] 송장을 짊어지고 집집마다 다니니, 이렇게 짊어지고 천하를 다닌다면 언젠가 짚신 값[649]을 물어낼 날이 있을 것이다.

---

644) 실정(實情) : ①진실한 심정(心情). ②실제의 사정(事情).

645) 가가지(可可地) : 별것 아닌. 보잘것없는.

646) 흑몰재지(黑沒宰地) : =흑몰난지(黑沒煖地), 흑홀홀지(黑忽忽地). 칠흑같이 어두운 모양.

647) 역력(歷歷) : 뚜렷하다. 분명하다. 눈에 선하다.

648) 지관(秖管) : =지관(只管). ①단지. 오로지. 다만. ②다만 ~만 돌보다. ③거듭거듭.

649) 초혜전(草鞋錢) : 관리(官吏)가 출장 갈 때에 민간(民間)에서 거두어들이는 노잣돈.

道流! 實⁶⁵⁰⁾情大難, 佛法幽玄, 解得可可地. 山僧竟日與他說破, 學者總不在意, 千遍萬遍, 脚底蹋⁶⁵¹⁾過, 黑沒宰⁶⁵²⁾地. 無一箇形段, 歷歷孤明, 學人信不及, 便向名句上生解. 年登半百, 秖管傍家負死屍行, 擔卻擔子天下走, 索草鞋錢有日在.

---

650) 實 : 〈선화본〉에는 寔으로 되어 있다.

651) 蹋 : 〈사가어록본〉에는 '踏'으로 되어 있다.

652) 宰 : 〈사가어록본〉에는 '焌'으로 되어 있다.

40. 의지함 없는 도인

스님들이여!

'밖에는 법이 없다'라고 내가 말을 하면, 학인들은 알아듣지 못하고 곧 속으로 제멋대로 이해하고서, 벽에 기대어 앉아 혀를 윗잇몸에 붙이고는 조용히[653] 움직이지 않으면서, 이것을 조사(祖師) 문중(門中)의 불법(佛法)이라고 여긴다.

이는 크게 잘못된 것이다.

그대들이 만약 움직이지 않는 깨끗한 경계를 불법이라고 여긴다면, 그대들은 저 무명(無明)을 주인이라고 여기는 것이다.

옛사람이 '조용하고 컴컴하고 깊은 동굴은 참으로 두려워해야 한다.'라고 말한 것이 바로 이것을 가리킨다.

그대들이 만약 저 움직이는 것을 불법이라고 여긴다면, 온갖 풀과 나무도 모두 움직일 줄 아니 마땅히 도(道)라고 해야 할 것이다.

그러므로 움직이는 것은 바람이요, 움직이지 않는 것은 땅이니, 움직임과 움직이지 않음은 모두 자성(自性)이 없다.

그대들이 만약 움직이는 곳에서 불법(佛法)을 붙잡으려 하면 그것은 움직이지 않는 곳에 있고, 움직이지 않는 곳에서 불법을 붙잡으려 하면 그것은 움직이는 곳에 있으니, 마치 물속 깊이 들어

---

653) 담연(湛然) : ①맑고 깨끗한 모양. ②편안한 모양. ③욕심이 없고 마음이 깨끗함. ④조용함. ⑤정신이 맑고 깨끗한 모양.

간 물고기가 물결을 일으키며 스스로 뛰어오르는 것과 같다.

스님들이여!

움직이는 것과 움직이지 않는 것은 두 가지 경계인데, 의지함
없는 도인이 움직임도 쓰고 움직이지 않음도 쓰는 것이다.

大德! 山僧說'向外無法.' 學人不會, 便卽[654]向裏作解, 便卽倚壁座,[655]
舌拄上齶, 湛然不動, 取此爲是祖門佛法也. 大錯. 是汝若取不動淸淨境爲
是, 汝卽認他無明爲卽[656]主. 古人云:'湛湛黑暗深坑, 實可怖畏.' 此之是
也. 汝若認他動者是, 一切草木皆解動, 應可是道.[657] 所以動者是風大, 不
動者是地大, 動與不動, 俱無自性. 汝若向動處捉他, 他向不動處立, 汝若
向不動處捉他, 他[658]向動處立, 譬如潛泉魚, 鼓波而自躍. 大德! 動與不動
是二種境, 還是無依道人用動用不動.

---

654) 便卽 : 〈사가어록본〉에는 '卽便'으로 되어 있다.

655) 座 : 〈사가어록본〉에는 '坐'로 되어 있다.

656) 卽 : 〈사가어록본〉에는 '郞'으로 되어 있다.

657) 應可是道 : 〈사가어록본〉에는 '應可是道否'로 되어 있다.

658) 他 : 〈사가어록본〉에는 '它'로 되어 있는데, 통용된다.

41. 근기에 따른 응대

곳곳에서 학인(學人)들이 찾아올 경우에 나는 여기에서 세 가지 근기(根器)로 판단한다.

중하근기(中下根器)가 올 경우에는 곧 그 경계(境界)는 빼앗으나 그 법(法)은 없애지 않는다.

중상근기(中上根器)가 올 경우에는 곧 경계와 법을 모두 빼앗는다.

상상근기(上上根器)가 올 경우에는 곧 경계와 법과 사람을 모두 빼앗는다.

격식(格式)을 벗어난 견해를 가진 사람이 올 경우에는 여기에서 곧 온통 행동할[659] 뿐, 근기를 따지지 아니한다.

스님들이여!

여기에 이르면 학인이 힘을 쓴다고 해도[660] 바람도 통하지 않으며, 번갯불과 부싯불처럼 재빠르게 반응한다고 하여도 이미 어긋나 버린다.

학인이 만약 눈을 두리번거리면[661] 아무 상관이 없으며,[662] 마음

---

659) 작용(作用) : ①행위하다. ②노력하다. ③정성껏 다듬다. ④마음을 쓰다.

660) 착력(著力) : 힘을 쓰다. 힘을 내다.

661) 안정동(眼定動) : =안목정동(眼目定動), 안정정동(眼睛定動). ①눈을 깜박거리다. ②눈알을 이리저리 굴리다. ③눈을 두리번거리다. ④여전히 망설이며 의심하다. ⑤아득하여 깨닫지 못하는 모양.

662) 몰교섭(沒交涉) : 아무 상관이 없다.

으로 헤아리면[663] 차이가 나고, 생각을 하면[664] 어긋난다.

아는 사람이라면 눈앞을 벗어나지 않는다.

如諸方學人來, 山僧此間作三種根器斷. 如中下根器來, 我便奪其境, 而不除其法. 或中上根器來, 我便境法但[665]奪. 如上上根器來, 我便境法人俱奪. 如有出格見解人來, 山僧此間便全體作用, 不歷根器. 大德! 到者裏學人, 着力處不通風, 石火電光卽過了也. 學人若眼定動, 卽沒交涉, 擬心卽差, 動念卽乖. 有人解者, 不離目前.

---

663) 의심(擬心) : ①마음으로 헤아리다. ②마음을 내어 -하려 하다.

664) 동념(動念) : ①마음이 움직이다. 마음이 끌리다. ②생각하다.

665) 但 : '俱'의 오자(誤字). 〈사가어록본〉에는 '俱'로 되어 있다.

42. 눈앞에 있다

스님들이여!

그대들은 발우 주머니[666]를 짊어진 몸뚱아리[667]로 집집마다 다니며 부처를 찾고 법을 구한다.

지금 이렇게 치달리며 구하는 것, 이것을 그대들은 아느냐?

생기발랄하지만 뿌리도 줄기도 없으며, 껴안아도 모아지지 않고 펼쳐도 흩어지지 않으며, 구할수록 더욱 멀어지고 구하지 않으면 도리어 눈앞에 있어서, 신령스러운 소리가 귀에다 법을 부촉(付囑)한다.

만약 사람이 이것을 믿지 않으면, 백년을 헛수고만 할 뿐이다.[668]

大德! 汝擔缽囊屎擔子, 傍家走, 求佛求法. 卽今與麼馳求底, 汝還識渠麼? 活撥撥地, 祇是勿根株, 擁不聚, 撥不散, 求着卽轉遠, 不求還在目前, 靈音囑耳. 若人不信, 徒勞百年.

---

666) 발낭(鉢囊) : 발우(鉢盂)를 넣는 주머니.

667) 시담자(屎擔子) : 몸뚱이. 육체. 사람의 몸이 늘 똥을 담고 있는 더러운 물건이라는 뜻.

668) 도로(徒勞) : ①공연히. 쓸데없이. ②헛수고하다.

43. 헛된 이름뿐

스님들이여!

한 찰나 사이에 곧장 화장세계(華藏世界)에도 들어가고, 비로자
나국토(毘盧遮那國土)에도 들어가고, 해탈국토(解脫國土)에도 들
어가고, 신통국토(神通國土)에도 들어가고, 청정국토(淸淨國土)에
도 들어가고, 법계(法界)에도 들어가고, 더러운 곳에도 들어가고,
깨끗한 곳에도 들어가고, 범인(凡人)도 되고, 성인(聖人)도 되고,
아귀(餓鬼)도 되고, 축생(畜生)도 되지만, 곳곳에서 찾아도[669] 삶이
있고 죽음이 있음을 전혀 볼 수 없고, 단지 헛된 이름만 있을 뿐
이다.

환상으로 생긴 헛꽃[670]을 붙잡으려 애쓰지 말고, 얻고 잃음과 옳
고 그름을 일시에 놓아 버려라.[671]

---

669) 토멱심(討覓尋) : =토심(討尋). 조사하여 찾다. 탐구하다. 찾다.

670) 공화(空華) : 허공화(虛空華)의 준말로서 허화(虛華), 안중화(眼中華), 안리화
(眼裏花)라고도 함. 허공 속의 꽃이라고 하여 허공꽃이라고도 한다. 백내장 같
은 눈병이 났을 경우에 눈앞의 허공에 하얀 꽃 모양이 보이는데, 이것을 공화라
고 한다. 이것은 분별하여 있다고 여기는 경계를 가리키는 말이다. 허공 속에는
본래 헛꽃이 없고 우리 눈이 병들어 헛꽃이 나타나듯이, 분별망상도 본래 세계
에 있는 것이 아니라 우리의 마음에서 헛되이 분별한 것이다. 이것을 유식에서
는 변계소집성(遍計所執性)이라고 한다. 깨달음이란 이런 헛된 망상의 실상을
보아서 망상에서 벗어나는 것이다. =헛꽃.

671) 방각(放却) : 놓아 버리다.

道流! 一剎那間, 便入華藏世界, 入毗盧遮那國土, 入解脫國土, 入神通國土, 入淸淨國土, 入法界, 入穢, 入淨, 入凡, 入聖, 入餓鬼畜生, 處處討覓尋, 皆不見有生有死, 唯有空名. 幻化空花, 不勞把捉, 得失是非, 一時放卻.

44. 전등(傳燈)의 내력

스님들이여!

나의 불법은 분명하게[672] 이어져 온 것이다.

마곡(麻谷)[673] 스님, 단하(丹霞)[674] 스님, 동토(東土)의 도일(道

---

672) 적적(的的) : ①밝은 모습. ②확실히. 분명히. 정말. 참으로. ③뜻이 참되고 간
    절한 모습. ④많고 성대한 모습.

673) 마곡보철(麻谷寶徹) : ?-?. 당대(唐代) 선승(禪僧). 남악(南嶽)의 문하(門下). 마
    곡(麻谷)은 머물렀던 산 이름. 출가하여 마조도일의 문하에서 공부하여 마조의
    법을 이었다. 산서성(山西省) 포주(蒲州) 마곡산(麻谷山)에 머물면서 선풍(禪風)
    을 고취하였다.

674) 단하천연(丹霞天然) : 당대의 스님으로 청원(靑原)의 문하이다. 단하는 주석한
    산의 이름이다. 일찍이 유학을 배우고 과거에 응시하기 위해 장안(長安)으로 가
    던 중, 한 선승으로부터 관리가 되기 위한 과거보다는 부처가 되기 위한 과거
    가 훌륭하다는 얘기를 듣고, 마조도일(馬祖道一)을 친견한 후 석두희천(石頭希
    遷)의 문하에서 3년 동안 참학하였다. 그 후 다시 마조 문하에 이르러 수행하던
    어느 날, 법당에 들어가 성상(聖像)의 목에 걸터앉았다. 대중이 크게 놀라 마조
    에게 고하자, 마조가 법당에 들어가 보고 "천연(天然)하도다."라고 말하자, 바
    로 내려와 예배드리며 "스님께서 주신 법호(法號) 감사합니다."라고 말했다. 이
    로부터 천연(天然)이라고 칭해지게 되었다. 그는 천태산 화정봉에 머물기를 3
    년, 경산도흠(徑山道欽)을 친견하고 원화 연중(806-821)에 낙동의 용문(龍門)
    향산에서 복우자재와 사귀었다. 또한 낙양의 혜림사에서는 불상을 태워 추위를
    녹이는 등의 기행이 있었다. 후에 하남성의 남양 단하산에 주석하자, 학도 300
    여 명이 운집하여 대사원을 이루었다. 당 장경 4년 6월에 입적하였다. 그때가
    세수 86이었다. 시호는 지통선사(智通禪師)이다.

一)⁶⁷⁵⁾ 스님, 여산(廬山)⁶⁷⁶⁾과 석공(石鞏)⁶⁷⁷⁾ 스님 등이 함께⁶⁷⁸⁾ 행하여

---

675) 마조도일(馬祖道一) : 709-788. 당대(唐代) 선승. 남악회양(南嶽懷讓)의 법제
자. 신라승 무상(無相)에게서도 공부하였다. 성은 마(馬)씨. 한주(漢州; 사천성
(四川省)) 시방(什邡) 사람. 용모가 기이하여 소처럼 걷고 호랑이처럼 노려보며
혀가 길고 발에 두 개의 바퀴무늬가 있었다 함. 어려서 여러 학문을 공부하였
고, 근처 나한사(羅漢寺)의 자주처적(資州處寂)에게 출가하였다. 뒤에 남악(南
嶽)에서 육조(六祖)의 제자 회양(懷讓)의 깨우침에 의하여 이른바 남악마전(南
嶽磨磚)을 통하여 심인(心印)을 얻었다. 천보(天寶) 원년(742) 건양(建陽) 불적
암(佛蹟巖)에서 개법(開法)한 후 대력(大曆) 4년(769)에는 종릉(鍾陵; 강서성(江
西省)) 개원사(開元寺)에 머물며 종풍(宗風)을 드날렸다. 만년에 늑담(泐潭; 정
안현(靖安縣)) 석문산(石門山) 보봉사(寶峰寺)에 머물다가 정원(貞元) 4년 2월
입적하였다. 세수 80세. 문인 권덕여(權德輿)가 '탑명병서(塔銘并序)'를 짓고 석
문산에 탑(塔)을 세웠다. 시호는 대적선사(大寂禪師; 헌종), 조인(祖印; 송(宋)
휘종)이라 하다. 그의 가풍은 '평상심시도(平常心是道)', '즉심시불(卽心是佛)'을
표방하는 대기대용(大機大用)이었다. 당시 사람들이 강서마조(江西馬祖)와 호
남석두(湖南石頭)를 선계(禪界)의 쌍벽이라 함. 문하에 백장회해(百丈懷海), 서
당지장(西堂智藏), 남전보원(南泉普願), 염관제안(塩官齊安), 대매법상(大梅法
常) 등의 뛰어난 종장(宗匠)들이 많다. 설법과 문답을 모은 『마조록(馬祖錄)』이
남아 있음.

676) 여산귀종(廬山歸宗) : 귀종지상(歸宗智常). 당대(唐代) 선승. 남악(南嶽) 문하.
여산(廬山) 귀종사(歸宗寺)에 머물렀다. 마조도일(馬祖道一; 709-788)에게 법
을 받았다. 시호는 지진선사(至眞禪師).

677) 석공혜장(石鞏慧藏) : ?-?. 당대(唐代) 선승(禪僧). 석공(石鞏)은 머물렀던 산
이름. 원래 사냥을 업으로 했는데, 어느 날 사슴을 쫓다가 마조도일을 만나 설
법을 듣고는 활을 버리고 머리를 깎고 출가하였다. 마조 문하에서 공부하여 그
의 법을 이었다. 강서성(江西省) 무주(撫州) 석공산(石鞏山)에 머물면서 종풍(宗
風)을 선양하였다.

678) 일로(一路) : 함께. 모두.

[679] 천하에 두루 퍼졌다.

그러나 믿는 사람은 없었고 모두들 비방만 하였다.

마조도일 스님이 쓰는 곳은 순수하고 잡스러움이 없어서, 학인들이 3백 혹은 5백이 있었지만 모두들 스님의 뜻을 알지 못했다.[680]

여산 스님이 문득[681] 참으로[682] 순리대로 또는 거슬러서 쓰는 곳을, 학인들은 그 한계[683]를 헤아릴 수조차 없어서 모두가 허둥지둥하였다.[684]

단하 스님은 구슬을 가지고 놀듯이 숨겼다 드러냈다 하였으니,[685] 찾아오는 학인들은 모두가 욕을 얻어먹었다.

마곡 스님이 쓰는 곳은 황벽나무[686]처럼 쓰디써서 모두가 가까

679) 마곡보철(麻谷寶徹)과 여산귀종(廬山歸宗)과 석공혜장(石鞏慧藏)은 모두 마조도일(馬祖道一)의 법사(法嗣)이고, 단하천연(丹霞天然)은 마조도일과 석두희천(石頭希遷)을 모두 찾아서 공부하였다.

680) 황벽희운(黃檗希運)도 마조(馬祖) 문하의 법사(法嗣)들에 대하여 다음과 같이 인색한 평가를 내리고 있다. "마조 대사가 84명의 선지식을 배출하였지만, 질문을 당하면 모두 오줌이나 찔끔찔끔 싸는 형편인데, 다만 귀종(歸宗)이 조금 나은 편이다."(馬大師, 出八十四人善知識, 問着箇箇屙漉漉地, 秖有歸宗, 較些子.)(『천성광등록』 제8권)

681) 일단(一旦) : 하루 아침. 한번. 갑자기. 어느 날.

682) 진정(眞正) : ①참된. 진짜의. 진정한. ②진실로. 참으로. 정말로.

683) 애제(涯際) : 한계. 끝. =애안(涯岸).

684) 망연(忙然) : 급하다. 바쁘다. 분주하다.

685) 『전등록』 제30권에 단하천연의 「완주음(翫珠吟)」 두 편이 실려 있다.

686) 황벽(黃檗) : 운향과의 낙엽 활엽 교목. 잎은 황색 염료로 쓰고 껍질과 열매는 약용한다. 매우 쓴맛이 난다. =황백(黃柏).

이 갈 수 없었다.

　석공 스님이 쓰는 곳은 화살 끝에서 사람을 찾았으니,[687] 찾아오는 사람들이 모두 두려워하였다.

　道流! 山僧佛法, 的的相承, 從麻浴[688]和尙, 丹霞和尙, 東土道一和尙, 廬山踏石頭,[689] 一路行遍天下. 無人信得, 盡皆起謗.[690] 如道一和尙用處, 純一無雜, 學人三百五百, 盡皆不見和尙意. 如廬山和尙一旦[691]眞正順逆用處, 學人不測涯際, 悉皆忙然. 如丹霞和尙翫珠隱顯, 學人來者皆悉被罵. 如麻浴用處, 苦如黃檗, 近皆不得. 如石鞏用處, 向箭頭上覓人, 來者皆懼.

---

687) 의충선사가 처음 석공선사를 찾았을 때에 석공선사는 늘 시위에 화살을 얹어 활을 당겨서 학인들을 응대하였다. 의충이 석공의 법석(法席)을 찾아가자 석공이 말했다. "화살을 보아라." 의충이 이에 가슴을 풀어헤치고는 말했다. "이 것은 사람을 죽이는 화살입니다. 사람을 살리는 화살은 어떤 것입니까?" 석공은 이에 활줄을 세 번 두드렸다. 의충이 곧 절을 올리자 석공이 말했다. "30년 동안 한 번 시위를 당겨 두 개의 화살을 쏘았는데, 다만 반개(半個)의 성인(聖人)을 쏘았구나." 이윽고 활과 화살을 꺾어 버렸다.(初參石鞏, 石鞏常張弓架箭 以待學徒. 師詣法席, 鞏曰: "看箭." 師乃撥開胸云: "此是殺人箭. 活人箭又作麼 生?" 鞏乃扣弓絃三下. 師便作禮, 鞏云: "三十年一張弓兩隻箭, 只謝得半箇聖 人." 遂拗折弓箭.)(『경덕전등록』 제14권 '장주삼평의충선사(漳州三平義忠禪師)')
688) 浴 : 〈사가어록본〉에는 '谷'으로 되어 있는데, 일반적으로 '谷'으로 쓴다.
689) 踏石頭 : 〈사가어록본〉에는 '與石鞏'으로 되어 있는데, 뒤의 내용으로 보아 '與 石鞏'이 맞다.
690) 謗 : 〈사가어록본〉에는 '傍'으로 되어 있는데, 문맥상 '謗'이 맞다.
691) 一旦 : 〈사가어록본〉에는 '自在'라고 되어 있다.

45. 옷 입는 사람

내가 오늘 쓰는 곳에서는 진실로 이루기도 하고 부수기도 하며 신령스럽게 변화하며 가지고 논다.[692]

어떤 경계에 들어가도 가는 곳마다 일이 없어서, 경계가 바꾸어 놓지 못한다.

찾아와서 구하는 자라도 있으면 나는 곧 나아가서 그를 알아차리는데, 그는 나를 알지 못한다.

내가 곧 몇 가지 옷을 입어 보이면, 학인은 알음알이를 내어서 한결같이 나의 말 속으로 말려들고 만다.

슬프다, 눈먼 중들이여!

안목(眼目) 없는 사람들은 내가 입은 옷을 붙잡고서, 푸르다느니 누렇다느니 붉다느니 희다느니 한다.

내가 옷을 벗고서 깨끗한 경계 속으로 들어가면 학인들은 한 번 보고서는 곧 즐거워하고 원하다가, 내가 다시 옷을 벗어 버리면 학인들은 얼이 빠져서[693] 허둥지둥 미친 듯이 날뛰며[694] 나에게는 옷이 없다고 말한다.

---

692) 완롱(玩弄) : ①희롱하다. 놀리다. 우롱하다. ②가지고 놀다. 만지작거리다. ③ (수단, 재간을) 쓰다. 부리다. 피우다.

693) 실심(失心) : 미치다. 실성하다. 얼빠지다.

694) 광주(狂走) : =광분(狂奔). 광분하다. 미친 듯이 날뛰다.

나는 곧 그들에게 '그대들은 나의 옷 입는 사람을 아는가?'라고 말하는데, 그대들은 문득 머리를 돌려 나를 알아차리는 것이다.

如山僧今日用處, 眞正成壞, 玩[695]弄神變. 入一切境, 隨處無事, 境不能換. 但有來求者, 我卽便出看渠, 渠不識我. 我便着數般衣, 學人生解, 一向入我言句. 苦哉, 瞎禿子! 無眼人把我着底衣, 認靑黃赤白. 我脫卻, 入淸淨境中, 學人一見, 便生忻欲, 我又脫卻, 學人失心, 忙然狂走, 言我無衣. 我卽向渠道: '汝識我着衣底人否?' 忽爾迴頭, 認我了也.

---

695) 玩 : 〈사가어록본〉에는 '翫'으로 되어 있다.

46. 옷에 속지 마라

스님들이여!

그대들은 옷을 알려고 하지 마라.

옷이 움직일 수 있는 것이 아니라, 사람이 옷을 입을 수 있는 것이다.

청정(淸淨)이라는 옷도 있고, 무생(無生)[696]이라는 옷도 있고, 깨달음이라는 옷도 있고, 열반(涅槃)이라는 옷도 있고, 조사(祖師)라는 옷도 있고, 부처라는 옷도 있다.

스님들이여!

단지 이름과 문구가 있기만 하면, 모두가 옷이 바뀌는 것이다.

배꼽 아래의 단전(丹田)[697]에서 치고 흘러나와 어금니에 부딪쳐서 말과 뜻을 이루는 것[698]은 허깨비의 조화임을 분명히 알아야 한다.

---

696) 무생(無生) : ①무생멸(無生滅)·무생무멸(無生無滅)과 같음. 모든 법의 실상(實相)은 생멸(生滅)이 없다는 것. ②아라한·열반의 뜻 번역. 다시 미계(迷界)의 생을 받지 않는다는 뜻.

697) 제륜기해(臍輪氣海) : 단전(丹田). 배꼽 한 치 아래 부분. 제륜(臍輪)은 배꼽, 기해(氣海)는 단전(丹田).

698) 말이 성립되는 과정. 배꼽 아래의 제륜기해(臍輪氣海)라고 부르는 단전(丹田)에서 기운(氣運)이 올라와 입에서 말이 되어 나온다고 한다. 건강한 사람은 기체(氣體)가 늘 그곳에 모여 있다고 한다. 『대지도론(大智度論)』 제6권, 『대일경소(大日經疏)』 제3권에 보인다.

스님들이여!

밖으로 소리 내어 말하는 것과 안으로 마음에 나타나는 것,[699] 생각하고 마음먹는 것은 모두가 옷들이다.

그대들이 이와 같이 저 옷을 참된 견해라고 인정한다면, 비록 티끌같이 많은 세월을 지나더라도 다만 옷에 통달할 뿐이어서, 삼계(三界)를 떠돌며 태어나고 죽음을 반복할 것이니, 오히려 일 없고 서로 만나더라도 알아보지 못하고 함께 말하더라도 이름을 모르는 편이 더 낫다.

大德! 汝莫認衣. 衣不能動, 人能着衣. 有箇淸淨衣, 有箇無生衣, 菩提衣, 涅槃衣, 有祖衣, 有佛衣. 大德! 但有聲名文句, 皆悉是衣變. 從臍輪氣海中鼓激, 牙齒敲磕, 成其句義, 明知是幻化. 大德! 外發聲語業, 內表心所法, 以思有念, 皆悉是衣. 汝祇麼認他着底衣爲實解, 縱經塵劫, 祇是衣通, 三界循還, 輪迴生死, 不如無事, 相逢不相識, 共語不知名.

---

699) 심소법(心所法) : 심소유법(心所有法)의 준말. 심소(心所)라고도 함. 의식 작용의 본체를 심왕(心王)이라 하고, 심왕이 객관 대상을 인식할 때에 일어나는 정신 작용을 심소(心所)라 함. 구사종(俱舍宗)에서는 46종의 심소법을 말하고, 유식종(唯識宗)에서는 51종의 심소법을 말한다.

47. 어리석은 문자공부

오늘날 학인이 깨달음을 얻지 못하는 것은 대개 문자를 알아차려 이해하기 때문이다.

커다란 책 위에 죽은 노인네의 말을 베껴서 두 겹 세 겹 보자기[700] 속에 싸서 남이 보지 못하게 하고는 '이것은 현묘한 뜻이다.'라고 말하며 특별히 우대한다.[701]

크게 착각하고 있구나, 눈먼 놈들아!

그대들은 백골(白骨)[702]에서 무슨 물기를 찾고 있는가?

어떤 부류[703]의 분별력이 부족한[704] 자들은 가르침 속에서 뜻[705]을 취하고 헤아려서 문장과 뜻을 만들지만, 이것은 마치 똥 덩이를 제 입 속에 머금었다가 토하여 남에게 넘겨주는 것과 같다.

마치 세속 사람들이 술자리에서 말 전달하기 놀이[706]를 하는 것

---

700) 복자(複子) : 보자기.

701) 보중(保重) : 특별히 우대하다.

702) 고골(枯骨) : 백골. 죽은 사람의 썩은 뼈.

703) 유일반(有一般) : 어떤 부류가 있다.

704) 불식호오(不識好惡) : 분별력이 부족하다. 좋고 싫음을 알지 못하다. 좋고 나쁨을 알지 못하다.

705) 의탁(意度) : 의도(意圖). 생각. 의견. 염원.

706) 구령(口令) : 술자리에서 하는 놀이의 이름. 좌중의 한 사람이 발음하기 어려운 말을 하여 이를 이웃에 자리한 사람에게 차례차례 전달하게 하는데, 그 가운데 그 말을 잘못 전달한 사람에게는 벌주(罰酒)를 마시게 한다. 타전구령(打傳口

처럼 하면서 일생을 헛되이 보내면서도 '나는 출가(出家)한 사람이
다.'라고 말을 하지만, 누가 불법(佛法)이 무엇이냐고 묻기라도 하
면 곧 입을 다물고 한마디도 말하지 못하고서[707] 눈은 마치 새까만
굴뚝[708]같이 멍하고 입은 처마 밑에 걸린 편액(扁額)[709]처럼 꽉 다
물고 있다.

이와 같은 무리들은 미륵불(彌勒佛)이 세상에 출현하더라도[710]
다른 세계로 쫓겨나 지옥에 머물며 고통을 받게 될 것이다.

令時學人不得, 蓋爲認名字爲解. 大策子上抄死老漢語, 三重五重複子
裏, 不敎人見, 道是玄旨, 以爲保重. 大錯, 瞎屢生! 汝向枯骨上覓什麼汁?
有一般不識好惡, 向敎中取意度商量, 成於句義, 如把屎塊子向口裏含了,
吐過與別人. 猶如俗人打傳口令相似, 一生虛過也, 道:'我出家.'被他問
着佛法, 便卽杜口無詞, 眼似漆突, 口如楄檐. 如此之類, 逢彌勒出世, 移
寄[711]他方世界, 寄地獄受苦.

슈)이라고도 한다.

707) 두구무사(杜口無詞) : 입을 다물고 한마디도 하지 않음. =두구무언(杜口無言),
     두구절언(杜口絶言).

708) 칠돌(漆突) : 새까만 굴뚝.

709) 편첨(楄檐) : 처마 밑에 걸어 놓은 편액(扁額). =첨편(檐楄).

710) 『보살처태경(菩薩處胎經)』 권2에 의하면, 56억 7천만 년 뒤에 미륵불(彌勒佛)이
     출현하여 석가불(釋迦佛)의 교법(敎法)을 완성한다고 한다.

711) 寄 : 〈사가어록본〉에는 '置'로 되어 있다.

48. 얻을 법이 없다

스님들이여!

그대들은 분주하게 여러 곳으로 가서 무엇을 찾느냐?

발바닥[712]에 못이 박히도록 다니더라도 구할 수 있는 부처도 없고, 이룰 수 있는 도(道)도 없고, 얻을 수 있는 법(法)도 없다.

밖에서 구하는 모양 있는 부처는 그대들과 닮지 않았다.

그대들의 본래 마음을 알고자 하느냐?

합해져 있는 것도 아니고, 떨어져 있는 것도 아니다.

스님들이여!

참 부처는 모양이 없고, 참 도는 몸체가 없으며, 참 법은 모습이 없다.

이 세 가지 법은 뒤섞여 한곳에 뭉쳐 있는데도 판별하지 못한다면, 허둥지둥 바쁜[713] 업식(業識)[714]의 중생이라고 한다."

---

712) 각판(脚板) : ①발바닥. =각장(脚掌), 각저판(脚底板).

713) 망망(忙忙) : ①바쁜 모양. ②바삐. 급하게.

714) 업식(業識) : 대략 세 가지 의미로 쓰인다. ①방황하는 세계에 유전하여 왔다는 것에 의해 일어나는 작용을 말한다. ②진여의 법이 본래 평등일미하고 무차별이라는 것을 있는 그대로 지각할 수 없는 무명(無明) 때문에, 불각망상심이 가동하는 것을 말한다. 5의(意)의 하나이다. ③숙업(宿業)의 인(因)에 의해 감득(感得)한 심식(心識)을 말하는 것으로, 범부의 마음을 말한다. 선업·악업에 의해서 초래된 과보로서의 식(識)을 말한다. 한마디로 분별하여 업을 짓는 버릇에 물든 중생의 망상심(妄想心). 심의식(心意識)과 같은 뜻.

물었다.

"어떤 것이 참 부처이고 참 도이고 참 법인지 스님께서 가르쳐[715] 주십시오."

임제가 말했다.

"부처란 마음이 깨끗한 것이고, 법이란 마음의 빛이 밝은 것이고, 도란 어디에서나 막힘이 없는 깨끗한 빛이다.

이 세 가지는 곧 하나이지만, 모두가 헛된 이름이고 실제로는 없는 것이다.

만약 뜻있는 사람이 도인(道人)이 되었다면, 순간순간[716] 마음에 끊어진 틈이 생기지[717] 않는다.

달마(達摩) 대사는 인도에서 온 이래로 오로지 다른 사람에게 속지[718] 않는 사람을 찾았을 뿐이다.

후에 이조(二祖) 혜가(慧可)[719] 대사를 만났는데, 이조(二祖)는 달

---

715) 개시(開示) : 개(開)는 개제(開除), 미정(迷情)을 깨뜨리고 제법(諸法)의 실상(實相)을 보임. 시(示)는 현시(顯示), 번뇌가 사라지고 지혜가 나타나 우주의 만덕(萬德)을 밝게 나타내 보임. 선지식이 범부를 가르쳐 교화하는 일.

716) 염념(念念) : 순간순간. 시시각각. 찰나찰나. 염(念)은 지극히 짧은 시간.

717) 간단(間斷) : 끊어져 틈이 생기다.

718) 인혹(人惑) : 사람에게 속는 것. 사람으로 인한 미혹(迷惑).

719) 혜가(慧可: 487-593) : 낙양(洛陽) 무뢰(武牢) 사람으로, 성은 희(姬)씨이고, 어렸을 때 이름은 '신광(神光)'이었다. '승가(僧可)'라고도 한다. 어려서는 노장(老莊)과 불전(佛典)을 배웠고, 후에 낙양 용문(龍門) 향산(香山)의 보정(寶靜)에게서 출가하였고, 영목사(永穆寺)에서 수계하였다. 혜가와 달마의 인연이 『조당집(祖堂集)』에는 다음과 같이 나와 있다. "조사께서 동경(東京:낙양)에 이르신 뒤

마 대사의 한마디 말에 곧장 깨닫고는, 비로소 이전까지 헛되이 애쓴 공부를 알게 되었다.

에 신광(神光)이란 중이 있었다. 예전엔 낙중(洛中)에서 오래도록 노장학(老莊學)을 익히다가 나이 40이 넘어 조사(祖師)를 만나 스승으로 섬겼다. 소림사(少林寺)까지 따라오면서 항상 조사께 법을 물었으나 조사께선 전혀 말씀을 해주시지 않았다. 이에 스스로 한탄하며 말했다. '옛사람은 법을 구하기 위해 뼈를 깨고 골수를 꺼내고 피를 뽑아 성상(聖像)을 그리고 머리채를 풀어 진흙에 펴고 벼랑에 몸을 던지고 주린 범에게 몸을 주었다. 옛사람들은 이렇게까지 했는데 나는 무엇을 아끼랴?' 때는 태화(太和) 10년 12월 9일, 법을 구하기 위해 눈 오는 밤을 서서 새웠다. '네가 눈 속에 섰으니 무슨 구하는 바가 있느냐?' 신광이 눈물을 흘리며 슬피 울면서 말했다. '바라옵건대 화상(和尙)이시여, 감로(甘露)의 문을 활짝 열어 뭇 중생을 널리 건져 주십시오.' 달마 조사가 말했다. '부처님의 위없는 깨달음은 여러 겁을 수행한 것이거늘, 네가 작은 뜻으로 큰 법을 구하려 해도 끝내 될 수 없느니라.' 신광이 이 말을 듣자, 곧 날카로운 칼을 뽑아 자기의 왼팔을 끊어서 조사 앞에 놓으니, 조사가 말했다. '부처님과 보살님들이 법을 구할 때엔 몸을 몸으로 여기지 않고 목숨을 목숨으로 여기지 않았는데, 네가 이제 팔을 끊었으니 법을 구할 만하구나.' 그러고는 신광이라는 이름을 고쳐서 혜가(慧可)라 했다. 혜가가 아뢰었다. '화상께서 마음을 편안케 해주십시오.' 조사가 대답했다. '마음을 가져오너라. 편안케 해주리라.' '마음을 찾아도 찾을 수 없습니다.' '찾아지면 어찌 그것이 너의 마음이겠느냐? 벌써 너의 마음을 편안케 해주었다.' 달마조사(達摩祖師)가 다시 말했다. '너의 마음을 이미 편안케 해주었다. 너는 알겠느냐?' 혜가가 이 말에 활짝 깨닫고 화상께 아뢰었다. '오늘에야 모든 법이 본래부터 공적(空寂)하고, 오늘에야 깨달음이 멀리 있지 않은 것임을 알았나이다. 그러기에 보살(菩薩)은 생각을 움직이지 않고 일체지(一切智)의 바다에 이르며, 생각을 움직이지 않고 열반(涅槃)의 언덕에 오르나이다.' 조사가 말했다. '옳은 말이다.' '화상이시여, 이 법은 문자(文字)로 기록할 수 있습니까?' '나의 법은 마음으로써 마음에 전하느니라. 문자를 세우지 않느니라.'"(『조당집』 제2권)

大德! 汝波波地往諸方, 覓什麼物? 踏汝脚版[720]闊, 無佛可求, 無道可成, 無法可得. 外求有相佛, 與汝[721]不相似. 欲識汝本心? 非合亦非離. 道流! 眞佛無形, 眞道無體, 眞法無相. 三法混融, 和合一處, 辨既不得, 喚作忙忙業識衆生." 問: "如何是眞佛眞法眞道? 乞師[722]開示." 師云: "佛者心淸淨是, 法者心光明是, 道者處處無礙淨光是. 三卽一, 皆是空名而無實有. 如志公[723]作道人, 念念心不間斷. 自達磨大師從西土來, 秖是覓箇不受人惑底人. 後遇二祖, 一言便了, 始知從前虛用功夫.

---

720) 版 : ⟨사가어록본⟩에는 '板'으로 되어 있다.

721) 汝 : ⟨사가어록본⟩에는 '你'로 되어 있다.

722) 師 : ⟨사가어록본⟩에는 '垂'로 되어 있다.

723) 志公 : ⟨사가어록본⟩에는 '眞正'으로 되어 있다.

49. 임제의 삼구(三句)

　오늘 나의 안목은 조사나 부처와 다르지 않다.

　만약 첫 번째 구절에서 깨달으면, 조사나 부처의 스승이 될 것이다.

　만약 두 번째 구절에서 알아차리면, 인간과 천상의 스승이 될 것이다.

　만약 세 번째 구절에서 알아차리면, 자기 자신도 구제하지 못할 것이다.”

　山僧今日見處, 與祖佛不別. 若第一句中得, 與祖佛爲師. 若第二句中得, 與人天爲師. 若第三句中得, 自救不了.”

50. 서쪽에서 온 뜻

물었다.

"어떤 것이 서쪽에서 온 뜻입니까?"[724]

임제가 말하였다.

"만약 뜻이 있다면, 자기조차도 구제하지 못한다."

물었다.

"이미 뜻이 없다면, 이조(二祖)는 어떻게 법(法)을 얻었습니까?"

임제가 말했다.

"얻은 것은 곧 얻지 않은 것이다."

물었다.

"만약 얻지 않았다면, 어떤 것이 얻지 않은 뜻입니까?"

임제가 말했다.

"그대가 온갖 곳에서 찾아 헤매는[725] 마음을 쉬지 못하기 때문이다.

그러므로 조사(祖師)께서 말하기를, '애달프다, 대장부여! 머리

---

724) 여하시서래의(如何是西來意) : 여하시조사서래의(如何是祖師西來意)를 줄인
말. '달마 조사가 서쪽에서 중국으로 온 뜻이 무엇입니까?' 하는 뜻으로서, 선문
답(禪問答)에 전형적으로 등장하는 선(禪)의 근본을 묻는 물음이다. '부처가 무
엇인가?', '도(道)가 무엇인가?', '깨달음이 무엇인가?', '불법(佛法)이 무엇인가?'
하는 물음과 같은 물음이다.

725) 치구(馳求) : 찾아다니다. 찾아 헤매다.

를 가지고 머리를 찾는구나!'라고 했던 것이다.

그대가 한마디 말을 듣고 곧장 스스로의 마음을 되돌려 비추어 보아[726] 절대로[727] 따로 구하지 않고, 그대의 몸과 마음이 조사나 부처와 다르지 않음을 알고서 그 즉시[728] 일이 없다면, 비로소 법을 얻었다고 한다.

問: "如何是西來意?" 師云: "若有意, 自救不了." 云: "旣無意, 云何二祖得法?" 師云: "得者是不得." 云: "旣若不得, 云何是不得底意?" 師云: "爲汝[729]向一切處馳求心不能歇. 所以祖師言: '咄哉! 丈夫. 將頭覓頭.' 汝言下便自迴[730]光返照, 更不別求, 知身心與祖佛不別, 當下無事, 方名得法.

---

726) 회광반조(回光返照) : 본래는 석양 무렵 태양이 서쪽으로 잠겨서 한낮의 밝은 빛이 사라지고 은은한 빛에 의하여 삼라만상이 그림자 없이 그 모습을 드러내는 것을 뜻하는 말이다. 한낮의 태양빛은 밝긴 하나 어두운 그림자를 가지고 있다. 그러나 해가 막 넘어가는 때의 빛은 밝지 않으나 그림자가 없다. 그러므로 회광반조는 자타불이(自他不二), 주객불이(主客不二)로 일여(一如)하여 찾는 자와 찾는 대상이 둘이 아닌 하나임을 가리킨다.

727) 갱(更) : (부정사 앞에서) 전혀(−가 아니다). 하나도(−가 없다). 절대로. 결코. = 갱역(更亦).

728) 당하(當下) : 즉각. 바로. 그 자리에서.

729) 儞 : 〈사가어록본〉에서는 '你'로, 〈선화본〉에서는 '爾'로 되어 있다. 이하 마찬가지다.

730) 迴 : 〈사가어록본〉에는 '回'로 되어 있는데, 통용되는 글자이다.

51. 쓰고자 하면 쓸 뿐

스님들이여!

나는 지금 사정이 부득이하여 여러 가지 깨끗하지 못한 말들을 지껄이고 있지만, 그대들은 착각하지 마라!

내가 보기에는 실제로 여러 가지 도리(道理)가 있지 않다.

쓰고자 하면 곧장 쓰고, 쓰지 않으면 바로 쉴 뿐이다.

예컨대 여러 곳에서는 육도(六度)와 만행(萬行)을 말하면서 이를 불법(佛法)이라고 여기지만, 나는 '이것은 장엄문(莊嚴門)[731]이고 불사문(佛事門)[732]이지 불법은 아니다.'라고 말한다.

또 재계(齋戒)[733]를 잘 지키며 기름 그릇을 높이 들고 가도 출렁

거리지 않게 할 정도라 하여도,[734] 도를 보는 안목이 밝지 않으면 모두가 빚을 갚고[735] 밥값을 치러야[736] 할 날이 있을 것이다.

무슨 까닭에 그럴까? 조사가 노래하지 않았던가?

'출가하여 도리에 통달하지 못하면,

몸을 돌이켜 신도들의 시주를 갚아야 한다.

장자(長者)가 여든한 살이 되면,

그 나무에 더 이상 버섯이 나지 않으리라.[737]

---

734) 기름을 채운 그릇을 머리에 이고는 엎지르지 않고 일정한 거리를 가는 것은 마음을 집중하는 훈련이다. 『대지도론(大智度論)』이나 『대반열반경(大般涅槃經)』 「고귀덕왕품(高貴德王品)」 등에 나온다.

735) 저채(抵債) : 빚을 다른 물건이나 노동을 통하여 갚다.

736) 색반전(索飯錢) : 밥값을 청구하다.

737) 이 게송은 『조계보림전(曹溪寶林傳)』 3 〈가나제바〉에 나온다. 이야기는 다음과 같다. 가나제바는 용수의 법을 받은 뒤 비라국에 갔다가 일흔아홉 살의 노인과 그 아들을 만났다. 그들의 정원에는 맛난 버섯이 돋는 고목이 있었는데, 그 버섯은 노인과 그 아들만 따다 먹을 수 있었고, 다른 사람들 눈에는 보이지 않았다. 그때 가나제바는 그들이 전생에 어떤 비구를 공양하였는데, 그 비구는 깨달음을 얻지 못하였고, 그 때문에 비구는 버섯이 되어 그 빚을 갚고 있는 것이라 설명해 주었다. 그러고는 노인의 나이 여든하나가 되면 그 빚은 모두 갚게 되어 고목에서는 더 이상 버섯이 돋지 않으리라는 예언을 담은 위 게송을 지은 것이다.

나아가 외로운 산봉우리에서 홀로 살며[738], 아침[739] 한 끼만 먹고[740], 눕지 않고 늘 앉아 지내며, 하루 여섯 번[741] 도를 행한다고 하더라도, 이들은 모두 업을 짓는 사람들이다.

또 머리·눈·골수·뇌·나라·성곽·아내·자식·코끼리·말·칠보(七寶)를 모두 보시한다고 하더라도, 이와 같은 견해는 모두 몸과 마음을 괴롭히기 때문에 나쁜 과보를 초래할 것이니,[742] 일 없이 순일(純一)하고 잡됨이 없는 것만 못하다.

십지(十地)[743]의 수행을 모두 완성한 보살[744]이라 하더라도, 모두

---

738) 천태사교의(天台四教義)』에 다음의 말이 있다. "독각(獨覺)이라는 성자(聖者)는 부처님이 안 계신 세상에 태어나 외로운 산봉우리에 홀로 살며 우주의 변역(變易)을 관찰하여 스스로 불생불멸(不生不滅)을 깨달은 사람이다."

739) 묘재(卯齋) : 묘시(卯時; 5–7시)에 먹는 식사. 아침밥.

740) 불교승단의 계율(戒律)에는 비구승들이 오전 중에 한 번만 걸식(乞食)하고 오후에는 단식(斷食)하게 되어 있다.

741) 육시(六時) : 하루를 낮 3시·밤 3시로 구분. 합하여 6시. 아침(晨朝)·낮(日中)·해질녘(日沒)·초저녁(初夜)·밤중(中夜)·새벽(後夜).

742) 고행(苦行)과 보시(布施)는 모두 어떤 결과를 바라고 행하는 유위(有爲)의 행위이기 때문에, 무위행(無爲行)인 불법(佛法)은 아니다.

743) 십지(十地)는 보살 수행의 정도를 나타내는 52위(十信·十住·十行·十廻向·十地·等覺·妙覺) 가운데 제41위부터 제50위까지를 가리킨다. 이 십지는 『화엄경』「십지품」에 설명되어 있는데, 1 환희지(歡喜地), 2 이구지(離垢地), 3 발광지(發光地), 4 소혜지(焰慧地), 5 극난승지(極難勝地), 6 현전지(現前地), 7 원행지(遠行地), 8 부동지(不動地), 9 선혜지(善慧地), 10 법운지(法雲地) 등으로 '화엄십지'라고도 일컬어진다.

744) 십지만심(十地滿心) : 수행을 끝낸 보살. 『화엄경』「십지품(十地品)』에 설해져 있는 보살 수행의 52위 가운데서 제41에서 제50위까지의 십지(十地)는 보살로

들 이 스님의 흔적을 전혀 찾지 못할[745] 것이다.

그러므로 모든 하늘의 신(神)들이 기뻐하고, 땅의 신들이 그 발을 감싸 받들며,[746] 온 우주의 모든 부처님들이 모두들 칭찬하는 것이다.

무슨 까닭에 그런가?

지금 법을 듣는 도인이 쓰는 곳에는 종적이 없기 때문이다."

"大德! 山僧今時事不獲已, 話度說出許多不才淨, 汝且莫錯. 據我見處, 實無許多般道理. 要用便用, 不用便休. 秖如諸方說六度萬行以爲佛法, 我道是莊嚴門佛事門, 非是佛法. 乃至持齋持戒, 擎油不㵑, 道眼不明, 盡須抵債索飯錢有日在. 何故如此? '入道不通理, 復身還信施, 長者八十一, 其樹不生耳.' 乃至孤峰獨宿, 一食卯齋, 長坐不臥, 六時行道, 皆是造業底人. 乃至頭目髓腦, 國城妻子, 象馬七珍, 盡皆捨施, 如是等見, 皆是苦身心故, 還招惡果,[747] 不如無事, 純一無雜. 乃至十地滿心菩薩, 皆求此道流蹤[748] 跡了不可得. 所以諸天歡喜, 地神捧足, 十方諸佛無不稱歎. 緣何如此? 爲今聽法道人用處無蹤跡."

서는 최고의 경지인데, 이 십지의 수행을 끝낸 보살이라는 말. 십지보살(十地菩薩)과 같음.

745) 요불가득(了不可得) : 전혀 얻지 못한다. 전혀 할 수 없다.

746) 봉족(捧足) : ①발을 에워쌈. ②발을 손으로 감싸 받들어 공경을 표시함.

747) 惡果 : 〈사가어록본〉에는 '苦果'로 되어 있다.

748) 蹤 : 〈사가어록본〉에는 '踪'으로 되어 있다. 이하 마찬가지.

52. 대통지승불

물었다.

"'대통지승불(大通智勝佛)은 10겁이란 세월을 도량(道場)에 앉아 있었으나 불법(佛法)이 나타나지 않아서 불도(佛道)를 이루지 못했다.'749)고 하는데, 이 뜻이 무엇인지 모르겠습니다. 스님께서 가르쳐 주십시오."

임제가 말했다.

"대통(大通)이란 자기가 어디에 있든 만법(萬法)에는 자성(自性)

---

749) 『법화경』 「화성유품(化城喩品)」에 나오는 이야기다. 대통지승불(大通智勝佛)은 과거 한량없고 끝없는 불가사의 아승지겁의 부처님이다. 처음 도량에 있으면서 마군을 물리치고 최상의 깨달음을 얻으려 했지만 쉽지 않았다. 이에 대통지승불은 10소겁 동안 가부좌를 틀고 앉아 몸과 마음을 움직이지 않았으나 불법을 이루지 못했다. 그때 도리천에서 대통지승불을 위해 사자좌를 보리수 아래에 폈다. 그 자리에서 10소겁 동안 다시 부동자세로 앉아 선정에 든 뒤 최상의 깨달음을 이루게 되었다. 그리고 『법화경』을 듣고 믿고 행하는 한편 각기 법석을 열고 이 경을 널리 설했다. 모두 6백만 억 나유타 중생들을 교화하여 위없는 바르고 평등한 깨달음을 얻게 하였고, 현재 시방의 국토에 출현하여 있다고 『법화경』 「제7 화성유품」에서는 말하고 있다. 석가모니불은 과거 대통지승불의 16 왕자 중 막내였으며 그때부터 항상 석가모니불이라는 부처님으로 출현하여 『법화경』을 말하게 되었다고 한다. 따라서 대통지승불은 모든 여래의 어버이가 되는 부처님이다. 이 이야기의 핵심은 그가 자신의 깨달음을 완성하고 열반에 들기 전에 중생들의 근기가 익을 때까지 설법하며 기다렸다고 하는 것이다. 그러나 임제는 이 이야기를 독창적으로 해석하고 있다.

도 없고 모습도 없음을 밝게 아는 것이니, 이것을 일러 대통이라
한다.

지승(智勝)이란 어느 곳에서든 한 법도 얻을 수 없음을 의심치
않는 것이니, 이를 일러 지승이라 한다.

불(佛)이란 마음의 깨끗한 빛이 세계를 꿰뚫는 것이니, 그리하
여 부처라 하는 이름을 얻은 것이다.

10겁이란 세월을 도량에 앉아 있었다는 것은 10바라밀이다.[750]

불법(佛法)이 나타나지 않았다는 것은, 부처는 본래 생겨나는
것이 아니며 법은 본래 사라지는 것이 아닌데 어떻게 다시 나타나
겠는가?

불도(佛道)를 이루지 못했다는 것은, 부처가 또다시 부처가 될
필요는 없는 것이다.

옛사람이 말했다. '부처는 늘 세간에 있으면서도 세간에 물들지
않는다.[751]'"

問: "大通智勝佛, 十劫坐道場, 佛法不現前, 不得成佛道. 未審此意如
何? 乞師指示." 師云: "大通者, 是自己於處處, 達其萬法無性無相, 名爲

---

750) 십바라밀(十波羅蜜)은 육바라밀에 방편(方便: 방편으로 한량없는 지혜를 내게
하는 것)·원(願: 바람으로 최상의 지혜를 구하는 것)·력(力: 일체의 삿된 견해
를 논파하는 지혜의 힘)·지(智: 여실하게 일체의 법을 아는 지혜)의 네 바라밀
을 더한 것이다.
751) 『여래장엄지혜광명입일체불경계경(如來莊嚴智慧光明入一切佛境界經)』에 보이
는 문수보살의 말이다.

大通. 智勝者, 於一切處, 不疑不得一法, 名爲智勝. 佛者, 心清淨光明, 透徹法界, 得名爲佛. 十劫坐道場者, 十波羅蜜是. 佛法不現前者, 佛本不生, 法本不滅, 云何更有現前? 不得成佛道者, 佛不應更作佛. 古人云: '佛常在世間, 而不染世間法.'"

53. 부처도 법도 없다

"스님들이여!

그대들이 부처가 되고자 한다면 경계를 따라서 분별하지 마라.

그러므로 '마음이 생겨나면 갖가지 법이 생겨나고, 마음이 사라지면 온갖 법도 사라진다.'[752]라 하고, 또 '한 개 마음이 생겨나지 않으면 만법에 허물이 없다.'[753]라고 한 것이다.

세간에서나 출세간에서나 부처도 없고 법도 없다.

부처와 법은 눈앞에 나타나지도 않고, 잃어버린 적도 없다.

설사 있다고 하더라도, 모두가 명칭이요 말이요 글귀일 뿐이다.

어린아이를 이끌고 달래며 병에 따라 처방하는 약으로서 표현한 명칭과 글귀인 것이다.

그런데 명칭과 글귀는 본래 스스로 명칭과 글귀인 것이 아니라, 그대들 눈앞에서 밝고 신령스럽게[754] 비추어 보고[755] 들어서 알고[756] 밝게 빛나는[757] 것이 모든 명칭과 글귀를 만드는 것이다."

---

752) 『대승기신론(大乘起信論)』에 나오는 말이다.

753) 승찬(僧璨: ?-606)의 「신심명(信心銘)」에 나오는 구절이다.

754) 소소영령(昭昭靈靈) : 밝고 신령스럽다. 뚜렷하고 신령스럽다.

755) 감각(鑑覺) : 비추어 보다.

756) 문지(聞知) : 듣다. 들어서 알다.

757) 조촉(照燭) : 밝게 빛나다. 밝게 비추다.

"道流! 汝欲得作佛, 莫隨境緣分別. 所以 '心生種種法生,[758] 心滅種種法滅.' '一心不生, 萬法無咎.' 世與出世, 無佛無法. 亦不現前, 亦不曾失. 設有者, 皆是名言章句. 接引小兒, 施設藥病, 表顯名句. 且名句, 不自名句, 還是汝目前昭昭靈靈鑒覺聞知照燭底, 安一切名句."

---

758) 莫隨境緣分別. 所以心生種種法生 : 〈사가어록본〉에는 "莫隨萬物, 心生種種法生"으로 되어 있다.

54. 오무간업

임제가 말했다.

"스님들이여! 오무간업(五無間業)[759]을 지어야만 비로소 해탈할 수 있다."

물었다.

"무엇이 무간지옥(無間地獄)에 떨어질 다섯 가지 업입니까?"

임제가 말했다.

"아버지를 죽이고, 어머니를 해치며, 부처님의 몸에서 피를 흘리게 하고, 화합승단(和合僧團)을 깨뜨리며, 경전과 불상을 불태우는 것 등이 오무간업(五無間業)이다."

물었다.

"무엇이 아버지입니까?"

임제가 말했다.

"무명(無明)이 아버지다. 그대들의 한순간 마음이 일어나고 사라지는 곳을 찾을 수 없음이 마치 허공에 메아리가 울리는 것과 같아서 어디에서든 일이 없으면, 이것을 일컬어 아버지를 죽인다고 한다."

물었다.

---

759) 오무간업(五無間業) : 오역죄(五逆罪)를 말함. 이 5종의 악업을 지은 이는 반드시 무간지옥(無間地獄)에 떨어져 고통을 받는 까닭에 오무간업이라고 한다.

"무엇이 어머니입니까?"

임제가 말했다.

"탐내고 좋아하는 것이 어머니다. 그대들의 한순간 마음이 욕계
(欲界)[760] 속으로 들어가 그 탐내고 좋아함을 찾지만, 모든 것이 헛
된 모습임을 볼 뿐이어서 어느 곳에서도 집착함이 없으면, 이를
일러 어머니를 해친다고 한다."

물었다.

"무엇이 부처님의 몸에서 피를 흘리게 하는 것입니까?"

임제가 말했다.

"그대들이 깨끗한 법계(法界) 속에서 한순간 마음이 알음알이를
내지 않아서 곧 어디에서나 분별하지 않으면, 이를 일러 부처님의
몸에서 피를 흘리게 하는 것이라고 한다."

물었다.

"무엇이 화합승단을 깨는 것입니까?"

임제가 말했다.

"그대들의 한순간 마음이 번뇌의 구속[761]을 바르게 통달하여 허
공처럼 의지할 곳이 없으면, 이를 일러 화합승단을 깨는 것이라고
한다."

---

760) 욕계(欲界) : 3계(界)의 하나. 지옥·아귀(餓鬼)·축생(畜生)·아수라·인간·6
욕천의 총칭. 이런 세계는 식욕·수면욕(睡眠欲)·음욕이 있으므로 욕계라 함.

761) 결사(結使) : 번뇌의 다른 이름. 번뇌는 몸과 마음을 속박하고 괴로움을 만들므
로 결(結)이라 하고, 중생을 따라 다니며 마구 몰아대어 부림으로 사(使)라 함.

물었다.

"무엇이 경전과 불상을 불태우는 것입니까?"

임제가 말했다.

"인연도 비었고 마음도 비었고 법도 비었음을 보아 한순간 결정코[762] 아주[763] 일이 없게 되면, 이것이 곧 경전과 불상을 불태우는 것이다.

"大德! 造五無間業, 方得解脫." 問: "如何是五無間業?" 師云: "殺父‧害母‧出佛身血‧破和合僧‧焚燒經像等, 此是五無間業." 云: "如何是父?" 師云: "無明是父. 汝一念心求起滅處不得, 如響應空, 隨處無事, 名爲殺父." 云: "如何是母?" 師云: "貪愛爲母. 汝一念心入欲界中, 求其貪愛, 唯見諸法空相, 處處無着, 名爲害母." 云: "如何是出佛身血?" 師云: "汝向淸淨法界中, 無一念心生解, 便處處不分別,[764] 是出佛身血." 云: "如何是破和合僧?" 師云: "汝一念心正達煩惱結使, 如空無所依, 是破和合僧." 云: "如何是焚燒經像?" 師云: "見因緣空‧心空‧法空, 一念決定迴然無事, 便是焚燒經像.

---

762) 결정(決定) : ①틀림없이. 반드시. ②마침내. 결국.

763) 형연(迥然) : 매우. 심하게.

764) 便處處不分別 : 〈사가어록본〉에는 '便處處黑暗'으로 되어 있다.

55. 들여우의 울음소리

스님들이여!

만약 이와 같이 통달할 수 있다면, 저 범부니 성인이니 하는 명칭에 가로막히지 않을 것이다.

그대들이 다만 빈주먹의 손가락 위에서 진실하다는 견해를 일으키기 때문에[765] 육근(六根)과 육경(六境)의 경계 속에서 헛되이

---

765) 공권지상생실해(空拳指上生實解) : 영가현각(永嘉玄覺)의 「증도가(證道歌)」에
나오는 구절. 앞뒤의 구절은 다음과 같다. "이승(二乘)은 정진(精進)하나 도심
(道心)이 없고, /외도(外道)는 총명하나 지혜가 없다. /어리석고 또 어리석어서,
/빈주먹의 손가락 위에서 진실하다는 견해를 낸다. /손가락을 붙잡고 달이라고
여겨 잘못 애를 쓰니, /육근(六根)과 육경(六境) 속에서 헛되이 괴상한 짓만 한
다. /한 법도 보지 않으면 곧 여래(如來)이니, /비로소 관자재(觀自在)라 일컬을
만하다." 공권(空拳) 즉 빈주먹이란 무언가를 쥐고 있는 듯이 쥐고 있는 빈주먹
을 가리킨다. 이 빈주먹은 불교의 가르침을 믿지 않는 어리석은 범부에게 불도
(佛道)라는 무엇인가 중요한 진리가 있는 듯이 보여 주는 것으로서 불교를 믿고
공부하게 만드는 방편설(方便說)을 가리킨다. 어리석은 범부에게는 처음에 불
도니 불법(佛法)이니 마음이니 하는 물건이 있는 것처럼 말하여 범부가 불교의
가르침을 믿어서 그 물건을 찾도록 이끌어 들이는 방편이 곧 빈주먹이다. 확고
한 믿음을 갖추고 진실하게 공부에 임하게 되면 결국 그런 이름에 해당하는 물
건이 따로 있지 않다는 사실을 깨닫게 되니 불교의 모든 가르침의 말씀은 빈주
먹인 것이다. 『금강경』에서 법(法)이라는 이름에 해당하는 물건을 따로 얻을 수
없다고 말하는 것이 곧 이것을 가리킨다. 『열반경』에서 우는 아이를 달래기 위
하여 누런 낙엽을 돈이라고 속여 쥐어 준다는 황엽(黃葉)의 비유와 함께 공권
(空拳)은 경전(經典)이라는 방편(方便)의 말씀을 가리킨다. 그러므로 빈주먹의

괴상한 짓을 하고,[766] 스스로를 가벼이 여기고 굴복하여 물러나며,[767] '나는 범부이고 그는 성인이다.'라고 말한다.

어리석은 중들아![768]

무엇이 그리 급하여 사자 가죽을 덮어쓰고도 도리어 들여우[769]의 울음소리를 내느냐?

대장부가 대장부의 기백[770]을 펼치지 못하고, 자기 집 안의 물건을 기꺼이 믿지 않고 이와 같이[771] 밖으로만 찾아다니며, 저 옛사람들의 부질없는 명칭과 글귀 위에서 음(陰)에 의지하고 양(陽)을 취하면서[772] 지극히 통달하지[773] 못하고 경계를 만나면 곧 관계하고 대상을 만나면 곧 집착하니, 만나는 곳마다 의혹이 일어나 스

손가락 위에서 진실하다는 견해를 낸다는 것은 곧 방편의 말씀인 경전의 언구(言句)에 무슨 진리가 있는 듯이 헤아리고 찾는 알음알이를 가리킨다.

766) 날괴(捏怪) : 괴상한 짓을 하다.

767) 퇴굴(退屈) : 굴복하여 물러나다. 불도를 구하는 마음이 퇴조하는 것. 불도의 공부가 싫어지는 것.

768) 독루생(禿屢生) : 독비구(禿比丘), 독자(禿子), 독노(禿奴)과 같은 뜻으로서 머리만 깎았을 뿐 법을 보는 안목은 없는 어리석은 승려를 가리키는 말.

769) 야간(野干) : 들여우. 푸르고 누런 털빛을 가지고 개와 비슷하게 생겼으며, 떼를 지어 돌아다니며 밤에 우는데 그 울음소리가 이리와 비슷하고, 몸집에 비하여 꼬리가 크고 나무를 잘 탄다고 한다.

770) 기식(氣息) : ①호흡. 숨결. ②냄새. 향기. ③기운. 기백.

771) 지마(秪麼) : 이와 같이. =여차(如此).

772) 의음박양(倚陰博陽) : 음(陰)에 의지하고 양(陽)을 취하다. 자신을 잃고서 음양이라는 경계를 따라다닌다.

773) 특달(特達) : 지극히 통달함. 매우 정통함.

스로 확고한 안정됨[774)]이 없다.

大德! 若如是達得, 免被他凡聖名礙. 爲汝[775)]祇向空拳指上生實解, 根境法中虛捏怪, 自輕而退屈, 言: '我是凡夫, 他是聖人.' 禿屢生! 有甚死急, 披他師子皮, 卻作野干鳴? 大丈夫漢, 不作丈夫氣息, 自家屋裏物不肯信, 祇麼向外覓, 上他古人閑名句, 倚陰博陽, 不能持[776)]達, 逢境便緣, 逢塵便執, 觸處惑起, 自無準定.

---

56. 말을 취하지 마라

스님들이여!

내가 말하는 것을 취하지 마라.

무슨 까닭인가?

말이란 의지할 곳⁷⁷⁷⁾이 없고 그때그때⁷⁷⁸⁾ 허공에다 제멋대로 그림을 그리는⁷⁷⁹⁾ 것이니, 갖가지 색으로 모습을 그린다는 비유와 같다.⁷⁸⁰⁾

스님들이여!

부처를 궁극의 경지라고 오해하지 마라.

나는 부처를 뒷간의 똥통 구멍처럼 여기며, 보살과 아라한을 모두 죄인의 목에 씌우는 칼과 수갑⁷⁸¹⁾처럼 사람을 결박하는 물건이

---

777) 빙거(憑據) : 증거. 의지처.

778) 일기(一期) : 한때. =일시(一時).

779) 도화(塗畫) : 엉망으로 그리다. 되는 대로 그리다. 제멋대로 그리다.

780) 『대승입능가경(大乘入楞伽經)』 제2권 「집일체법품(集一切法品) 제2-2」에 다음의 게송이 있다. "비유하면 화가와 그 제자들이 캔버스에 여러 가지 모습을 색깔로 그리듯이, 나 역시 이와 같이 말한다. 그러나 내가 그린 색깔 속에는 무늬가 없고 붓도 없고 캔버스도 없다. 중생을 기쁘게 하기 위하여 하얀 비단으로 여러 가지 모습을 만들지만, 말로써 표현하면 달라져 버리니 진실은 문자에서 벗어나 있기 때문이다."(譬如工畫師, 及畫師弟子, 布彩圖衆像, 我說亦如是. 彩色中無文, 非筆亦非素, 爲悅衆生故, 綺煥成衆像, 言說則變異, 眞實離文字.)

781) 가쇄(枷鎖) : 죄인의 목에 씌우는 칼과 수갑. 죄인의 신체를 구속하던 형구(刑具).

라고 여긴다.

그러므로 문수(文殊)는 칼을 가지고 고오타마를 죽이려 하였고,[782] 앙굴리마라는 단도를 쥐고서 석가모니를 해치려 했던 것이다.[783]

스님들이여!

얻을 수 있는 부처는 없다.

나아가 삼승(三乘)[785]과 오성(五性)[786]과 원돈교(圓頓敎)[787]의 자

782) 『대보적경(大寶積經)』 105에, 부처가 설한 계율이 제자들로 하여금 죄의식을 갖게 만들자, 문수가 칼을 들고 부처를 죽임으로써 악업과 같은 것은 없음을 증명해 보이려 한 이야기가 나온다.

783) 앙굴리마라(鴦掘利摩羅)는 산스크리트어 Aṅgulimāla의 음사로, 앙굴마라(央掘摩羅)라고도 한다. 앙굴리마라는 처음에 마니발타라 바라문을 스승으로 섬겼다. 어느 날 스승이 출타하였을 때에 스승의 아내에게 유혹을 당하였으나 거절하였다. 앙심을 품은 스승의 아내는 모함을 하였고, 그 말을 들은 스승은 앙굴리마라에게 여러 나라로 돌아다니면서 천 사람을 죽여 천 개의 손가락으로 머리 장식물을 만들어 오면 법을 일러 주겠다고 하였다. 이에 앙굴리마라는 여러 곳으로 다니면서 999명을 죽이고 드디어는 제 모친을 죽이려 하였다. 그때 석가모니가 그와 마주쳤다. 그는 석가모니를 공격하려 하였으나 오히려 부처의 가르침에 귀의하게 되었다. 앙굴리마라는 사람을 죽여 그 손가락으로 머리 장식물을 만들려 하였기 때문에 '지만외도(指鬘外道)'로도 불린다.

784) 삼승(三乘) : 세 가지 탈것[乘]을 뜻하는데, 탈것이란 중생을 깨달음으로 이끄는 가르침을 비유한 말이다. 성문승(聲聞乘) · 연각승(緣覺乘) · 보살승(菩薩乘) 세 가지가 그것인데, 부처는 중생의 근기에 따라 이 세 가지 가르침을 설한다.

785) 오성(五性) : '오성각별(五性各別)'이라고도 한다. 중생이 선천적으로 갖추고 있는 자질[性]을 다섯 가지로 나누고 그것은 이미 결정되어 있다고 하는 것으로, 성문정성(聲聞定性) · 연각정성(緣覺定性) · 보살정성(菩薩定性) · 부정성(不定性) · 무종성(無種性) 등이 그것이다. 앞의 셋은 수행의 정도에 따라 얻을 수 있

취는 모두 그때그때 병에 따라 처방하는 약일 뿐 진실한 법은 전혀 없다.

설사 있다고 하더라도, 모두가 마치 길가에 걸어놓은 현수막[787]처럼[788] 문자를 배열하여 이와 같이 말한 것이다.

스님들이여!

어떤 부류의 어리석은 중들은 곧 이 속에서[789] 열심히 공부하여[790] 출세간의 법을 구하려 하지만,[791] 잘못 안 것이다.[792]

는 깨달음의 결과가 결정되어 있어서 변경할 수 없는 것으로 '결정성(決定性)'이라고 한다. 부정성은 결정되어 있지 않아서 변경이 가능한 것이며, 무종성은 깨달음을 얻을 수 없는 것이다.

786) 원돈교(圓頓教) : 원만하고 원융(圓融)하게 갖추지 않음이 없어서 차제(次第)를 거치지 않고 문득 깨닫는 것을 원돈(圓頓)이라 하는데, 이는 자신이 바로 부처라고 하는 입장을 드러낸 것이다. 천태지의(天台智顗)가 남악혜사(南岳慧思)로부터 점차(漸次)·부정(不定)·원돈(圓頓)의 세 가지 지관(止觀)을 전해 받은 데서부터 이 말이 사용되었으며, 구극(究極)이 되는 교법이나 행위를 지칭한다. 『마하지관(摩訶止觀)』도 처음에는 『원돈지관(圓頓止觀)』이라 하였고, 천태종을 원돈종(圓頓宗)이라 하였다. 당대(唐代) 이후에는 천태종과 화엄교학에서 원교에 대해서 돈점(頓漸)·돈돈(頓頓) 등의 해석이 정밀해졌고, 점원(漸圓)과 돈원(頓圓)의 주장이 새로 행해졌다. 선가에서도 대승불교의 구극(究極)을 가리키는 말로 쓴다.

787) 표현로포(表顯路布) : 길가에 내걸어서 알리는 현수막(懸垂幕). 전쟁의 승리나 국가의 중요한 일을 알리기 위하여 길가에 내걸었다.

788) 상사(相似) : 닮다. 비슷하다.

789) 이허(裏許) : 안. 속. 가운데. 허(許)는 장소를 뜻한다.

790) 착공(着功) : 힘써 배우다. 열심히 공부하다.

791) 의(擬) : −하려 하다. −할 예정이다. =욕(欲).

792) 착료(錯了) : 잘못 알다. 오해하다.

만약 사람이 부처를 구한다면 오히려 부처를 잃게 되고, 도를 구한다면 도를 잃게 되며, 조사를 구한다면 조사를 잃게 될 것이다.

道流! 莫取山僧說處. 何故? 說無憑據, 一期間塗盡⁷⁹³⁾虛空, 如彩畵像等喻. 道流! 莫將佛爲究竟. 我見猶如厠孔, 菩薩羅漢盡是枷⁷⁹⁴⁾鎖縛人底物. 所以文殊仗劍殺於瞿曇, 鴦掘持刀害於釋氏. 道流! 無佛可得. 乃至三乘五性圓頓敎跡, 皆是一期藥病相治, 並無實法. 設有, 皆是相似表顯路布, 文字差排, 且如是說. 道流! 有一般禿子, 便向裏許着功, 擬求出世之法, 錯了也. 若人求佛, 是人失佛, 若人求道, 是人失道. 若人求祖, 是人失祖.

---

793) 盡 : 〈사가어록본〉에는 '畵'로 되어 있는데, '畵'가 맞다.
794) 是枷 : 〈사가어록본〉에는 '加'로 되어 있다.

57. 일 없는 사람

스님들이여, 착각하지 마라!

나는 그대들이 경론(經論)을 이해하는 것을 바라지도 않으며, 그대들이 국왕이나 대신이기를 바라지도 않으며, 그대들이 폭포수처럼 말을 잘하기를 바라지도 않으며, 그대들이 총명하고 지혜롭기를 바라지도 않는다.

나는 오직 그대들의 참된[795] 견해(見解)를 바랄 뿐이다.

스님들이여!

그대들이 설사 100권의 경론을 이해한다고 하더라도, 한낱 일 없는 스님[796]보다는 못한 것이다.

그대들이 경론을 이해하면, 곧 다른 사람들을 경멸하며 아수라(阿修羅)[797]같이 승부심과 자기라는 견해[798]에 사로잡혀 어리석음 속에서 지옥 갈 업을 기른다.

---

795) 진정(眞正) : ①참된. 진짜의. 진정한. ②진실로. 참으로. 정말로.

796) 아사(阿師) : 아(阿)는 어조사, 화상(和尙)·사(師)라는 말과 같음.

797) 아수라(阿修羅) : asura. 6도(道)의 하나. 10계(界)의 하나. 아소라(阿素羅)·아소락(阿素洛)·아수륜(阿須倫)이라 음역. 줄여서 수라(修羅). 비천(非天)·비류(非類)·부단정(不端正)이라 번역. 싸우기를 좋아하는 귀신.

798) 인아(人我) : ↔법아(法我). 5온(蘊)이 화합하여 이루어진 신체에 실재한 것 같이 생각되는 상일주재(常一主宰)의 아(我)를 말함. 이런 견해를 인아견(人我見), 또는 아견(我見)이라 함. ⇒인아견(人我見)

마치 선성(善星)[799] 비구가 십이분교(十二分敎)를 알면서도 산 채로 지옥에 떨어졌으나 대지(大地)조차도 그를 받아들이지 않은 것과 같으니, 일 없이 쉬는 것이 더 낫다.

배고프면 밥 먹고 졸리면 눈 붙일 뿐이니, 어리석은 자는 나를 비웃을 것이나 지혜로운 이라면 알 것이다.

스님들이여!

문자 속에서 구하지 마라.

마음이 움직이면 피로하고, 찬 기운을 들이마시면 이로울 것이 없으니, 한순간 연기(緣起)하는 것은 본래 생겨나고 사라짐이 없음을 깨달아 삼승(三乘)의 권학보살(權學菩薩)[800]을 뛰어넘는 것이 낫다.

---

799) 선성(善星) : 『열반경(涅槃經)』 「가섭품」에 나오는 이야기다. 선성(善星)은 인도의 비구(比丘)로서, 출가하여 12부경을 독송하여 욕계(欲界)의 번뇌를 끊고 제4선정(禪定)을 얻었는데, 그만 나쁜 친구와 사귀어 사견(邪見)을 일으켜 부처님에 대하여 나쁜 마음을 내었기 때문에, 니련선하 언덕에서 대지가 갈라지면서 산 몸으로 아비지옥에 떨어졌다고 한다.

800) 권학보살(權學菩薩) : 방편의 가르침인 권학(權學)을 배우는 보살. 권학(權學)은 성문(聲聞)·연각(緣覺)·보살(菩薩)의 삼승(三乘)을 가리킴. 방편의 가르침인 권교(權敎)와 진실을 드러내는 실교(實敎)를 구분함에, 성문·연각·보살의 삼승을 권학이라 하고, 최상승(最上乘)인 일승(一乘)을 실학이라 한다. 선종(禪宗)에서는 선(禪)만을 실학(實學)이라 하고, 나머지 모든 불교의 가르침을 권학(權學)이라고 폄하한다.

大德, 莫錯! 我且不取汝解經論, 我亦不取汝國王大臣, 我亦不取汝辨[801] 似懸河, 我亦不取汝聰明智慧. 唯要汝眞正見解. 道流! 設解得百本經論, 不如一箇無事底阿師. 汝解得, 卽輕篾他人, 勝負修羅, 人我無明, 長地獄 業. 如善星比丘, 解十二分敎, 生身陷地獄, 大地不容, 不如無事休歇去. 飢 來喫飯, 睡來合眼, 愚人笑我, 智乃知焉. 道流! 莫向文字中求. 心動疲勞, 吸冷氣無益, 不如一念緣起無生, 超出三乘, 權學菩薩.

---

801) 辨: 〈사가어록본〉에는 '辯'으로 되어 있다.

58. 선지식을 찾아라

스님들이여!

타성에 젖어 시간을 허비하면서[802] 하루하루 날만 보내지 마라.

내가 과거에 아직 안목이 없었을 때에는 도무지 캄캄하기만 하였다.[803]

시간을 헛되이 보낼 수가 없었기에 속이 타고 마음이 바빠서[804] 분주히[805] 도를 찾아다녔는데,[806] 뒷날 힘을 얻고 나서야 비로소 오늘 여러분과 더불어 이렇게 말하기에 이르렀다.

권하노니, 여러 스님들이여, 옷과 밥을 위하여 살지 마라!

세상이 얼마나 쉽게 지나가 버리는지 보라.

선지식은 만나기 어려우니, 우담바라(優曇婆羅)[807]의 꽃이 필 때

---

802) 인순(因循) : ①소홀하다. 데면데면하다. 건성건성하다. 등한하다. 무책임하다. ②느릿느릿하고 한가하다. ③이리저리 배회하다. ④머물다. 묵다. ⑤지연하다. 지체하다. ⑥시간을 허비하다.

803) 흑만만지(黑漫漫地) : 어둠으로 가득 찬. 칠흑처럼 어두운. 새까맣게 어두운

804) 복열심망(腹熱心忙) : 속이 타고 마음이 바쁘다. 몹시 갈망하는 모습.

805) 분파(奔波) : 바쁘게 뛰어다니다.

806) 방도(訪道) : 도리를 배우다. 진리를 찾다.

807) 우담바라(優曇婆羅, uḍumbara) : 優曇波羅, 烏曇跋羅, 優曇華, 優曇跋羅華, 優鉢華 등 다양하게 표기되고 있다. 영서(靈瑞), 서응(瑞應), 상서운이(祥瑞雲異)의 뜻으로 풀이된다. 인도에서 전륜성왕(轉輪聖王)이 나타날 때 이 꽃이 핀다는 가상의 식물이다. 3천년 만에 한 번 꽃이 핀다는 신령스러운 꽃으로 매우 드물

에 한 번 나타나는 것과 같다고 한 것이다.

　大德! 莫因循過日. 山僧往日未有見處時, 黑漫漫地. 光陰不可空過, 腹
熱心忙, 奔波訪道, 後還得力, 始到今日, 共道流如是話度. 勸諸道流, 莫爲
衣食! 看世界易過.[808] 善知識難過, 如優曇華時一現耳.

　고 희귀하다는 비유로 쓰이고 있다.
808) 過 : 〈사가어록본〉에는 '遇'로 되어 있는데, 문맥으로 보아 '遇'가 맞다.

59. 오로지 행할 뿐

그대들은 곳곳에서 임제 늙은이가 여기에 있다는 소문을 듣고 찾아와서는 곧바로 어려운 질문을 하여 나의 말문을 막으려고 한다.

그러나 내가 오로지 행위[809]만 할 뿐이면, 학인들은 눈만 멀뚱히 뜨고 입은 전혀 움직이지 못하고 얼이 빠져[810] 나에게 어떻게 답해야 할지 모른다.

그때 나는 그들에게 말한다.

'거대한 코끼리[811]의 발길질을 당나귀는 견디지 못한다.'

그대들은 여러 곳에서 당당히 자랑하며[812] 말하기를, '나는 선을 알고 도를 안다.'고들 하지만, 두 사람이건 세 사람이건 여기에 와서는 어찌할 바를 모른다.[813]

가련하구나!

그대들은 이렇게 멀쩡한 몸과 마음을 가지고서 곳곳에서 경솔

---

809) 작용(作用) : 행위하다.

810) 몽연(懜然) : 명확하지 못한 모양. 무지한 모양. 흐리멍덩한 모양.

811) 용상(龍象) : 코끼리 가운데서 가장 뛰어난 것을 나타내기 위해 용(龍) 자를 앞세웠다. 선종에서는 탁월한 식견이나 역량을 지닌 선승 또는 학덕을 겸비한 수행자를 가리키는 말로 쓰인다.

812) 지흉점륵(指胸點肋) : 가슴을 가리키며 자부(自負)하다. 가슴을 가리키며 자랑하고 뽐내다.

813) 불내하(不奈何) : 어찌할 수 없다. 아무런 방도가 없다.

하게 입을 놀려[814] 세속 사람들을 속이니, 쇠몽둥이 맛을 볼 날이
있을 것이다.

　그대들은 출가한 사람이 아니라 모두 아수라의 세계에 들어간
자들이다.

　汝諸方聞道, 有箇臨濟老漢, 出來便擬問難, 敎諸[815]不得. 被山僧全體作
用, 學人空開得眼, 口總動不得, 懵然不知以何答我. 我向伊道, '龍象蹴踏,
非驢所堪.' 汝諸處秖指胸點肋,[816] 道'我解禪解道.' 三箇兩箇, 到者[817]裏不
柰何. 咄哉! 汝將者箇身心, 到處簸兩片皮, 誑諞閭閻, 喫鐵棒有日在. 非出
家兒, 盡向阿脩羅界攝.

---

814) 파양편피(簸兩片皮) : 입술을 놀리다. 함부로 말하다. 경솔하게 말하다.
815) 敎諸 : 〈사가어록본〉에는 '敎語'로 되어 있는데, 문맥으로 보아 '敎語'가 맞다.
816) 肋 : 〈사가어록본〉에는 '肋'으로 되어 있는데, 문맥으로 보아 '肋'이 맞다.
817) 者 : 〈사가어록본〉에는 '這'로 되어 있는데, 뜻은 같다. 이하 마찬가지다.

60. 원돈(圓頓)의 가르침

지극한 도는 논쟁하여 구하는 것도 아니고, 바른 말을 크게 외쳐서[818] 외도를 꺾는 것도 아니다.

나아가 조사와 부처가 서로 법을 전해 주는 데에도 무슨 별다른 뜻은 없다.

만약 말로써 가르친다고 하면, 삼승(三乘)·오성(五性)·인천(人天)·인과(因果) 등 교화(敎化)의 방편[819]에 떨어지고 만다.

원돈(圓頓)의 가르침은 결코 그렇지 않으니, 선재동자(善財童子)[820]는 53선지식을 전혀 찾아다니지 않았다.[821]

스님들이여!

---

818) 격양갱장(激揚鏗鏘) : 아름다운 악기 소리를 크게 울리다.

819) 화의(化儀) : 화도(化導)의 의식(儀式)이라는 뜻으로서 교화의 방법과 수단을 가리킴. 곧 여러 가지 교화의 방편(方便)을 가리킴.

820) 선재동자(善財童子) : Sudhana. 『화엄경』 「입법계품」 에 나오는 구도자(求道者). 53선지식을 두루 찾아뵙고, 맨 나중에 보현보살(普賢菩薩)을 만나서 10대원(大願)을 듣고, 아미타불의 국토에 왕생하여 입법계(入法界)의 지원(志願)을 채웠다 함. 선재의 구법에 의하여 『화엄경』 입법계의 순서가 정해졌다.

821) 『화엄경』 「입법계품(入法界品)」 을 보면, 선재동자는 깨달음을 구하기 위해 53명의 선지식을 찾아 순례를 하였다. 그러나 이는 삼승(三乘)·오성(五性) 등의 단계적인 수행을 설하는 방편 법문을 구하러 다닌 것이 아니고, 한순간에 삼승권교(三乘權敎)를 초월한 원돈일승(圓頓一乘)의 교법을 구하려 한 것이다. 즉, 선재동자는 밖에서 법을 구한 것이 아니고, 본래부터 갖추어져 있던 불성(佛性)을 깨달았을 뿐이다.

마음을 잘못 쓰지 마라.

거대한 바다가 주검을 가만히 머물러 두지 않듯이, 그렇게 짊어
지고서 천하를 돌아다니며 스스로 견해의 장애를 일으켜 마음을
가로막고 있구나.

해가 떠오르고 구름이 없으니

밝은 하늘[822]이 두루 환하고,

눈 속에 티끌이 없으니

공중에 헛꽃[823]이 없구나.

夫如至理之道, 非諍論而求, 激揚鏗鏘以摧外道. 至於佛祖相承, 更無別
意. 設有言敎, 落在化儀, 三乘五性, 人天因果. 如圓頓之敎, 又且不然, 童
子善財皆不求過. 大德! 莫錯用心. 如大海不停死屍, 秪麼擔卻, 擬天下走,
自起見障, 以礙於[824]心.

日上無雲,

---

822) 여천(麗天) : ①해가 밝게 빛나는 하늘. 덕행이 밝고 아름다움을 비유한다. ②
　　하늘에 매달려 있음.

823) 공화(空華) : 허공화(虛空華)의 준말로서 허화(虛華), 안중화(眼中華), 안리화
　　(眼裏花)라고도 함. 허공 속의 꽃이라고 하여 허공꽃이라고도 한다. 백내장 같
　　은 눈병이 났을 경우에 눈앞의 허공에 하얀 꽃 모양이 보이는데, 이것을 공화라
　　고 한다.

824) 於 : 〈사가어록본〉에는 '于'로 되어 있다.

麗天普照,

眼中無翳,

空裏無花.

61. 홀로 밝다

스님들이여!

그대들이 법과 같기를 바란다면, 다만 의심을 내지 마라.

펼치면 온 법계를 모두 거느리고,[825] 거두면 실처럼 가는 머리카락도 놓을 수 없다.[826]

뚜렷이[827] 홀로 밝아서 모자란 적이 없는데, 눈으로도 보지 못하고 귀로도 듣지 못하니,[828] 무엇이라고 불러야 하겠는가?

---

825) 미륜(彌綸) : ①일괄 취급함. 통틀어 정리함. ②두루 휩싸서 하나로 묶음. 모두 거느리어 관할함. ③잘 처리하여 다스림. ④총괄함. 관통함.

826) 『종경록(宗鏡錄)』 98에 보이는 우두법융(牛頭法融: 594~657)의 「절관론(絶觀論)」에 다음과 같은 대목이 나온다. "'무엇이 지혜인가?' '경계가 알음알이를 일으킴이 지혜이다.' '무엇이 경계인가?' '자신의 심성(心性)이 경계이다.' '무엇이 펼쳐 내는 것인가?' '비추고 작용함이 펼쳐 내는 것이다.' '무엇이 말아 들이는 것인가?' '마음이 적멸(寂滅)하여 오고 감이 없는 것이 말아 들이는 것이다. 펼쳐 내면 법계를 두루 다니고, 말아 들이면 흔적을 찾기도 어렵다.' '무엇이 법계인가?' '테두리를 나타낼 수 없는 것을 일러 법계라 한다.'"('何者是智?' 云: '境起解是智.' '何者是境?' 云: '自身心性爲境.' 問: '何者是舒?' 云: '照用爲舒.' '何者爲卷?' 云: '心寂滅無去來爲卷. 舒則彌遊法界; 卷則定跡難尋.' 問: '何者是法界?' 云: '邊表不可得名爲法界.')

827) 역력(歷歷) : 뚜렷하다. 분명하다. 눈에 선하다.

828) 『경덕전등록』 30에 나오는 배도(杯渡) 선사(禪師)의 「일발가(一鉢歌)」의 한 구절이다. 관련 구절을 들면 다음과 같다. "눈으로 보지 못하고 귀로도 듣지 못하니, 보지 못하고 듣지 못함이 참으로 보고 들음이로다."(眼不見耳不聞, 不見不聞眞見聞.)

옛사람은 말하기를, '한 물건이라 말한다면⁸²⁹⁾ 맞지 않다.'⁸³⁰⁾고 하였다.

그대들은 다만 스스로 살펴보라.

다시 무엇이 있는가?

말을 한다면 끝이 없으니, 각자는 힘을 내어라.⁸³¹⁾

그만 쉬도록 하라."⁸³²⁾

道流! 汝欲得如法, 但莫生疑. 展則彌綸法界, 收則絲髮不立. 歷歷孤明, 未曾欠少, 眼不見, 耳不聞, 喚作什麽物? 古人云: '說似一物則不中.' 汝但 自家看. 更有什麽? 說亦無盡, 各自着力. 珍重."

---

829) 설사(說似) : 말해 주다. 거사(擧似)와 같은 뜻. 여기서 사(似)는 동사의 접미사 로서 '―주다(給)'의 뜻을 부가해 주는 어조사.

830) 남악회양(南嶽懷讓: 677-744)이 육조(六祖)를 찾아뵈었을 때의 이야기다. 『조 당집』 3과 『전등록』 5에 보이는데, 『전등록』에 실려 있는 것을 들면 다음과 같다. "이에 곧장 조계로 가서 육조를 뵈니, 육조가 물었다. '어디서 왔느냐?' '숭산에 서 왔습니다.' '어떤 물건이 이렇게 왔는가?' '한 물건이라 말한다면 맞지 않습니 다.' '이 더럽힐 수 없는 것만이 모든 부처님이 지켜 주시는 바다. 너도 이미 그 렇고, 나 또한 그렇다.'"(乃直詣曹谿參六祖. 祖問: '什麽處來?' 曰: '嵩山來.' 祖 曰: '什麽物恁麽來?' 曰: '說似一物卽不中.' 祖曰: '還可修證否?' 曰: '修證卽不無, 汚染卽不得.' 祖曰: '只此不汚染, 諸佛之所護念. 汝旣如是, 吾亦如是.')

831) 착력(著力) : 힘을 쓰다. 힘을 내다.

832) 진중(珍重) : 헤어질 때의 인사말. "안녕히 (계셔요, 가세요)!" 진중(珍重)의 본 래 뜻은 큰 일을 위하여 자신을 소중히 여기라는 것.

제3부 : 행각(行脚)

1. 용광을 방문함

임제가 행각(行脚)할 때에 용광(龍光)[833]을 방문한 적이 있다. 용광이 상당(上堂)하자 임제가 나아가 물었다.

"칼[834]을 뽑지 않고, 어떻게 이길 수 있습니까?"

용광은 의자에 가만히 앉아 있었다.[835] 임제가 말하였다.

"대선지식께서 어찌 방편(方便)이 없으십니까?"

용광이 눈을 크게 뜨고 노려보며,[836] "사—아!"[837] 하고 목쉰 소리를 내었다. 이에 임제가 손으로 가리키며 말했다.

"이 노인네가 오늘 실패하였군!"[838]

師行脚時, 到龍光. 光上堂, 師出問: "不展鋒鋩, 如何得勝?" 光據座. 師云: "大善知識, 豈無方便?" 光瞪目云: "嘎!" 師以手指云: "者老漢, 今日敗闕也."

---

833) 전기(傳記) 미상(未詳).

834) 봉망(鋒鋩) : 칼끝. 칼날. 창 끝. 화살 끝.

835) 거좌(據座) : 의자에 앉다. 의자에 앉아 있다.

836) 징목(瞪目) : ①눈을 크게 뜨다. ②눈알을 부라리다. ③노려보다. =징안(瞪眼).

837) 사(嘎) : ①목이 쉬다. ②의문이나 깨달음을 나타내는 감탄사. =아(啊).

838) 패궐(敗闕) : 손해 보다. 실패하다. 좌절하다. 꺾이다.

2. 삼봉을 방문함

임제가 삼봉(三峯)[839]에 이르니, 평(平) 화상이 물었다.

"어디에서 오는가?"

임제가 대답했다.

"황벽산(黃檗山)에서 옵니다."

평 화상이 물었다.

"황벽 스님은 무슨 말씀을 하셨는가?"

임제가 말했다.

"황금소가 어젯밤 도탄(塗炭)[840]에 들어가더니, 지금까지 종적을 볼 수 없습니다."

평 화상이 말했다.

"가을바람[841]이 옥피리를 부니, 누가 알아듣는 사람인가?"

임제가 말했다.

"만 겹의 관문을 곧바로 통과하여, 높고 푸른 하늘에도 머물지 않습니다."

---

839) 전기 미상.

840) 도탄(塗炭) : ①질척거리는 수렁과 이글거리는 숯불 속. ②매우 심한 괴로움이나 곤란함. ③매우 더러운 곳. ④짓밟히다. 침해를 당하다.

841) 금풍(金風) : 금(金)은 오행(五行)에서 방위로는 서쪽, 시절로는 가을을 가리키므로, 금풍(金風)은 가을바람이다.

평 화상이 말했다.

"그대의 이 한 물음이 매우 높구나."

임제가 말했다.

"용이 황금빛 봉황의 새끼를 낳으니, 맑고 푸른 물결을 깨뜨립니다."

평 화상이 말했다.

"앉아서 차나 들게."

또 물었다.

"요사이 어디를 떠나왔는가?"

임제가 말했다.

"용광입니다."

평 화상이 물었다.

"용광은 요사이 어떻던가?"

임제는 곧 나가 버렸다.

到三峰, 平和尙問: "什麼處來?" 師云: "黃檗來." 平云: "黃檗有何言句?" 師云: "金牛昨夜遭塗炭, 直[842]至如今不見蹤." 平云: "金風吹玉管, 那箇是知音?" 師云: "直透萬重關, 不住靑霄內." 平云: "子者一問太高生." 師云: "龍生金鳳子, 衝破碧波流." 平云: "且坐喫茶." 又問: "近離甚處?" 師云: "龍光." 平云: "龍光近日如何?" 師便出去.

---

842) 直 : 〈사가어록본〉에는 '只'로 되어 있다.

3. 대자를 방문함

임제가 대자(大慈)[843]를 방문하였더니, 대자는 방장(方丈)에 앉아 있었다. 임제가 물었다.

"방장실에 편안히 앉아[844] 있을 때에는 어떻습니까?"

대자가 말하였다.

"겨울에도 시들지 않는 소나무의 한결같은 색은 천년 동안 남다르고, 촌 노인이 꽃을 드니 온 세상이 봄이로구나."

임제가 말하였다.

"옛날부터 지금까지[845] 영원히 초월한 원만한 지혜의 바탕[846]은 삼산(三山)[847]에 갇혀서도 만 겹의 관문(關門)을 끊어 버리네."

대자가 곧 "악!" 하고 외치니, 임제도 역시 "악!" 하고 외쳤다.

---

843) 대자(大慈)는 항주(杭州) 대자산(大慈山)에 주석하였던 환중(寰中: 780−862)이다. 그는 백장회해(百丈懷海)의 법을 이었으며, '성공대사(性空大師)'라 일컬어졌다. 『조당집』제17권, 『송고승전』제12권, 『경덕전등록』제9권 등에 전기가 실려 있고, 『무림금석기(武林金石記)』제9권에 「당항주대자산중선사사적(唐杭州大慈山中禪師事跡)」이 있다.

844) 단거(端居) : (바깥과 왕래하지 않고) 집 안에 틀어박혀 있다. 집 안에 편안히 머물러 있다. =단좌(端坐).

845) 금고(今古) : =금고(今故). ①지금과 옛날. =금석(今昔), 금향(今曏). ②옛날부터 지금까지. ③지난날. 과거. 사라져 간 시간이나 사람.

846) 원지(圓智) : 일체지(一切智). 모든 법의 모습을 모조리 다 아는 부처님의 지혜.

847) 삼산(三山) : 탐욕[貪]·성냄[瞋]·어리석음[癡] 이 셋을 가리키는 듯하다.

대자가 말했다.

"무엇 하는가?"[848]

임제는 곧 소매를 떨치고 나가 버렸다.

到大慈, 慈在方丈內坐. 師問: "端居丈室時如何?" 慈云: "寒松一色千年別, 野老枯[849]花萬萬春." 師云: "今古永超國[850]智體, 三山鎖斷萬重關." 慈便喝, 師亦喝. 慈云: "作什麼?"[851] 師拂袖便出.

---

848) 작심마(作甚麼) : 무엇을 하겠는가? 무엇을 하느냐? 〈사가어록본〉에서는 '작마(作麼)'라고 되어 있는데, '작마(作麼)'는 '어째서?' '왜?' '어떻게?' '어떠하냐?' '무엇하러?'라는 뜻이다.

849) 枯 : 〈사가어록본〉에는 '拈'으로 되어 있다. '枯'는 '拈'의 오자(誤字)이다.

850) 國 : 〈사가어록본〉에는 '圓'으로 되어 있다. '國'은 '圓'의 오자이다.

851) 作什麼 : 〈사가어록본〉에는 '作麼'로 되어 있다.

4. 화엄을 방문함

임제가 양주(襄州)의 화엄(華嚴)⁸⁵²⁾을 방문하였는데, 화엄은 주장
자에 기대어 조는 척 하고 있었다. 임제가 말했다.

"노스님께서 졸고 계셔서 어떻게 하겠습니까?"

화엄이 말했다.

"훌륭한 선객(禪客)⁸⁵³⁾은 확실히 다르구나."

임제가 말했다.

"시자야, 차를 끓여서⁸⁵⁴⁾ 노스님께서 드시도록 하여라."

화엄이 이에 유나(維那)⁸⁵⁵⁾를 불러 말했다.

"셋째 자리⁸⁵⁶⁾를 이 스님에게 내주어라."

---

852) 양주(襄州)는 호북성(湖北省) 양양현(襄陽縣)이다. 여기서 화엄(華嚴)은 녹문산
(鹿門山)의 화엄원(華嚴院)을 가리키는 듯한데, 당시 그곳에 주석한 주지가 누
구인지는 자세하지 않다.

853) 작가(作家) : 작자(作者)라고도 한다. 진실한 뜻을 체득하고 수행자를 대함에 있
어 노련하게 방편을 사용하는 선(禪)의 종장(宗匠)을 일컫는다.

854) 점다(點茶) : 차를 끓이다.

855) 유나(維那) : 선원(禪院)의 기강(紀綱)을 바로잡는 직책. 범어 Karmadāna의 음
역(音譯)이다. 의역(意譯)으로는 열중(悅衆)이라고 한다.

856) 제삼좌(第三座) : 제일좌(第一座)는 수좌(首座)의 별칭인데, 선당(禪堂)에서 앞
의 제일 첫 번째 자리에 있기 때문에 그렇게 일컫는다. 제이좌(第二座)는 수좌
다음으로, 말하자면 서기(書記)이다. 제삼좌(第三座)는 후당(後堂)의 수좌(首座)
로서 장로(長老)를 도와서 수행자를 지도한다.

到襄州華嚴, 嚴倚拄杖作睡勢. 師云: "老和尚, 瞌睡作麼?" 嚴云: "作家禪客, 宛爾不同." 師云: "侍者, 點茶來, 與和尚喫." 嚴乃喚維那: "第三位安排者上座."

5. 비구니의 일할(一喝)

임제가 어떤 비구니에게 물었다.

"잘 왔느냐 잘못 왔느냐?"

비구니가 곧장 "악!" 하고 고함을 질렀는데, 임제가 방망이를 들고 말하였다.

"다시 말해 봐라, 다시 말해 봐!"

비구니가 다시 "악!" 하고 고함을 지르니, 임제가 곧바로 때렸다.

師問一尼: "善來? 惡來?" 尼便喝, 師枯[857]棒云: "更道, 更道." 尼又喝, 師便打.

---

857) 枯 : 〈사가어록본〉에는 '拈'으로 되어 있다. '枯'는 '拈'의 오자(誤字)이다.

6. 취봉을 방문함

임제가 취봉(翠峯)[858]을 방문하였더니, 취봉이 물었다.

"어디에서 오는가?"

임제가 말했다.

"황벽산에서 왔습니다."

취봉이 물었다.

"황벽 스님은 어떤 말씀을 하여 사람들에게 보여 주시는가?"

임제가 말했다.

"황벽 스님께서는 말씀이 없으십니다."

취봉이 물었다.

"왜 없으신가?"

임제가 말했다.

"설사 있다 하더라도, 말씀드릴 것은 없습니다."

취봉이 말했다.

"그래도 한번 말해 보게."

임제가 말했다.

"화살 한 개가 인도(印度)[859]를 이미 지나갔습니다."

---

858) 전기 미상.

859) 서천(西天) : 인도(印度).

到翠峰, 峰問："甚處來?"師云："黃蘗來."峰云："黃蘗有何言句指示於人?"師云："黃蘗無言句."峰云："爲什麼無?"師云："設有, 無擧處."峰云："但擧看."師云："一箭過西天."

7. 상전을 방문함

임제가 상전(象田)[860]을 방문하여 물었다.

"범부도 아니고 성인도 아닙니다. 스님께서 얼른 말씀해 주십시오."

상전이 말했다.

"나는[861] 다만[862] 이럴 뿐이네."[863]

임제는 곧 "악!" 하고 고함을 지르고는 말했다.

"수많은[864] 까까머리 중들아![865] 여기에서 무슨 밥그릇을 찾느냐?"

到象田, 師問: "不凡不聖, 請師速道." 田云: "老僧, 祇與麼." 師便喝云: "許多禿子! 在者裏, 覓什麼碗?"[866]

---

860) 전기 미상.

861) 노승(老僧) : 선승(禪僧)이 자신을 가리킬 때에 사용하는 말.

862) 지(祇) : =지(只).

863) 여마(與麼) : 임마(恁麼)라고도 쓴다. 문어(文語)의 여시(如是), 여차(如此)와 같은 뜻이다.

864) 허다(許多) : ①대단히 많은. ②좋은. 상당한.

865) 독자(禿子) : 대머리 비구. 독노(禿奴), 독비구(禿比丘), 독루생(禿屢生)과 같은 뜻으로서 머리만 깎았을 뿐 법을 보는 안목은 없는 어리석은 승려를 가리키는 말.

866) 碗 : 〈사가어록본〉에는 '椀'으로 되어 있는데, 뜻은 같다.

8. 명화를 방문함

임제가 명화(明化)[867]를 방문하였더니, 명화가 물었다.

"왔다 갔다 하면서 무엇 하고 있는가?"

임제가 말했다.

"쓸데없이 짚신만 닳게[868] 하고 있지요."

명화가 말했다.

"결국 어쩌겠다는 건가?"[869]

임제가 말했다.

"노인네가 말귀[870]도 못 알아 듣는군."

到明化, 化問: "來來去去, 作什麽?" 師云: "秪徒踏破草鞋." 化云: "畢

竟作麽生?" 師云: "老漢話頭也不識."

---

867) 전기 미상.

868) 답파(踏破) : 닳도록 밟다. 밟아서 닳다.

869) 작마생(作麽生) : 어째서? 왜? 어떻게? 어떠하냐? 무엇하러? =작마(作麽), 즉
마(則麽), 자심마(子甚麽), 자마(子麽).

870) 화두(話頭) : 화(話)와 같음. 두(頭)는 접미어(接尾語). ①말. 말씀. 이야기. 대
화. 담론. ②이야기의 주제. 화제(話題). ③고사(故事).

9. 봉림의 노파

임제가 봉림(鳳林)[871]에 이르러 길에서 한 노파를 만났는데, 노파가 물었다.

"어디로 가십니까?"

임제가 말했다.

"봉림으로 갑니다."

노파가 말했다.

"때마침[872] 봉림 스님은 계시지 않습니다."

임제가 말했다.

"어디로 갔습니까?"

노파는 곧장 가 버렸다. 임제가 이에 노파를 불렀다. 노파가 머리를 돌리자, 임제는 곧장 가 버렸다.

到鳳林, 路逢一婆, 婆問: "甚處去?" 師云: "鳳林去." 婆云: "恰値鳳林不在." 師云: "甚處去?" 婆便行. 師乃喚婆. 婆迴[873]頭, 師便行.[874]

---

871) 전기 미상.

872) 흡치(恰値) : 마침 −에 즈음하여. 바로 −한 때를 만나.

873) 迴 : 〈사가어록본〉에는 '回'로 되어 있다.

874) 行 : 〈선화본〉에는 '打'로 되어 있다.

10. 봉림을 방문함

임제가 봉림(鳳林) 스님을 방문하니, 봉림 스님이 물었다.

"물어볼[875] 일이 있는데, 되겠는가?"

임제가 말했다.

"왜 멀쩡한 살을 긁어 상처를 내려 하십니까?"[876]

봉림이 말했다.

"바다 위에 뜬 달은 맑아서 그림자도 없는데, 노니는 물고기가 스스로 헤매는구나."[877]

임제가 말했다.

"바다 위의 달에 이미 그림자 없는데, 노니는 물고기가 어찌 헤

---

875) 차문(借問) : 시험 삼아 묻다. 한번 물어보다. 말씀 좀 여쭙겠습니다. 상(相)은 동사의 앞에서 상대에 대한 동작, 혹은 경어(敬語)를 나타내는 말.

876) 『유마경』 「제자품」에도 "상처가 없는 곳에 상처를 내어서는 안된다."라는 구절이 있다. 자승자박(自繩自縛), 긁어 부스럼, 사족(蛇足) 등과 같은 말로서, 본래 아무 문제 없이 완전한데 쓸데없이 입을 열어 말을 함으로써 어긋나게 된다는 개구즉착(開口卽錯)의 의미이다.

877) 『경덕전등록』 제15권에 실려 있는 협산선회(夾山善會: 805-881)의 전기에 다음과 같은 문답이 나온다 : 어떤 중이 물었다. "어떤 것이 도입니까?" 협산이 말하였다. "햇빛이 눈에 가득하니 만리에 조각구름 한 점 걸리지 않는다." "어떻게 알 수 있습니까?" "맑은 물에서 노니는 물고기가 제 스스로 헤매는구나."(僧問: "如何是道?" 師曰: "太陽溢目, 萬里不掛片雲." 曰: "如何得會?" 師曰: "淸淨之水游魚自迷.") 『조당집』 제7권에도 나온다.

맬 수 있습니까?"

봉림이 말했다.

"바람을 보고 물결이 일어남을 알고, 물장난을 하면 종이배[878]가 나부낀다."

임제가 말했다.

"외로운 달이 홀로 비추니 강과 산이 고요하고, 스스로 웃는 한 소리에 하늘과 땅이 놀란다."[879]

봉림이 말했다.

"세 치 혀[880]를 가지고 마음대로[881] 천지를 비추어, 이때에 알맞은[882] 한마디를 한번 말해 보게."

임제가 말했다.

"길에서 검객(劍客)을 만나면 칼을 보여 주어야 하지만, 시인(詩人)이 아니라면 시(詩)를 바치지 마라."

봉림은 여기에서 그만두었는데, 임제가 시(詩)를 지었다.

---

878) 야범(野帆) : 조잡한 돛단배. 장난감 돛단배.

879) 뒷구절을 〈사가어록본〉에 따라 해석하면 "길게 울리는 한줄기 바람 소리에 하늘과 땅이 가을이로다."(長嘯一聲天地秋)가 된다. 〈선화본〉은 〈천성광등록본〉과 같다.

880) 삼촌(三寸) : 세 치 혀.

881) 임(任) : 마음대로. 제멋대로.

882) 임기(臨機) : 사태의 변화나 어떤 일을 즉시 결정해야 할 시기에 마주치다. 어떤 중요한 기회를 만나다.

"큰길은 언제나 동일하니,

동쪽으로든 서쪽으로든 마음대로 가거라.

부싯불처럼 빨라도 미치지 못하고,

번갯불처럼 빨라도 통하지 못하리라."

위산이 앙산에게 물었다.

"'부싯불처럼 빨라도 미치지 못하고 번갯불처럼 빨라도 통하지 못한다.'고 하니, 예부터 성인들은 무엇을 가지고 사람들을 가르쳤는가?"

앙산이 말했다.

"스님의 생각은 어떻습니까?"

위산이 말했다.

"말을 하기만 하면, 전혀 진실한 뜻이 없네."[883]

앙산이 말했다.

"그렇지 않습니다."

---

883) 이 말은 본래 『능가경(楞伽經)』 제3권에 나오는 구절인데, 『역대법보기(歷代法寶記)』에서 무주(無住)가 설법에서 사용한 이후 선가(禪家)의 관용구가 되었다. 『역대법보기』에서는 『노자도덕경』과 관련되어 나온다. "'도를 도라고 하면 늘 그러한 도가 아니다.'고 하는 것은 바로, 중생의 본성은 말이 미치지 못하는데, 말이 미치면 늘 그러한 도가 아니라는 것이다. '이름을 이름이라 하면 늘 그러한 이름이 아니다.'고 하는 것 또한, 중생의 본성에 대해서는 말이 있기만 하면 전혀 진실한 뜻이 없다는 것이다. 그저 이름일 뿐이요 글자일 뿐 법은 말할 수가 없으니, 곧 늘 그러한 이름이 아니라는 것이다."(道可道非常道, 卽是衆生本性, 言說不及, 卽非常道. 名可名非常名, 亦是衆生本性. 但有言說, 都無實義. 但名但字, 法不可說, 卽非常名也.)

위산이 물었다.

"그럼 그대 생각은 어떤가?"

앙산이 말했다.

"공적(公的)으로는 바늘도 용납되지 않으나, 사사(私事)롭게는 수레와 말도 지나갑니다."[884]

到鳳林, 林問: "有事相借問, 得麼?" 師云: "何得剜肉作瘡?" 林云: "海月澄無影, 遊魚獨自迷." 師云: "海月旣無影, 遊魚何得迷?" 林云: "觀風看浪起, 翫水野帆飄." 師云: "孤輪獨照江山靜, 自笑[885]一聲天地驚."[886] 林云: "任將三寸輝天地, 一句臨機試道看." 師云: "路逢劍客須呈劍, 不是詩人莫獻詩." 林[887]便休, 師乃有頌: "大道絶同, 任向西東. 石火莫及, 電光枉[888]通."

(潙山問仰山: "'石火莫及, 電光枉通.' 從上諸聖, 將什麼爲人?" 仰山云: "和尙意作麼生?" 潙山云: "但有言說, 都無實義." 仰山云: "不然." 潙山云: "子又作麼生?" 仰山云: "官不容針, 私通車馬.")

---

884) 진실에는 말 한마디를 붙일 곳이 없지만, 방편(方便)으로는 얼마든지 말할 수 있다.

885) 自笑 : 〈사가어록본〉에는 '長嘯'로 되어 있다.

886) 驚 : 〈사가어록본〉에서는 '秋'로 되어 있다.

887) 林 : 〈사가어록본〉에는 '鳳林'으로 되어 있다.

888) 枉 : 〈사가어록본〉과 〈선화본〉에는 '罔'으로 되어 있는데, '罔'이 옳다.

11. 금우를 방문함

임제가 금우(金牛)[889]를 방문하자, 금우는 임제가 오는 것을 보고서 주장자를 문에다 가로로 걸쳐 놓고 그 위에 걸터앉았다. 임제는 손으로 주장자를 세 번 두드리고는 승당으로 돌아가 첫 번째 자리[890]에 앉았다. 금우가 내려와 보고는 물었다.

"무릇 손님과 주인이 서로 인사할 때에는 각자가 예의를 갖추어야 하거늘, 상좌(上座)는 어디에서 왔기에 이리도 무례한가?"

임제가 말했다.

"노화상께서는 무슨 말씀을 하십니까?"

금우가 입을 열려고 하는데, 임제가 곧장 때렸다. 금우가 넘어지는 척하자, 임제는 또 때렸다. 금우가 말했다.

"오늘은 마음대로 되지[891] 않는군!"

---

889) 금우(金牛)는 당대(唐代)에 진주(鎭州) 금우원(金牛院)에 주석하였으며, 마조의 법을 이었다. 매일 스스로 밥을 지어 대중을 공양하였는데, 매일 식사 때가 되면 밥통을 들고 법당 앞에서 춤을 추며, "보살아, 밥 먹어라."고 하면서 손뼉치며 크게 웃었다고 한다. 『경덕전등록』 제8권에 전기가 실려 있고, 『벽암록』 제74칙도 이와 관련된 공안이다.

890) 당중제일좌(堂中第一座) : 수좌(首座). 조실(祖室)을 대신하여 수행자를 지도하는 전당수좌(前堂首座)의 자리.

891) 착편(着便) : ①편의(便宜; 이익, 적절함, 좋음)를 얻다. ②적당하다. 알맞다. ③편안하다. 안정되다. ④마음대로 되다.

위산이 앙산에게 물었다.

"이 두 분 스님에게 이기고 지는 게 있느냐?"

앙산이 말했다.

"이겼다면 모두[892] 이겼고, 졌다면 모두 졌습니다."

　到金牛, 牛見師來, 橫按拄杖, 當門踞坐. 師以手敲拄杖三下, 卻歸堂中第一位座.[893] 牛下來見乃問: "夫賓主相見,[894] 各具威儀, 上座從何而來, 太無禮生?" 師云: "老和尙, 道什麼?" 牛擬開口, 師便打. 牛作倒勢, 師又打. 牛云: "今日不着便."

　(潙山問仰山: "此二尊宿, 還有勝負也無?" 仰山云: "勝卽總勝, 負卽總負.")

　　天聖廣燈錄卷第十一

---

892) 총(總) : ①모두. 전부. ②다. 모조리. 온통.

893) 座 : 〈사가어록본〉에는 '坐'로 되어 있다.

894) 見 : 〈사가어록본〉에는 '看'으로 되어 있다.

부 록

1. 임제의 깨달음에 대한 『조당집(祖堂集)』의 기록

황벽(黃蘗) 화상이 대중에게 말했다.

"내가 옛날에 대적(大寂)[895] 스님 아래서 함께 공부하던 도반(道伴) 중에 대우(大愚)라는 분이 있었다. 그는 곳곳을 행각하며 돌아다녔는데, 법안(法眼)이 매우 밝았다. 지금은 고안현(高安縣)에 계시는데, 무리 지어 살기를 좋아하지 않아서 산속 초막에서 홀로 살고 있다. 나와 헤어질 때에 나에게 간곡히 부탁하기를, '훗날 혹 영리한 사람을 만나거든 나에게 한 사람 보내 주시게.'라고 하였다."

그때 임제가 대중 속에 있다가 이 말을 듣고는 곧바로 대우(大愚)를 찾아가 뵈었다. 그곳에 도착하자 앞서 황벽의 말을 모두 이야기하였다. 밤이 되어 임제는 대우 앞에서 유가론(瑜伽論)을 설명하고 유식(唯識)을 논하고는 다시 이것저것 질문을 하였다. 대우는 밤새도록 묵묵히 앉아서 아무런 대꾸도 하지 않더니, 아침이 되자 이렇게 말했다.

"내가 홀로 산속에 살지만 그대가 먼 길을 온 것을 생각하여 하룻밤 묵어가게 하였는데, 어찌하여 밤새 내 앞에서 부끄러움도 없

---

895) 대적(大寂) : 마조도일(馬祖道一: 709-788)의 시호이다. 황벽은 마조의 법사(法嗣)인 백장(百丈)에게 공부하여 그의 법을 이어받았으므로, 황벽이 대적(大寂) 문하에서 공부하였다는 것은 무언가 기록의 착오가 있는 듯하다.

이 더러운 똥오줌을 싸댔는가?"[896]

말을 마치자 주장자로 임제를 몇 차례 때려 밖으로 밀어내고는 문을 닫아 버렸다. 임제는 황벽에게 돌아와서 앞의 일을 이야기하였다. 황벽이 듣고서 머리를 끄덕이며 말했다.

"이 작자(作者)는 마치 맹렬한 불꽃이 타오르듯이 기뻐했는데, 그대는 이런 사람을 만나고도 어찌하여 헛되이 갔다 왔는가?"

임제가 다시 가서 대우를 뵈니, 대우가 말했다.

"지난번에는 부끄러움도 모르더니, 오늘은 또 무슨 일로 다시 왔는가?"

말을 마치자 곧 주장자를 휘둘러 임제를 문밖으로 쫓아냈다. 선사는 다시 황벽산으로 돌아와 황벽에게 여쭈었다.

"이번에도 다시 돌아왔으나, 헛되이 돌아오지는 않았습니다."

황벽이 물었다.

"어찌하여 그런가?"

임제가 대답했다.

"한 대 맞고서 부처의 경계(境界)에 들었습니다. 설사 백 겁(劫) 동안 뼈를 갈고 몸을 부수며 머리 위에 떠받들고 수미산을 한량없이 돈다고 하여도, 이 깊은 은혜를 갚을 길이 없습니다."

황벽이 듣고 매우 기뻐하면서 말하였다.

---

896) 방부정(放不淨) : ①똥오줌을 싸다. ②더러운 말을 하다. 부정(不淨)은 똥오줌을 가리킴.

"너는 이제 쉴 줄을 알았으니, 또 저절로 해탈할[897] 것이다."

열흘 가량 지나자, 선사는 다시 황벽에게 하직 인사를 올리고 대우에게 갔다. 대우는 보자마자 바로 주장자로 임제를 때리려 하였다. 임제는 주장자를 붙잡아 빼앗고 곧장 대우를 껴안고 쓰러져서 그 등짝을 주먹으로 몇 번 쳤다. 대우는 마침내 고개를 연신 끄덕이면서 말했다.

"내가 혼자 산속 초막에 살면서 일생을 헛되이 보낸다고 여겼더니, 뜻밖에 오늘 아들 하나를 얻었구나!"

이 일로 인해 임제는 대우를 시봉하며 십여 년을 보냈다. 대우는 임종할 때가 되자 임제에게 부탁하였다.

"그대는 스스로 일평생 나를 저버리지 않더니, 마침내 나의 임종까지 지키는구나! 뒷날 세상에 나가 마음을 전하게 되거든, 무엇보다 황벽(黃蘗)을 잊지 말아야 한다."

그 이후 임제는 진부(鎭府)에서 교화를 폈는데, 비록 황벽의 법을 이었으나 항상 대우를 기리었다. 교화하는 방편에 있어서도 할(喝)과 방(棒)을 주로 썼다.[898]

黃蘗和尙告衆曰: "余昔時, 同參大寂道友, 名曰大愚. 此人諸方行脚, 法眼明徹. 今在高安願,[899] 不好群居, 獨栖山舍. 与余相別時, 叮囑云, '他後

---

897) 출신(出身) : 자신을 모든 속박에서 빼내다. 모든 장애물에서 몸을 빼내다.

898) 『조당집(祖堂集)』 제19권 '임제화상(臨濟和尙)'

899) 願 : 문맥상 縣의 오자(誤字)로 보인다.

或逢靈利者, 指一人來相訪.'"

于時師在衆, 聞已便往造謁. 旣到其所, 具陳上說. 至夜間, 於大愚前說瑜伽論, 譚唯識, 復申問難. 大愚畢夕峭然不對, 及至旦來, 謂師曰: "老僧獨居山舍, 念子遠來, 且延一宿, 何故夜間於吾前, 無羞慙, 放不淨?" 言訖, 杖之數下, 推出關却門.

師廻黃蘗, 復陳上說. 黃蘗聞已, 稽首曰: "作者如猛火燃, 喜子遇人, 何乃虛往?" 師又去, 復見大愚, 大愚曰: "前時無慙愧, 今日何故又來?" 言訖便棒, 推出門. 師復返黃蘗, 啓聞和尙, "此廻再返, 不是空歸." 黃蘗曰: "何故如此?" 師曰: "於一棒下, 入佛境界. 假使百劫粉骨碎身, 頂擎遶須弥山, 經無量帀, 報此深恩, 莫可酬得." 黃蘗聞已, 喜之異常曰: "子且解歇, 更自出身."

師過旬日, 又辭黃蘗, 至大愚所. 大愚纔見便擬棒師. 師接得棒子, 則便抱倒大愚, 乃就其背, 毆之數拳. 大愚遂連點頭曰: "吾獨居山舍, 將謂空過一生, 不期今日, 却得一子."

師因此侍奉大愚, 經十餘年. 大愚臨遷化時, 囑師云: "子自不負平生, 又乃終吾一世! 已後出世傳心, 第一莫忘黃蘗." 自後師於鎮府匡化, 雖承黃蘗, 常讚大愚. 至於化門, 多行喝棒.

2. 임제혜조선사탑기(臨濟慧照禪師塔記)[900]

스님의 휘(諱)는 의현(義玄)이며, 조주(曹州) 남화(南華) 사람이다. 성은 형씨(邢氏)이다. 어려서부터 총명하고 남달랐으며, 장성해서는 효성스러움으로 널리 알려졌다.

머리를 깎고 구족계를 받자 강원(講院)에 머물면서 율장을 정밀하게 탐구하고 경전과 논서들을 두루 깊게 공부하였다. 어느 날 문득 이렇게 탄식하였다.

"이러한 교학(敎學)이 세상을 구제하는 약처방일 수는 있으나, 교외별전(敎外別傳)의 종지(宗旨)는 아니로구나!"

스님은 곧 옷을 갈아입고[901] 곳곳을 돌아다녔다.

먼저 황벽(黃蘗)을 찾아갔고, 그 다음에 대우(大愚)를 방문했는데, 그에 관한 이야기는 행록(行錄)에 실려 있다. 황벽에게 인가(印可)를 받은 뒤에 하북(河北)의 진주성(鎭州城)으로 가서 성의 동남쪽 모퉁이의 호타하(滹沱河) 곁에 있는 작은 선원의 주지가 되었다. '임제(臨濟)'는 그가 머문 곳의 이름에서 얻은 것이다.

당시 보화(普化)가 그곳에 먼저 와 있었는데, 미친 체하며 속인들과 어울려 다녔기 때문에 그가 성인(聖人)인지 범부(凡夫)인지

---

900) 『고존숙어록(古尊宿語錄)』 제5권에 실려 있다.

901) 경의(更衣) : 옷을 갈아입다. 당시 계율이나 교학을 연구하는 승려들과 참선(參禪)하는 승려들은 서로 옷의 종류가 달랐다고 한다.

헤아릴 수 없었다. 선사가 그곳에 이르자 보화는 선사를 도왔고, 선사는 교화를 크게 행할 수 있었다. 부화가 온몸을 벗어 버리니, 이는 곧 앙산소석가(仰山小釋迦)[902]의 현기(懸記)[903]와 일치한다.

때마침 전란(戰亂)을 만나자 스님은 곧 그곳을 떠났다. 태위(太衛) 묵군화(黙君和)가 성안의 저택을 내놓아 사찰로 만들고 또 임제(臨濟)라는 편액(扁額)을 걸고서 스님을 맞아들여 머물게 하였다. 뒤에 그곳을 뿌리치고[904] 남쪽으로 떠나서 하부(河府)에 이르니, 부주(府主) 왕상시(王常侍)가 제자의 예를 갖추어 모셨다. 그곳에 얼마 머물지 않고 스님은 대명부(大名府)의 흥화사(興化寺)로 와서 동당(東堂)에 머물렀다.

스님은 병이 없었는데, 어느 날 갑자기 옷깃을 여미고 단정하게 앉더니 삼성(三聖)과 더불어 문답을 나누고는 고요하게 입적하였다. 때는 당(唐)나라 함통(咸通) 8년 정해년(丁亥年)[905] 정월[906] 10일이었다. 문인(門人)들이 스님의 몸을 거두어 대명부 서북쪽에 탑을 세워 안치하였다. 혜조선사(慧照禪師)라는 시호가 내렸으며, 탑호는 징령(澄靈)이라 하였다.

합장하고 머리를 조아리며 스님에 관한 대략적인 일을 적는다.

---

902) 앙산혜적(仰山慧寂).

903) 현기(懸記) : 일종의 예언으로, 기별(記莂)이라고도 한다.

904) 불의(拂衣) : =불수(拂袖). (불쾌하거나 화가 나서) 옷소매를 뿌리치다.

905) 함통(咸通)은 당(唐) 17대 임금인 의종(懿宗)의 연호이다. 함통 8년은 서기 867년이다.

906) 맹추(孟陬) : =맹춘(孟春). 음력 정월.

진주(鎭州) 보수사(保壽寺)에 머무는 사법소사(嗣法小師)[907] 연소(延沼)[908]가 삼가 쓰다.

대명부(大名府) 흥화사(興化寺)에 머무는 사법소사(嗣法小師) 존장(存奬)[909]이 교감(校勘)하다.[910]

---

907) 사법소사(嗣法小師) : 법을 이어받은 작은 스님.

908) 풍혈연소(風穴延沼) : 896-973. 여항(餘杭, 浙江省) 사람으로 속성은 유씨(劉氏)이다. 어려서 유학(儒學)을 공부하여 진사과에도 응하였지만, 결국 출가하였다. 처음에는 월주(越州)의 경청도부(鏡淸道怤)를, 다음에는 양주(襄州) 화엄원(華嚴院)에서 남원(南院)의 시자(侍者)인 수곽(守廓)을 좇았으며, 후에 남원혜옹(南院慧顒: 860-930?)의 현지(玄旨)를 얻었다. 여주(汝州) 풍혈산(風穴山)에 머물렀으므로, 풍혈이라 불리었다. 『풍혈중후집(風穴衆吼集)』이 있었다고 전하며, 또 『풍혈선사어록(風穴禪師語錄)』 1권이 『고존숙어록』 7에 수록되어 있다. 개보(開寶) 6년 8월 15일에 입적하였다.

909) 흥화존장(興化存奬) : 830-888. 임제의현(臨濟義玄)의 법을 이은 위부(魏府) 흥화산(興化山)의 존장(存奬) 선사. 산동성 궐리(闕里)의 사람. 속성은 공씨(孔氏). 임제의 회상에서 시자(侍者)로 있다가 임제가 죽은 뒤에 삼성(三聖)의 회상에 가서 수좌(首座)가 되었다. 항상 말하기를 "남방으로 아무리 돌아다녀도 주장자 끝에 불법 아는 놈이 하나도 걸리지 않는군." 하고 큰 소리를 쳤다. 그러다가 대각(大覺)의 회상에서 원주(院主)를 보다가 그의 법문(法門)을 듣고 비로소 크게 깨쳤다. 위부(魏府)의 흥화사(興化寺)에서 개당(開堂)하였는데 향을 피워 들고 말하기를 "삼성(三聖) 스님은 나에게 너무 무정하였고, 대각(大覺) 스님은 너무 사정을 보아 주셨다. 그러므로 돌아가신 임제(臨濟) 스님을 공양하기로 한다." 하고는 임제의 법을 이었다. 후당(後唐)의 장종(莊宗)이 깊이 귀의하여 법호와 법복을 올렸으나 받지 않았다. 『임제록』의 교감자(校勘者)로서 알려져 있다. 그의 문하에서 남원혜옹(南院慧顒)을 배출하였다. 문덕(文德) 원년에 시적하였다. 세수는 59세. 광제대사(廣濟大師)라고 시호하였다.

910) 생몰연대로 보아 연소(延沼; 896-973)가 글을 쓰고 존장(存奬; 830-888)이 교감(校勘)한다는 일은 있을 수가 없다. 『고존숙어록』 제5권에 있는 「臨濟慧照禪

師諱義玄, 曹州南華人也. 俗姓邢氏. 幼而穎異, 長以孝聞. 及落髮受具,
居於講肆, 精究毗尼, 博賾經論. 俄而歎曰："此濟世之醫方也, 非教外別傳
之旨!" 卽更衣游方. 首參黃檗, 次謁大愚, 其機緣語句載于行錄. 旣受黃檗
印可, 尋抵河北鎮州城東南隅, 臨滹沱河側小院住持. 其臨濟因地得名. 時
普化先在彼, 佯狂混衆, 聖凡莫測. 師至卽佐之, 師正旺化. 普化全身脫去,
乃符仰山小釋迦之懸記也. 適丁兵革, 師卽棄去. 太尉黙君和於城中捨宅爲
寺, 亦以臨濟爲額, 迎師居焉. 後拂衣南邁至河府, 府主王常侍延以師禮.
住未幾, 卽來大名府興化寺, 居于東堂. 師無疾, 忽一日攝衣據坐, 與三聖
問答畢, 寂然而逝. 時唐咸通八年丁亥孟陬月十日也. 門人以師全身建塔於
大名府西北隅. 勅諡慧照禪師, 塔號澄靈. 合掌稽首, 記師大略.

住鎮州保壽嗣法小師延沼謹書.

住大名府興化嗣法小師存奬校勘.

師塔記」에 이 구절이 들어 있지만, 무언가 착오가 있는 듯하다. 『전당문(全唐
文)』 제920권에 있는 「臨濟慧照禪師塔記」에는 '住大名府興化嗣法小師存奬校
勘'라는 구절이 들어 있지 않다.

임제어록

초판 1쇄 발행일 2015년 2월 15일
    3쇄 발행일 2023년 1월 15일
지은이 김태완
펴낸이 김윤
펴낸곳 침묵의 향기
출판등록 2000년 8월 30일, 제1-2836호
주소 10401 경기도 고양시 일산동구 무궁화로 8-28
    삼성메르헨하우스 913호
전화 031) 905-9425
팩스 031) 629-5429
전자우편 chimmukbooks@naver.com
블로그 http://blog.naver.com/chimmukbooks

ISBN 978-89-89590-49-1 03320

* 책값은 뒤표지에 있습니다.